# 共同但有区别责任原则实现路径研究

## ——以气候变化公约框架为视角

**Research on the Realization Path of the Principle of Common but Differentiated Responsibilities: From the Perspective of the Framework of the Convention on Climate Change**

刘 晶 著

U0808319

中国环境出版集团 CEPG

哈尔滨出版社 H.P.H HARBIN PUBLISHING HOUSE

图书在版编目（CIP）数据

共同但有区别责任原则实现路径研究：以气候变化公约框架为视角/刘晶著. —哈尔滨：哈尔滨出版社；—北京：中国环境出版集团，2022.12
ISBN 978-7-5484-7032-8

Ⅰ. ①共… Ⅱ. ①刘… Ⅲ. ①气候变化—国际公约—研究 Ⅳ. ①D996.9

中国版本图书馆 CIP 数据核字（2022）第 244098 号

书　　名：共同但有区别责任原则实现路径研究——以气候变化公约框架为视角
GONGTONG DAN YOU QUBIE ZEREN YUANZE SHIXIAN LUJING YANJIU
——YI QIHOU BIANHUA GONGYUE KUANGJIA WEI SHIJIAO

作　　者：刘　晶　著
责任编辑：韩金华
封面设计：岳　帅

出版发行：哈尔滨出版社（Harbin Publishing House）
中国环境出版集团
社　　址：哈尔滨市香坊区泰山路 82-9 号　邮编：150090
北京市东城区广渠门内大街 16 号　邮编：100062
经　　销：全国新华书店
印　　刷：北京鑫益晖印刷有限公司
网　　址：www.hrbcbs.com　www.cesp.com.cn
E-mail：hrbcbs@yeah.net
编辑版权热线：（0451）87900271　87900272
销售热线：（010）67125803，（010）67113405（传真）

开　　本：787mm×960mm　1/16　印张：14.5　字数：210 千字
版　　次：2022 年 12 月第 1 版
印　　次：2022 年 12 月第 1 次印刷
书　　号：ISBN 978-7-5484-7032-8
定　　价：56.00 元

# 前言

国际气候治理过程中，发达国家和发展中国家就区别责任如何在其间进行分配的核心问题始终没有达成共识，造成气候变化公约框架下条约的不断更替，这种更替现象实质上是共同但有区别责任（Common but Differentiated Responsibilities，CBDR）原则在实践中努力贯彻和实现的过程。从《联合国气候变化框架公约》（United Nations Framework Convention on Climate Change，UNFCCC）到《京都议定书》再到《巴黎协定》，CBDR 原则中关于区别的具体内容，从明确写入条约中的实质区别演变为隐藏在各缔约国“自我区别”形式外套下的区别。2020 年《巴黎协定》全面实施，CBDR 原则是否能够在“巴黎时代”最终实现是本书想要回答的主要问题。

在 UNFCCC 下，条约更替中 CBDR 原则具有不变的内涵和变化的外延。我们要通过阐明 CBDR 原则、“共同责任”和“区别责任”的含义和理论基础，准确把握 CBDR 原则不变的内涵。同时，我们要认识到，随着时代的发展，CBDR 原则的外延也在发生着变迁，体现在区别责任的主体和内容的嬗变：主体方面，从 UNFCCC 和《京都议定书》中的机械二分法到《巴黎协定》中“不同国情”的灵活二分法；内容方面，从 UNFCCC 和《京都议定书》“全有全无”的异质区别责任到《巴黎协定》的类别化同质区别责任。

本书从气候环境、国际关系和全球法治的现实角度阐述了 CBDR 原则产生的时代背景及 CBDR 原则实现过程中曲折的历程，阐明了 CBDR 原则存在和发展的现实性；从伦理学、哲学和国际法角度分析了 CBDR 原则产生的理论基础，阐明了 CBDR 原则存在的正当性；通过梳理国内外学者观点，分析了 CBDR 原则在国际环境立法与实践方面发挥的重要作用，从而论证 CBDR 原则具有国际环境法基本原则的法律地位。

在 UNFCCC 下，CBDR 原则的实现基于法律中的“原则—规则”路径，依托于一套反映 CBDR 原则的规则体系的有效实施。本书梳理和分析了支撑 CBDR 原则实现的义务规则类型，具体分为实体规则和程序规则、硬义务规则和软义务规则。实体规则和程序规则是根据实施义务的目的和形式不同所作的分类。实体规则主要是为实现《巴黎协定》目标而规定需要履行的义务，即人们为了实现目标，而保证行为人不能或必须履行的行为。程序规则是为了保障实体性义务能够及时和恰当地履行，为实体性义务服务的行为规定。根据法律约束力不同，约束力强的硬义务规则、弱的软义务规则，规则的法律性质可以决定其引导所需的行为达到协议目的的效力程度。本书沿着此路径分别梳理了 UNFCCC、《京都议定书》和《巴黎协定》中 CBDR 原则实现的规则体系，并根据各项规则的类型特点，剖析了 CBDR 原则实现路径的特点，最终得出：UNFCCC 中 CBDR 原则的实现路径体现出“软义务实体性区别+程序规则保障不足”的特点；《京都议定书》中 CBDR 原则的实现路径体现出“硬义务实体性区别+相对完善的程序规则保障”的特点。鉴于 UNFCCC 和《京都议定书》中“全有全无”的异质区别责任，以上区别性减缓义务和支持义务规则都仅适用于发达国家，这也是为什么以上规则体系，特别是《京都议定书》不能在 2020 年后持续有效落实的重要原因。

《巴黎协定》体现出类别化同质区别特点，区别义务适用主体既包括发达国家，也包括发展中国家，类型化进一步将义务分为区别性减缓义务和区别性支持义务。区别性减缓义务实施路径体现出“缺乏实体性区别+程序规则保障”的特点，区别性支持义务实施路径体现出“硬义务实体性区别+程序规则保障不足”的特点。区别性减缓义务的程序规则的设置路径为“承诺—审查保障—再承诺”；区别性支持义务的程序规则的设置路径仅为“审查保障”。本书将通过把区别性义务纳入“承诺”和“审查保障”规则中验证 CBDR 原则实现的效果，此将作为解析 CBDR 原则是否能够实现的核心研究思路。

从“承诺”制度入手。通过剖析“承诺”制度的含义和特点、理论基础、内容和形式、两项约束性要求及运行特点，掌握“承诺”制度设定的基础和主要内容，特别分析阐明缔约国“承诺”应当受到“最大努力”和“只进不退”两项要求约束。通过《巴黎协定》现有国际实践剖析“承诺”制度中区别性减缓和支持义务无法有效实施，以及两项约束性要求无法达成的困境，并深入研究查找出引发困境的原因主要是承诺的法律地位不明、区别性支持义务的实现路径不清、约束性要求的标准制度不完善。

从“审查保障”制度入手。审查保障制度可以补充缔约国自下而上“承诺”的自主性，以帮助弥合在《巴黎协定》关键领域中存在的重大雄心缺失。“审查保障”主要体现在“透明度框架”和“全球盘点”制度中。本书通过分析得出，“透明度框架”的审查保障作用体现在对缔约国区别性义务履行进行“责任性”判断，以及审查“最大努力”和“只进不退”两项约束性要求是否实施和达成。全球盘点的审查保障作用体现在评估现有的集体“承诺”完成情况是否能够实现 UNFCCC 长期目标实现的有效性审查，衡量“只进不退”和“最大努力”的实施效果是否足够。最终论证得出：“透明度框架”无法达成确认“责任性”的功能，全球盘点无法完成审查两项要求是否达成的任务。

《巴黎协定》CBDR 原则的实现在其路径各阶段都存在多重困难。CBDR 原则无法落实和实现，阻碍着国际社会进一步开展气候合作。为此，基于中国作为负责任发展中大国所展现的责任和担当，本书提出了促进 CBDR 原则有效实现的中国贡献和中国方案，提出：对外，在人类命运共同体理念的引领下开展国际气候法治，主导和推动《巴黎协定》下 CBDR 原则的规则体系化建设；对内，完善我国应对气候变化的立法和政策、促进应对气候变化科技的发展。

特别提出：在推动 CBDR 原则的规则体系化过程中，我国应当在人类命运共同体理念引领下推动国际气候法治建设，主动掌握国际立法的“剩余权利”。对《巴黎协定》中阻碍 CBDR 原则实现的因素进行完善，对于协定模糊的地方进行明确化，主要包括：一是明确“实施”承诺是一项国际法义务，该义务的法律性质是行为义务，强调行为人尽最大努力向指定目标靠近，即视为履行了义务，而不要求目标结果的实现。只有当“承诺”的各项要件符合单方许诺的单边法律行为时，承诺还应当受到该法律行为的约束。具体而言，承诺的法律效力来源于《巴黎协定》中规定的国际法律义务和单方许诺，承诺体现出受到双重约束的特点。二是“承诺”制度中纳入区别性支持义务的内容，通过对《巴黎协定》缔约国大会（CMA）的授权扩大承诺制度的范围，将区别性支持义务纳入“承诺—审查保障—再承诺”实现路径中进行保障；明确支持义务和减缓义务的条件关系，赋予发展中国家向发达国家寻求支持的途径。三是推动完善审查保障制度的实施细则和衔接设计。积极参与对“承诺—审查保障—再承诺”形式路径中“国家自主贡献”的范围、提供信息、核算、可持续发展机制、透明度框架制度和全球盘点等具体实施规则的进一步构建；明确透明度框架制度的问责功能；将遵约机制与“审查保障”制度相结合；积极应用《巴黎协定》缔约方会议“决定”的造法功能。四是增强《巴黎协定》的强制性保障力度。扩大促进实施和遵守机制适用范围；加强促进实施和遵守机制与其他审查保障制度的衔接；增强不遵约措施的硬度。

在国内立法完善部分，本书认为目前出台一部应对气候变化的专项法律为时过早，应当延续“温室气体减排和大气污染防治协同控制”的立法思路，将温室气体纳入现有的、成熟的大气污染防治法律体系中予以规范，进一步提出构建具体协同制度的建议。

限于作者水平，本书错漏难免，还望读者朋友们不吝指正。

刘 晶

# 目录

# 绪 论

## 一、从《京都议定书》到《巴黎协定》

气候变暖给人类生存和发展带来了巨大挑战。气候变暖幅度的提高对人类、物种和环境产生着严重的、普遍的和不可逆转的影响。持续的高排放对生物多样性、生态系统服务和经济发展造成负面影响，同时放大了生计和粮食与人类安全面临的风险。随着科学的逐渐发展，科学家证实了“全球变暖是真实存在的，并且极有可能是人类活动引起的”①事实。人类也越来越清楚地认识到，如果国际社会不团结一致共同应对气候变化，人类将遭受难以估量的损害。面对发展和环境保护之间的矛盾，任何国家都无法独自实现环境与发展本身的融合以及可持续发展，只有通过全球伙伴关系才能实现。②

但是，在国际气候合作过程中，发展中国家和发达国家就如何分配责任难以达成统一意见。发达国家和发展中国家逐渐分立甚至出现对立情形。发展中国家认为，发达国家历史排放量大，其发展过程中排放的温室气体要远高于发展中国

① IPCC. AR5 Synthesis Report：Climate Change 2014，p.48-53，https：//www.ipcc.ch/site/assets/uploads/2018/02/SYR_AR5_FINAL_full_zh.pdf.

②《21 世纪议程》，联合国环境与环境会议的报告发展，1992 年 6 月 3 日至 14 日，里约热内卢，联合国文件 A/CONF.ISI/26/Rev.l（Vol.1），附件Ⅱ，第 1 节.

家，发达国家应该担负起更多的减排责任，并应当给予发展中国家经济、技术和能力方面的帮助；发达国家积累和掌握着先进的技术和雄厚的财力资源，并有着丰富的气候治理经验，发达国家有能力也理应更早、更多地为保护和改善全球环境做出更大的贡献。对于发展中国家而言，在目前科技现状下，减排温室气体必然影响国家经济的发展，意味着需大刀阔斧地开展经济模式的转变或者限制排放主体生产，这两项对于发展中国家都是一时难以做到的。而发达国家认为，为了全人类发展，为了预防未来气候变化给人类带来的挑战，各国应该通力合作，共同分担。在发展中国家和发达国家长期博弈的过程中，国际社会最终达成共识：在国际气候合作过程中，发达国家和发展中国家承担的责任应当有所区别，发达国家还应当在资金、技术、能力方面帮助发展中国家。

气候变化公约框架①下确立和发展了共同但有区别责任（Common but Differentiated Responsibilities，CBDR）原则②。UNFCCC 框架下的谈判一直围绕着 CBDR 原则展开，这也是分配发达国家和发展中国家之间气候变化治理责任的基本原则（王曦，2005）。UNFCCC 框架下的发展过程就是不断尝试贯彻和实施 CBDR 原则的过程（Douglas，2019）。UNFCCC 的缔结标志着国际气候合作序幕的开启。UNFCCC 为使经济、社会、科技水平差异显著的发达国家和发展中国家能够共同面对气候变化的挑战，将 CBDR 原则作为 UNFCCC 的首要原则予以确

---

① 本书中的“气候变化公约框架”统指《联合国气候变化框架公约》（UNFCCC）及其框架下的《京都议定书》《巴黎协定》等国际条约、协议、宣言、纲领等，以下统称为“UNFCCC 框架”；《联合国气候变化框架公约》以下简称为“UNFCCC”。

②《里约宣言》第一次将“共同但有区别责任（CBDR）”原则纳入国际文件中。UNFCCC 将 CBDR 原则延伸为“共同但有区别责任和各自能力”原则（Common but Differentiated Responsibilities and Respective Capabilities，“CBDR-RC”）。《巴黎协定》在 CBDR-RC 原则前增加了新的限制“不同国情”（Common but Differentiated Responsibilities and Respective Capabilities，in the light of Different National Circumstances，CBDR-RC-NC）。从 CBDR-RC 再到 CBDR-RC-NC 都是 CBDR 原则发展过程中的延伸和补充，它们都是 CBDR 原则基础上的扩展，都是 CBDR 原则的一部分，所以，以下将涵盖 RC 和 NC 含义的原则都统称为 CBDR 原则。

立。1992 年，UNFCCC 汇集了 195 个缔约方，并根据“附件一国家”[①]/“非附件一国家”有效引入二分法，区分了缔约方的责任。随着，气候变化危机逐渐显现，国际气候政治环境发生变化，在发达国家和发展中国家的不断博弈下，国际气候治理机制有了变迁，在 UNFCCC 框架下相继形成了两大里程碑式的气候合作协议：1997 年的《京都议定书》和 2015 年的《巴黎协定》，两项重要的国际法律文件中都重申了 CBDR 原则，但是，其外延发生了重大变化。1997 年，《京都议定书》保留了 UNFCCC 原始框架中的附件一/非附件一缔约方二分法，坚持了“柏林授权”的规定，没有为发展中国家规定强制性减排义务。它遵守 CBDR 原则以量化的指标和具体的达标时间表落实了发达国家在国际环境事务中的“区别”责任。大多数附件一缔约方都同意限制或减少其温室气体排放的具有法律约束力的目标，即承担量化的减排法律义务。非附件一缔约方也批准了该协议，该协议允许发展中国家的排放量根据其发展需要有一定程度的增长，发展中国家承担自愿减排的道义义务。以美国为首的伞形集团[②]国家一直力图要求中国、印度、巴西、南非等发展中国家共同承担法定的减排义务。为此，作为占据全球温室气体排放 1/4 份额的美国一直没有签署该议定书，加拿大、日本、俄罗斯先后退出了该协议，导致“京都模式”前景堪忧。目前，《京都议定书》至 2020 年的二期承诺被搁置一旁，难以起到国际治理作用。

为了打破僵局，2015 年，巴黎气候变化会议完成了历时四年的德班平台谈判进程，达成了里程碑意义《巴黎协定》。《巴黎协定》确立了国际气候治理新秩序，应对机制从《京都议定书》的自上而下模式朝着“国家自主贡献”自下而上模式

① 附件一国家是指工业化国家和经济转型国家。工业化国家包括美国、加拿大、日本、澳大利亚、新西兰和西欧诸国；经济转型国家指俄罗斯、乌克兰等前苏联和东欧诸国。另外，欧洲共同体也是附件一缔约方，但没有独立于欧洲共同体成员国的表决权（参见《气候变化框架公约》附件一）。另外，2001 年公约缔约方大会决定将土耳其从附件一中删除（参见缔约方大会第 26/CP.7 号决定）。目前，附件一国家共有 34 个国家。

② 伞形集团（Umbrella Group）是“一个区别于传统西方发达国家的阵营划分，用以特指在当前全球气候变暖议题上的国家利益集团，主要包括美国、日本、加拿大、澳大利亚、新西兰、挪威、俄罗斯、乌克兰等国，是 1997 年《京都议定书》通过后由非欧盟发达国家组成的气候谈判联盟。”参见唐颖侠《国际气候变化治理：制度与路径》，南开大学出版社，2015 年，第 35 页。

转变。该协定旨在为2020年后全球应对气候变化行动做出路线安排，各国进入了自下而上的国家自主贡献减排模式，即由各国自己根据国内现状，制定减缓目标的气候治理阶段，并承诺完成。

从京都时代到巴黎时代，这种区别责任也从明确写入条约中的区别，转换为隐藏在各缔约方“自我区别”形式外套下的区别。国际实践表明，京都时代CBDR原则的实现效果是不佳的。《巴黎协定》于2020年开始全面落实，目前尚无法通过已有的实践检验CBDR原则实施效果的好坏。那么，巴黎时代CBDR原则的实现效果将会如何？这正是本书核心论述和分析的问题。

随着国际气候治理秩序的变迁，CBDR原则发生了重大变化，使得各成员国遵守CBDR原则纷纷陷入困境。本书通过将一贯被认为模糊不清的原则进行具体化和类型化，有利于各国在CBDR原则的明确指引下进一步推进国家气候合作。

《京都议定书》的失败让我们认识到制度的完善需要和国际共识程度相协调，议定书完善的CBDR原则架构和实施保障措施并不能反映和支撑起在现有国际实践活动和各国认识水平决定的国家共识程度。本书在通过分析各缔约方提交的“国家自主贡献”报告基础上，了解到国际共识程度，并在此基础上评估CBDR原则的实施前景，有助于提高客观性和准确性。

评估CBDR原则的实施，有助于在评估的各阶段发现阻碍实施的因子，为各缔约方，特别是为发展中国家在后续谈判环节中，提供重点方向和内容。

《巴黎协定》CBDR原则的实现在其路径各阶段都存在多重困难。作为负责任的发展中大国，提出促进CBDR原则有效实现的中国贡献和中国方案。

## 二、国内外研究现状

一直以来，CBDR原则都是国际环境法学者研究的重要问题之一，鉴于发达国家和发展中国家对CBDR原则没有达成统一认识，所以其内涵和外延一直成为学者们努力研究的课题。特别是，CBDR原则的理论研究伴随着国际气候治理环境的变化和气候治理秩序的变迁同步发展和演进，CBDR原则也处在动态发展过程中。

我国学者一致认为 CBDR 原则是一项国际环境法基本原则，体现正义和公平价值。从发展的视角看，CBDR 原则研究一直处于动态发展之中，同时又显示出各阶段理论一脉相承的特性。从知网收集的文献也可以清楚地看出这一趋势。国内学者主要研究集中在理清 CBDR 原则的内涵和外延、论证 CBDR 原则的法律地位、CBDR 原则的功能、CBDR 原则的演变，但是对 CBDR 原则如何实现缺乏深入研究，特别是在《巴黎协定》以后 CBDR 原则如何有效实现研究更为缺乏。

## （一）国内研究现状

### 1. CBDR 原则的内涵研究

通过知网的检索可知，我国最早对 CBDR 原则展开研究是臭氧层保护领域，主要包括《共同而有区别的责任——谈臭氧层保护的法律实践》（王明远，1995）和《共同而有区别的责任——国外保护臭氧层的理论和实践》（吴涓，2000），分别从 CBDR 原则的基本含义及国外理论和实践入手，以及 CBDR 原则在国内实现的立法完善问题做了简要论述。

早期开始系统化研究 CBDR 原则体现的论文简述如下。苏建军（2002）的《试论国际环境公正的基本原则》认为 CBDR 原则属于国际环境公正的基本原则，着重阐述了亚里士多德关于分配正义的理论是其建立的原理基础，并根据该理论得出了三个结论：一是无论是发达国家还是发展中国家，想要实现国际环境公正，他们都要对环境保护负有共同责任；二是国际环境公正要求发达国家和发展中国家承担不相等的责任；三是发达国家和发展中国家各自所承担的国际环境保护责任是一个动态的平衡，它们是随着各个国家对环境的破坏和污染程度的发展变化而不断发展变化的。张美成（2003）的《论国际环境法的“共同但有区别的责任原则”》梳理了 CBDR 原则的发展历程，从国际法实践、国际公平、可持续发展角度论证了 CBDR 原则的合理性。同时，分析了 CBDR 原则的实现问题，但是从国际关系和物质条件的阻碍因素角度入手的。对 CBDR 原则的内涵研究具有代表性意义的文献是杨兴（2003）的《试论国际环境法的共同但有区别的责任原则》，他深入探讨了CBDR原则的内涵，并结合学者观点对CBDR原则给出了自己的定义，以及论证分析并提出CBDR原则是“正在形成和发展中的国际环境法的基本原则”的重要观点。王晓丽（2008）的《共同但有区别的责任原则刍论》将CBDR原则作为国际环境法基本原则，以此为思路，研究了CBDR原则的内涵、地位，探讨了其产生的依据及存在意义，对 CBDR 原则进行了基础理论性研究。陈懿（2009）的《论气候变化国际立法对共同但有区别责任原则的发展与挑战》梳理了CBDR原则的发展历程，将CBDR原则分为萌芽阶段、并重阶段、作为原则形成阶段，同时，分析了气候变化国际立法对CBDR原则的影响。

“后京都”时期，国际社会在气候治理实践过程中对CBDR原则有了新的发展，从重视区别责任转为重视共同责任，在此种情况下，学者们提出了相应“重构”“重塑”等方面的应对研究，对完善 CBDR 原则有很大帮助。吕江（2011）的《“共同但有区别的责任”原则的制度性设计》从制度建构层面提出，在“后京都”时代，CBDR原则难以完全适应国际气候治理的要求，需要重构这一原则，并提出了重构的设想：一是权力作为主导；二是“软法”“硬法”交替相作用。谷德近（2011）的《共同但有区别责任的重塑——京都模式的困境与蒙特利尔模式的回归》在对比了CBDR原则的京都模式和蒙特利尔模式后，提出CBDR原则的合法性基础应当重塑为自然资源主权和无害国外环境原则，以及全球环境治理利益的公平分享。谷德近（2008）的《巴厘岛路线图：共同但有区别责任的演进》研究发现了“巴厘岛路线图”对CBDR原则的影响。

巴黎大会后，CBDR原则发生了很大变化，薄燕（2016）的《〈巴黎协定〉坚持的“共区原则”与国际气候治理机制的变迁》分别有针对性地对CBDR原则的演进过程、内容变化做了深入的理论研究。此方面的研究，还有李慧明（2016）的《〈巴黎协定〉与全球气候治理体系的转型》等。

2．CBDR原则功能的研究

CBDR原则的多维属性决定其在国际气候治理过程中发挥政治谈判、法律遵守等多重功能，学者在研究过程中，多集中在 CBDR 原则的伦理属性和政治属性，突出 CBDR 原则的政治谈判功能。CBDR 原则的属性和功能的理论研究成果主要有：寇丽（2013）的《共同但有区别责任原则：演进、属性与功能》、李艳芳（2013）的《打破僵局：对“共同但有区别的责任原则”的重释》等。学者从不同属性或者多属性的视阈下对 CBDR 原则展开研究。CBDR 原则从伦理正义表现出的有所区别，发展到国际社会发起的气候合作政治意愿中的区别对待，到最终落实到国家气候法的区别责任，CBDR 原则贯穿始终，在不同阶段和层面表现出伦理、政治和法律属性（寇丽，2013）。

在哲学领域，探寻区别的原因及向度是 CBDR 原则的逻辑起点，以此产生纯朴的自然伦理——气候正义，如张建伟（2010）的《气候正义与气候变化的国际法律应对》、李春林（2010）的《气候变化与气候正义》、陈贻健（2014）的《气候正义论：气候变化法律中的正义原理和制度构建》等。

在国际政治领域，通过博弈谈判对伦理性的 CBDR 原则起到“过滤”作用，CBDR 原则反作用于国际气候政治运行过程，起到原则和框架作用，从而使 CBDR 原则又增加了政治属性；最终，随着国际气候协议的确定，CBDR 原则具有了法律属性，CBDR 原则同时发挥政治和法律功能。关于政治功能的研究主要有：王小钢（2010）的《“共同但有区别的责任”原则的解读——对哥本哈根气候变化会议的冷静观察》、陈贻健（2013）的《共同但有区别责任原则的演变及我国的应对——以后京都进程为视角》、薄燕（2013）的《共同但有区别的责任”原则与中国环境外交话语》、刘健等（2016）的《“共同但有区别责任”内涵审视与适用研究——以国际气候变化谈判为视角》等。

在法律领域，对于 CBDR 原则法律功能的发挥，学者少有涉及。刘晗等（2012）在博士论文《气候变化视角下共同但有区别责任原则》中也有所涉及 CBDR 原则实现的困境，该研究是立足于哥本哈根会议后的 CBDR 原则的遵守研究。但是，《巴黎协定》后 CBDR 原则的责任主体、行为规则和遵约机制等都发生了根本性变化，其遵守研究内容也发生了根本性变化，就研究方法仍然具有一定的借鉴意义。CBDR 原则法律功能的研究缺失原因，正如李艳芳等（2013）所述："在缔约各方中都存在着对 CBDR 原则的误读，因而导致了 CBDR 原则与具体规范体系建立之间的脱节。也就是说，由于没有把 CBDR 原则作为法律原则来认识，其就无法通过与规范的互动求得自身的发展，反而只能依赖于 UNFCCC 谈判中的力量角逐。可见，CBDR 原则是被谈判过程所决定的，而不是决定谈判的因素，无法成为具有稳定性的文本。因此，CBDR 原则在国际气候变化谈判中的地位事实上比较低，没有能够发挥其应有的基础性作用。"

本书中研究 CBDR 原则的实现路径是基于 CBDR 原则的法律功能来展开的，正如前文所述，此类研究文献较少，这也是撰写本书的主要原因。

#### 3. CBDR 原则的法律地位研究

就 CBDR 原则法律地位而言，晚霞（2006）认为 CBDR 原则的法律基础是国际法中的国际合作原则及公平原则在国家环境法中的体现，同时从国际关系角度提出在"后京都"时代如何发挥 CBDR 原则的作用。刘中民等（2007）认为 CBDR 原则属于国际环境法基本原则，因为其在国际环境实践中具有很强的操作性，明确了发达国家和发展中国家之间的法律责任；同时，CBDR 原则体现在国际环境领域环境责任承担的一般原则即"共同责任"和"区别责任"相结合，对国际政治、经济新秩序等具有深远意义。秦天宝（2001）分析了国际环境法基本原则的确定标准：一是普遍性，二是特殊性，在此基础上分析了国际环境法基本原则的构成，其中包括 CBDR 原则。

当然也有学者持不同意见，边永民（2007）认为根据《国际法院规约》第 38 条第 1 款关于国际法渊源的表述，CBDR 原则在控制气候变化的国际环境法领域内是有拘束力的法律原则，仅限于缔约方之间适用。因其缺乏"法律确信"而不能成为国际习惯。傅前明（2010）在《论国际环境法"共同责任"原则》中提出"共同责任"是国际环境法基本原则的论断。

#### 4. CBDR 原则的实现落实研究

随着学者研究的积累，后续学者对 CBDR 原则的研究越来越深入，越来越细致。特别是对 CBDR 原则怎样通过具体路径实质性实现的方案进行了富有价值的研究。

《巴黎协定》前的相关研究主要有：龚向前（2009）的《解开气候制度之结——"共同但有区别的责任"探微》，对 CBDR 原则中的"区别责任"承担的基础和责任区别的定位和量化进行了深入研究。其认为"区别责任"主要基于发达国家和发展中国家"历史的影响和能力的区别"；发达国家和发展中国家承担区别责任的范围是不同的，发达国家主要是减缓方面，发展中国家主要是适应方面，发达国家还应向发展中国家提供支持。特别对减缓责任的实质性落实方式的选择，提出了人均排放的局限性，分析了生存排放的正当性。

吴卫星（2010）的《后京都时代（2012—2020 年）碳排放权分配的战略构想——兼及"共同但有区别的责任"原则》，对 CBDR 原则的实质性落实提出了碳排放量分配的具体方法："紧缩与趋同"方法、人均累积排放方法、"一个地球、四个世界"的减排路线图，在此基础上提出了后京都时代碳排放分配构想。

王小钢（2010）的《"共同但有区别的责任"原则的适用及其限制——〈哥本哈根协议〉和中国气候变化法律与政策》提出的核心观点是，《哥本哈根协议》强化共同责任、同时弱化区别责任的趋势。指出，CBDR 原则的适用受到"生态空间的再分配"目标的支持，同时受到"防止气候系统受到危险的人为干扰"目标的限制。

郭建坡等（2011）在《"共同但有区别的责任"原则在实施中的困境及解决办法》中就 CBDR 原则实现问题做出初步研究，认为 CBDR 原则因缺乏国际社会公认、缺乏具体制度保障、缔约国责任承担能力存在差异等原因，落实实现困难，并提出理论层面和实践层面的完善建议，其中在理论层面应当明确 CBDR 原则的法律约束力、制定支持方面的具体条款和操作制度。

《巴黎协定》后，由于 CBDR 原则的实现思路发生了很大变化，国际社会抛弃对发达国家和发展中国家之间的实质性区别，代之以国家自主贡献形式的自我区别，就此新的形势下 CBDR 原则如何发挥法律功能，并得以有效实现，目前国内研究成果少之又少，这也是本研究的重点所在。

### （二）国外研究现状

国外学者对 CBDR 原则的研究主要集中在区别性方面，少有学者将其作为基本原则予以研究。特别是《巴黎协定》颁布以后，CBDR 原则发生了很大变化，区别的形式和内容从根本上有别于 UNFCCC 框架下的其他条约，针对 CBDR 原则的这种变化，学者们从不同方面提出了相应观点。

在 CBDR 原则的区别性如何体现方面，Lavanya Rajamani（2016）认为，CBDR 原则在 UNFCCC 框架下得以体现，是以 UNFCCC 及《京都议定书》确定的责任分担为基础的。但是，《巴黎协定》中对区别性的每一个表述都是经过仔细谈判的产物。《巴黎协定》代表着与 UNFCCC 和《京都议定书》在区别性方面的一个步骤性变化。《巴黎协定》实施 CBDR 原则，不像 UNFCCC 和《京都议定书》那样，对缔约方类别（附件一/非附件一国家的分类）进行调整，而是根据“德班支柱”[①]的具体情况进行调整，分为：减缓、适应、资金、技术、能力建设。事实上，这导致了更多不同形式的分化，也导致了区别性从意识形态基础向实用基础的转变。Christina Voigt（2016）也有类似的观点，他认为：《巴黎协定》各方之间的区别是微妙的，平衡了对每一项协定内容的不同考虑。《巴黎协定》没有像一些人所期望的那样采取无差别或纯粹的自我区别的做法，而是提出了相反的观点：允许在更广泛的一系列参数上进行区别化，以允许更多的多样性和活力，同时借鉴 UNFCCC 的传统。他从三个不同但又相互联系的方面分析了《巴黎协定》所体现的区别：一是原则上，根据不同国情，体现区别；二是基于协议各项条款的法律内容，特别是关于减缓、支持和透明度的条款；第三，基于进步的参数和最高可能的抱负，这代表了差异化的新动态发展方向。他认为，通过这样做，该协议将使区别提高到前所未有的程度。Christina Voigt 总结了多边环境协定中区别的主要

---

① 德班会议阐明 2015 年新的协议涵盖范围分为减缓、适应、（资金、技术开发和转让、能力建设）支持以及行动和支持的“透明度框架”四个支柱，该分类被称为“德班支柱”。

形式，以及介绍了多部多边协定中区别性义务的具体内容，并提出“自我区别”可以通过各项参数的组合达到不同的区别形式。Huggins A 等（2016）认为 CBDR 原则中的区别性不仅表现在实体性方面，还体现在程序性方面。CBDR 原则在《巴黎协定》规定的实质性减缓承诺方面的作用有所减弱。CBDR 原则在协定下形成面向程序的实施和支持机制的范围越来越大，特别是，CBDR 原则将继续在适应、资金和技术转让、能力建设和遵守方面发挥关键作用。然而，日益突出的程序区别化途径需要强有力的问责机制加以支持才能有效。目前，这类问责机制在《巴黎协定》的萌芽阶段未得到充分发展。

虽然鲜有学者研究 CBDR 原则的实现，但是有学者从《巴黎协定》的实施角度进行研究。Lavanya Rajamani（2016）从《巴黎协定》硬义务和软义务的实施角度研究不同的义务类型的区别，以及不同的义务类型对协定的实施带来的影响。其认为《巴黎协定》中硬义务、软义务和非义务的精心调整组合的政治驱动因素，以及它们之间的动态相互作用，是最终能够达成一项人人都能接受的协定的关键。Lawrence P 等（2017）认为，在《巴黎协定》的关键减缓义务的优点是不具约束力或“软”的法律。这些优势的核心是，软法律义务是美国、中国更广泛参与该协定的先决条件，而且在灵活性方面也是可取的。Lawrence P 等质疑了软法的表述，认为实证比较硬性（约束性）和软性法律义务在遵守和效力方面是没有一个统一答案的，但义务的精确性和有效的不遵守机制是必不可少的。此外，当各国有改变行为的强烈政治意愿时，载有严格义务的条约文书被认为更有可能有效。《巴黎协定》的透明度、审查和不遵守因素的发展是必要的，但不能替代强有力的政治意愿来减少排放。

关于 CBDR 原则的实施，学者 Falkner R.（2016）提出了《巴黎协定》运行的新逻辑，以“承诺”和“审查”制度作为运行基础。关于“承诺”制度，缔约方实施或者实现“国家自主贡献”是否属于国际法义务，以及义务的性质是什么？有学者提出各缔约方提交的“国家自主贡献”属于国际法义务，其属于行为义务。支持行为义务的学者主要包括 Benoit M.（2018）以及 Pauw P 等（2019），他们认为，关于“审查”制度、透明度制度、全球盘点和遵约制度中都体现着“审查”环节的介入。国外学者大多数把焦点落在了“透明度框架”制度上，其中最为重要的一项研究是 Gupta 等（2019）探讨了透明度和问责制之间的相互作用。2015 年《巴黎协定》后，加强“透明度框架”是协定实施的关键支柱。公开谁在做什么，人们普遍认为这对于让各国承担责任和建立信任至关重要。探讨透明度是否产生这种影响，方法是制定和应用一个分析框架，审查透明度与问责制之间的联系。为此，Biermann F 等（2011）对“责任性”的要素进行了研究，将其分为关系、标准和判断三部分。Gupta 等（2019）认为，透明度的范围和做法反映了（而不是必然减少）更广泛的冲突，即在雄心勃勃的气候行动的责任和负担分担方面，谁应该对谁负责。他们最终的结论是：透明度和问责制之间的关系不如设想的那么直接，需要从这个角度重新考虑《巴黎协定》中透明度的变革性承诺。Christopher Campbell-Duruflé（2018）更加具体地阐述了国际法学界关于透明性的概念；详细介绍了《巴黎协定》13 条关于透明度框架的制度内容；分析了透明度和事前问责制之间的关系，以及促进实施的制度改进的几个方面，如改进报告和实施、NPS 参与等。

## 三、研究方法

本研究采取了文献归纳研究法、历史演进分析法、跨学科分析法、规范分析法、实证分析法等几种研究方法：

第一，文献归纳研究法。通过对国内外相关文献资料的收集和阅读，对本书的研究背景、选题研究情况进行深入分析，在此基础上，对 CBDR 原则的内涵（包括含义、构成、理论基础、法律地位和功能）进行界定；对 CBDR 原则的产生和发展进行梳理和总结，并整理和摘录相关的研究成果和文献资料，从而厘清目前国外在此领域的最新信息，为后续研究提供论证依据。

第二，历史演进分析法。主要通过历史演进的分析思路对 UNFCCC 框架下 CBDR 原则的发展脉络予以梳理；在分析 CBDR 原则发展的 30 多年时间里，随着国际气候变化治理秩序的变迁，以历史演进的方法分析 CBDR 原则嬗变的特点。本书的写作特点是把对问题的论证放在 UNFCCC 的整体历史背景下，并进行对比分析。

第三，跨学科分析法。UNFCCC 视角下 CBDR 原则的实施问题研究涉及国际环境法学、伦理学、法哲学、国际关系理论学、政治学等诸多学科。CBDR 原则的伦理和哲学基础的论证是该原则得以实施的理论基础；全球行政管理的发展理论为 UNFCCC 的发展提供了借鉴，是 CBDR 原则实施逻辑建立的基础等。本书在全面梳理、总结和研究的基础上，对多学科成果之间的相互关联与影响进行分析和把握，再回归法学思维中提炼和思考相关问题的关键点及应对措施。

第四，规范分析法。通过对 UNFCCC、《京都议定书》《巴黎协定》及其决定、《巴黎规则手册》中各项实施细则如《透明度框架的方法、程序和指南》《第十四条和第 1/CP21 号决定第 99—101 段有关的事项》《第十五条第二款所述委员会有效运作的模式和程序》等国际文件进行研读，对比不同阶段条约的区别；深入分析巴黎时代下各项文件，找寻内在逻辑，并遵循逻辑梳理现状和不足。

第五，实证分析法。通过各缔约方提交的“国家自主贡献”报告，分析、统计出具体数据，数据反映了发达国家和发展中国家主体对 CBDR 原则实施中核心问题的国家认识，对比分析存在的错位问题以及错位原因。

# 第一章 共同但有区别责任原则基本理论

《联合国气候变化框架公约》下的谈判一直围绕着 CBDR 原则展开，发达国家和发展中国家就区别性责任如何分配始终难以达成一致，造成国际气候合作和实践难以在 UNFCCC 目标前提下，调动各缔约方行动的信心，达成统一部署。本章力求界定 CBDR 原则在国际气候条约下的准确含义，通过分析 CBDR 原则的构成要件、探寻产生背景、梳理历史演进，充分体现了 CBDR 原则确立的必然性。从 CBDR 原则的理论基础和法律地位的分析，充分反映了 CBDR 原则法律功能发挥的重要性和基础性。以往研究注重于 CBDR 原则的伦理功能和政治功能，本章紧密围绕 CBDR 原则法律功能的发挥，明确 CBDR 原则具有法律上的重大意义，为后文研究国际气候条约下各缔约方对 CBDR 原则的有效贯彻落实打下理论基础。

# 第一节　共同但有区别责任原则的内涵及嬗变

## 一、气候变化公约框架的范围

“气候变化公约框架”统指《联合国气候变化框架公约》（UNFCCC）及其框架下的《京都议定书》《巴黎协定》等国际条约、协议、宣言、纲领等，以下统称为“UNFCCC 框架”。

### （一）UNFCCC

1992 年，在联合国环境与发展大会上，有 153 个国家和欧共体签署了 UNFCCC。UNFCCC 的突出特点表现在它的“框架”性上，其要求人类排放的温室气体浓度应当保证在气候系统的安全额度内。它为发展中国家和发达国家规定有关控制温室气体的不同义务。但是，对于关键性的义务，如限制和削减二氧化碳的排放量，UNFCCC 没有规定具体的指标和时间表。UNFCCC 将此类具体措施留给各缔约方在未来另行议定，这种模式属于框架公约模式。

具体而言，框架公约模式是指在国际环境立法过程中，各国就基本原则达成一致，制定并通过内容宽泛的公约，各国权利义务的具体内容在后续磋商中达成共识，通过后续制定条约、协议等形式逐渐予以规范（兰花，2011）。框架公约的运用以及参与方的定期会议，至少是在条约形式上，已经赋予这种立法过程一种动态的特点，它允许通过随后连续的议定书、附件和相关协议的谈判，来补充或修改初始条约。这些条约及其所创设的各种机构，实际上已经形成了规制机制（帕特莎·波尼等，2007）。UNFCCC 是国际应对气候变化最重要的国际条约，明确了发达国家和发展中国家应当遵循 CBDR 原则作为分配减缓和支持责任的基本原则，但是就发达国家和发展中国家怎样承担区别性责任的具体方案没有予以明确。

UNFCCC 于 1994 年生效以后，缔约方召开了 25 届缔约方大会。各届缔约方大会通过了多项议定书、协定、决定、宣言、纲领等法律文件，主要包括：关于“柏林授权”的决定（1995 年）、《日内瓦部长宣言》（1996 年）、《京都议定书》（1997 年）、《布宜诺斯艾利斯行动计划》（1998 年）、《波恩协定》（2001 年）、《马拉喀什协议》（2001 年）、《德里宣言》（2002 年）、“蒙特利尔路线图”（2005 年）、“巴厘岛路线图”（2007 年）、《哥本哈根协议》（2009 年）、《德班纲领》（2011 年）、《巴黎协定》（2015 年）等。这些法律文件都是各缔约方通过不断博弈和谈判达成的一系列成果，这些成果中有积极推动气候合作的，也有效果不尽如人意的，但是《京都议定书》和《巴黎协定》作为 UNFCCC 框架下谈判得出的阶段性结果，具有里程碑式的重要意义，其核心就是如何在发达国家和发展中国家间分配责任，并最终相继确立了京都时代和巴黎时代两套国际气候治理机制。

## （二）《京都议定书》和《巴黎协定》

《京都议定书》确定了以附件国类型的不同，区分发达国家和发展中国家不同的减缓义务，给发达国家在经济发展、监管水平和技术能力等方面带来了众多挑战。随着巴西、中国和印度等发展中大国温室气体排放量的不断增加，一些发达国家对《京都议定书》仅对发达国家采取自上而下严格的区别责任，且要求按照可测量、可报告和可核证（Monitoring、Reporting、Verification，MRV）程序实施减缓措施，并以较为严格的遵约机制进行保障提出了质疑。《京都议定书》第二期承诺截止于 2020 年，但实际上其已经难以发挥对全球气候变化的规范作用。2015 年各国在《巴黎协定》中达成了新的共识，并决定从 2020 年开始，将该协定作为全面治理国际气候变化的新秩序。

《巴黎协定》坚持 CBDR 原则，保障了 UNFCCC 在国际气候治理机制中的权威和主渠道地位，表明当前国际气候治理机制正在发生的变迁不是国际气候治理机制本身的变迁，不是对原有国际气候治理机制的否定，而是国际气候治理机制的内部变迁（薄燕，2016）。《巴黎协定》第 2 条进一步强调了公约的“目标”，保证 UNFCCC 在协定中的中心地位。《巴黎协定》文本在阐明了协议的目标之后，

第 2.2 条提到“本协议的执行将根据不同的国情体现公平、共同但有区别的责任和各自能力的原则”，充分体现了 CBDR 原则仍然像在 UNFCCC 下发挥的重要功能一样作用在《巴黎协定》中。《巴黎协定》的内容追溯到 UNFCCC 的原始架构，一是《巴黎协定》在法律的规范性和差异性方面采取了混合方法，这些要素在联合国气候制度的创立中就已存在；二是与 UNFCCC 一样，《巴黎协定》的规范涵盖了多种法律性质；三是与 UNFCCC 一样，《巴黎协定》允许缔约方在全国范围内确定其减缓和适应政策，但强加了一些规范性期望和程序规则；四是与 UNFCCC 一样，《巴黎协定》规定了共同的和有区别的义务，进一步讲，《巴黎协定》为 UNFCCC 提供了具体条款（Bodansky D et al.，2018）。

## 二、CBDR 原则概念厘定

CBDR 原则始终是国际气候变化推进合作的中心原则，是气候变化治理秩序建立的核心因素，也是践行公平正义理念的外部形式。可以说一部国际气候变化公约的发展史同时也是一部 CBDR 原则的进化史。过去 20 多年国际气候变化谈判的主线就是发展中国家和发达国家之间的矛盾和交锋。所以，UNFCCC 框架下 CBDR 原则实施的好坏决定着 UNFCCC 实施的效果，决定着气候治理是否能够得到有效落实和开展。

### （一）CBDR 原则的条约表述

自 1992 年《里约宣言》第一次将“共同但有区别责任” 纳入国际文件至今，28 年的时间里 CBDR 原则的表述发生了两次变化。1992 年，《里约宣言》第 7 条“原则”提出：“各国应以全球伙伴精神养护、保护和恢复地球生态系统的健康和完整。鉴于各国对全球环境恶化所起的作用不同，各国拥有共同但有区别的责任。鉴于发达国家对全球环境施加的压力以及他们掌握的技术和财力资源，发达国家承认他们在追求可持续发展的国际事业中应承担的责任。”

同年，UNFCCC 汇集了 195 个缔约方，已具有全球普遍性和广泛性，其第 3 条将 CBDR 放在首要原则位置，具体表述为“各缔约方应当在公平的基础上，并根据他们共同但有区别的责任和各自能力为人类当代和后代的利益保护气候系统。因此，发达国家缔约方应当率先应对气候变化及其不利影响。”UNFCCC 增加和强调了缔约方的“各自能力”。“各自能力”的增加主要是因为发达国家和发展中国家对“历史责任”的承担未达成共识，发达国家认为历史责任属于道德责任，应当更突出各国家间“能力”的差异，必须将责任和能力置于平等的基础上（Deleuil，2012）。“各自能力”是对 CBDR 原则的延伸和补充。由此 CBDR 延伸为“共同但有区别的责任和各自能力”（Common but Differentiated Responsibilities and Respective Capabilities，“CBDR-RC”）。通过解决发展中国家对差异的需求，CBDR 原则已成为发达国家和发展中国家区别对待义务的基础。自 1992 年以来，CBDR 原则已在谈判中反复使用，并在构成该议题的关键文件中重申，包括 1997 年的《京都议定书》。

2015 年，《巴黎协定》在 CBDR 原则前增加了新的限制——“不同国情”，为解释责任和能力引入了一个动态和灵活的要素，从而再次延伸和补充了 CBDR 原则。《巴黎协定》第二条第 2 款规定：本协议的执行将按照不同的国情反映平等以及共同但有区别的责任和各自能力的原则（Common but Differentiated Responsibilities and Respective Capabilities, in the light of Different National Circumstances，CBDR-RC-NC）。这一措辞借鉴了 2014 年 11 月 20 日发表的《美中联合声明》的提法，并最终在《巴黎协定》中得以应用。从《巴黎协定》来看，CBDR 的实施将要受到各国不同国情的影响，随着国情的动态变动，为 CBDR 增加了动态因素，使得各缔约方的国家自主贡献需要“不断进步”。

从 CBDR-RC 再到 CBDR-RC-NC，都是 CBDR 原则发展过程中的延伸和补充，它们都是在 CBDR 原则基础上的扩展，都是 CBDR 原则的一部分，所以，以下将涵盖 RC 和 NC 含义的原则统称为 CBDR 原则。CBDR 原则是国际环境法不可或缺的重要原则。关于 CBDR 原则的核心内容，UNFCCC、《京都议定书》和《巴黎协定》一致认为，发达国家和发展中国家应当在减缓、适应和支持方面承担共同但有区别的责任。发达国家应起到带头作用，还应当向发展中国家提供资金、技术、能力等方面的支持。CBDR 原则承认发展中国家的特殊要求，其中包含两个核心要素，第一要素涉及各国应当在地区、国家和全球各级范围内对环境保护负有的共同责任；第二要素需要考虑不同情况，尤其是每个国家对特定环境问题的“贡献”及其减少和控制其威胁的“能力”两方面（Sands P et al.，2012）。所以，CBDR 原则主要由共同责任和区别责任构成，区别责任主要是由发达国家和发展中国家之间区别性的“贡献”和“能力”决定的。

### （二）CBDR 原则的概念

目前，学术界还没有对 CBDR 原则给出明确定义，我国环境法学者纷纷提出了自己的见解。有学者认为 CBDR 原则是指由于地球生态系统的整体性和导致全球环境退化的各种不同因素，各国对保护全球环境负有共同但有区别的责任。它包括两个相互关联的内容，即共同的责任和有区别的责任（王曦，2005）。有学者认为 CBDR 原则是指解决全球的环境问题，保护和改善全球环境，是世界上各个国家的共同责任，但是，在对国际环境应负的责任上，发达国家和发展中国家各自的责任是有区别的（韩德培，1998）。还有学者认为 CBDR 原则是指在保护和改善全球环境方面，发达国家和发展中国家负有共同的责任，但责任的大小必须有差别，发达国家应当承担更大责任，或者主要责任（周训芳，2000）。

通过以上概念分析发现，学者们认为 CBDR 原则是指各国应当共同承担国际环境责任，但是，基于一定的原因，发达国家和发展中国家承担的责任应当有所区别。共同责任的承担主要基于地球生态系统的整体性及改善地球环境所有国家和个人都受益等原因。区别责任的承担应当区分发达国家和发展中国家，但是对于发达国家和发展中国家承担区别责任的原因，以及区别责任承担的方式，未在概念中体现出来。本书在结合学者观点的基础上提出以下粗浅见解，将 CBDR 原则定义为：基于地球生态系统的整体性和导致全球环境退化的各种不同因素，发达国家和发展中国家应当承担共同的但有区别的责任，发达国家因其对环境破坏的贡献及能力水平，应当承担主要责任，其应当承担更大的减缓和适应义务，并向发展中国家提供相应支持。

### （三）共同责任和区别责任的关系

共同责任和区别责任是两个相互关联的内容。在共同责任和区别责任的关系上，共同责任是前提条件和基础，区别责任则是关键和核心。在某种程度上，共同责任具有目的的意义，区别责任是实现共同责任的最重要手段。区别责任正是基于共同责任但不等同于“平均主义”，区别责任是对共同责任的限定，即对共同责任一定意义上的定性、定量、定时。区别责任是指发达国家和发展中国家在承担保护和改善全球环境责任的范围、大小、时间、方式和手段方面是有所差异的（杨兴，2003）。

## 三、共同责任

### （一）共同责任的内涵

共同责任是指在国际环境领域，各国都应当共同承担起保护环境的责任。一是鉴于生态系统的整体性特点，承担共同责任的原因是明确的。全球生态系统具有不可分割性，其内在有着千丝万缕的联系，全球环境要素如大气、水等的流动性，使损害的产生都具有跨区域、时间延迟性等特性。地球一端出现的环境问题往往受到地球另一端的影响。二是承担保护和改善全球环境的责任主体是世界所有的国家和人民，保护和改善环境的目的关键在于解决全球环境问题，实现人和自然关系的和谐。世界各国，无论大小、贫富、种族和资源禀赋，都应当对全球环境承担一份责任（苏建军，2002）。同样，改善全球环境所有国家和个人都会受益。保护全球环境是为全人类的美好生活服务的，全球环境的改善，关系着每个在地球上生活的人，人类应当共同合作，联合保护。

## （二）共同责任的理论缘起

国际法长久以来强调国家利益，不管是从声誉角度还是国家通过博弈作出的国家理性选择，都是在基于主权之上的威斯特伐利亚体系下作出的。传统的国际法律秩序并没有对有着独立生态系统、且跨越了国家界限的环境进行规制的能力（Philippe Sands et al.，1989）。该以私权为基础的体系无法解决日渐严重的“国家之上的公共问题”，最为突出的就是气候变化问题。共同责任是为了应对全球化环境问题，基于团结的精神，在“人类共同关切”“人类共同遗产”“共同利益”等与国际环境法一样古老的概念下产生的。UNFCCC 序言中“承认地球气候的变化及其不利影响是全人类共同关切事项”，其所确立的“人类共同关切”已经成为国际应对气候变化法中具有代表意义的重要概念。

这个概念赋予了国家作为国际共同体对全球资源拥有合法的利益，也赋予了各国在维持全球资源可持续发展方面以共同的责任（帕特莎·波尼，2007）。“人类共同关切”的类似术语表示存在集体利益并产生普遍义务。帕特莎·波尼等（2007）建议，“人类共同关切”的普遍特征不应被看作是涉及国际法院的问题，而应被视为国际社会使各个国家在条约所建立的框架内承担责任的方法。建立问责制或遵约机制的条约承认每个国家都有向履约委员会报告违约状态的权利。但是，“人类共同关切”建立的是更大的问责，因为它使各国对他国温室气体排放行为的质疑权合法化。发展中国家或发达国家都不得将自己的国家行动从国际审查中屏蔽，主张以自己的意愿行使的主权，或以其主权为理由为国家行为进行辩护。它要求国家采取出于人类共同命运而不是出于国家利益的行动；在国际决策、国际实践和谈判立场中考虑到问题的全球性；取得在全球环境问题上逐步团结的结果，而不是在多个既得利益集团之间进行交易（Rajamani L，2012）。如果一个国家没有达到这种行为标准，则“人类共同关切”承认其他国家至少有提醒的权利，这实际上是一种“外交形式的团结措施”（Crawford J，2002）。作为必然的逻辑，“人类共同关切”使国际社会对那些不情愿合作的国家施加的道德压力合法化。一个成功的例子就是在《京都议定书》过程中，对俄罗斯和美国施加压力，力求促使这些国家加入和批准《京都议定书》。[①]

## 四、区别责任

### （一）区别责任的内涵

区别责任是指发达国家和发展中国家在承担保护和改善全球环境责任的范围、大小、时间、方式和手段方面是有差异的（杨兴，2003）。区别责任是 CBDR 原则的核心，区分责任的概念既源于国家对气候变化的不同“贡献”，也源于各国采取补救措施的不同“能力”（龚向前，2009）。所以，对发达国家明确地设置了更高的行为标准。《里约宣言》承认发达国家与发展中国家相比的差额贡献，但是，UNFCCC 没有明确提及发达国家的差额贡献，从而使得差额贡献是否承担区别责任的原因成为一项模糊和争议性问题。理论界对此也有不同意见，例如安东尼奥·卡塞斯（2009）认为，CBDR 原则主要基于发达国家与发展中国家之间的能力差别，其在论述中没有提及差别贡献程度的问题。与之形成鲜明对比的是，国际法协会认为“共同但有区别的责任概念的依据在于对全球环境退化的不同贡献，而不是不同程度的发展”。

### （二）区别责任的理论缘起

差额贡献是承担区别责任的基础，这种“贡献”应当包括来源于历史、现在还有未来的贡献，区别责任可以表达为：历史责任+现在责任+未来责任+不同能力。

#### 1. 历史责任

《里约宣言》中确认了发达国家的历史责任，并作为 CBDR 原则提出的基础。

---

① 对美国施加压力并没有带来应有效果，美国最终仍然没有加入《京都议定书》，但是，对俄罗斯的加入起到了积极作用，正因为有了俄罗斯的加入，最终促使《京都议定书》于 2005 年生效。但是俄罗斯没有签署《京都议定书》的第二期承诺，主要是由于新的气候治理秩序的建立所导致，我们后文再进行分析。

随后，在 UNFCCC 的序言中指出，“温室气体排放的历史和当前全球最大份额来源于发达国家”。在坎昆会议上，缔约方明确承认，“由于历史责任，发达国家缔约方必须在应对气候变化及其不利影响方面起到带头作用”。

历史贡献源于发达国家长期的，特别是工业化时期的高消耗生产方式和一直以来的高消费生活方式。自工业化时期以来，对于全球大气中二氧化碳浓度的增加量，《京都议定书》附件一国家和非附件一国家的贡献率分别是 78%和 22%，由此引起的温室效应，前者是后者的 8 倍（贡献率分别为 89%和 11%）。作为议定书基准年的 1990 年，以中国为例，其人均二氧化碳排放量为世界水平的一半，不到美国的 1/10（何建坤等，2000）。但是，发达国家一直不承认应当承担因历史贡献而产生的历史责任。发达国家普遍认为历史责任属于道德责任，工业化时代，发达国家排放温室气体时，还没有相应的国际法律予以禁止，其行为不应当承担法律责任。

国际法著名的“莲花原则”的隐含限制可以引发对历史责任承担的有效主张。虽然“莲花原则”确立了“国家有权做国际法未明确禁止的一切事情”，但是，常设法院在“莲花案”[①]中指出：“国际法对一国施加的首要限制是：如果没有相反的允许性规则存在，它可能不会以任何形式、在任何国家的领土上行使其权力”（Max Planck，1992）。韦拉曼特里（Judge Weeramantry）法官在“核武器案”中的不同意见中指出，尊重其他国家的主权是对“莲花原则”的隐含限制。沙哈布丁法官（Judge Shahbudeen）在“核武器案”中的反对意见中也指出：“即使在没有禁止的情况下，剩余权利也不会扩展到因事物的性质导致其甚至不能构成权利主体的事情上，例如可能破坏人类和文明的行动，从而终结了国家赖以生存的基础，进而终结了国际社会中存在权利和义务的基础”。所以，即使没有法律的相关

---

① 该案为 1926 年法国与土耳其两国因法国籍汽轮“莲花号”与土耳其籍汽轮“波兹库”号（S.S. Bozkurt）相撞而产生的国际法纠纷，为国际法上最知名案件之一，在管辖权、国际法法源、国际法与国内法关系上都有影响力。本案的核心意旨为国家对管辖权之划定有较宽裁量权（a wide measure of discretion），国际法对之约束有限。换言之，管辖权既系于国家主权，只要不被国际条约禁止即可行使，而非需条约许可方得行使。

规定，“破坏人类和文明的行动”也是要被禁止的。如果以上意见适用于对气候变化负有历史责任的发达国家，那么发达国家这种对生态空间的不加限制的利用其实侵犯了其他国家的主权，甚至很可能使某些国家（如小岛国）消失。

比较讽刺的是，工业化发达国家严词拒绝根据历史贡献承担历史责任，但是在 UNFCCC 和《京都议定书》的谈判过程中，他们赞同优先考虑各国历史排放基准所形成的减排百分比，以此作为在发达国家之间分配减排承诺的基础，即历史上排放量大的国家，在总体额度上仍然具有相同比例的排放额度。这种在气候变化领域适用“祖父原则”[①]的思路使得历史责任摇身一变成为历史权利。如果国际法承认历史主张，它就不应只拥护历史权利，而否认历史责任。历史的权利和责任是同一事物的两个方面。如果我们要谨慎地接受历史的权利，当然也必须接受带有历史责任的当前后果。所以，对于 UNFCCC 框架下各缔约国的历史责任应当以其历史权利为基础。发达国家因为享有了较大的历史权利，也应当承担较大的历史责任。

### 2. 当前责任

造成环境恶化的贡献是确定各国责任水平的主要参考点。国际法承认并追究各国对当前环境恶化的贡献，这源于各国的习惯国际法义务。“特雷尔冶炼厂仲裁案”[②]是处理跨国污染赔偿责任的奠基案例，裁决引用了美国权威公法学家伊格尔顿（Eagleton）教授提出的“一个国家始终有义务保护其他国家免受自己管辖范围内个人有害行为的损害”，即著名的“领土无害使用”原则。该原则在“科孚海峡案”中再次得到确认：“每个国家有义务不得使其领土被用来实施侵害他国权利的行为”。“领土无害使用原则”对国际环境法的发展做出了巨大的贡献，削弱了长久以来建立的领土的绝对主权原则。该原则得到了国际法院、国际法委员会、《斯德哥尔摩宣言》、《里约宣言》和 UNFCCC 的认可。

---

① 祖父原则，又称祖父条款（Grandfather Clauses），是一种追溯性条款。祖父条款适应于根据先前的状态而获得的任何形式的法律豁免，它赋予旧体制下产生的事物免受新体制下新的法律法规约束的特权。

② “特雷尔冶炼厂仲裁案”是位于加拿大领土内的冶炼厂排放的污染物，造成美国华盛顿州严重空气污染，故引发跨国污染赔偿的仲裁案件。

### 3．未来责任

承担未来责任的主要依据是国际环境法基本原则之一的“预防原则”，该原则是《里约宣言》最重要的创新，其内容为：“为了保护环境，各国应根据其能力广泛运用预防的方法。在有严重或不可挽回的损害威胁时，缺乏充分的科学确定性不应被用来作为迟延采取防止环境恶化有效实施的理由。”UNFCCC 几乎使用了同样的描述语言。该原则要求各国在可预见的重大和不可逆转的环境损害下采取行动。直观来看，与采取纠正措施相比，预防措施的性质似乎既取决于环境，又不受较严格的要求。将来责任要如何区别呢？人们普遍认为，对全球环境的影响是人口、富裕（人均 GDP）和技术发展的产物，估算这些环境影响的驱动力，尤其是对发展中国家的影响，存在很大的不确定性。联合国政府间气候变化专门委员会（IPCC）在温室气体排放方面也同样承认这一事实。[①]美国认为预计未来中国和印度等新型发展中国家会向大气中排放大量的温室气体，应要求发展中国家现在就对环境退化的未来贡献负责。发展中国家未来经济的增长、人口的增长以及相关技术的发展及其获取途径，都处于相对未知的领域，这样做出的预测具有很大的不确定性。如果各国根据预计的增长率承担义务，则他们很可能承担超出其所应承担的环境退化责任。

### 4．能力的差异

从历史角度出发，能力和贡献都不能独立存在。因为大量的经济积累和生产力水平的提高是与人为温室气体排放直接相关的。可以说，温室气体是财富创造过程的副产品。发达国家具有大量的气候保护的资金和技术，以及丰富的气候应对经验，是奠基于其历史上对温室气体排放的长期巨大贡献上的。现有能力可以说是过去对环境的开发模式的结果。从现实角度而言，现阶段，发达国家基本上度过了以环境污染、大量排放温室气体为代价的工业化经济发展时期，发展中国

---

① IPCC 在估算温室气体排放情景时赞同 IPAT 公式，并指出在估算每个驱动因素中存在很大的不确定性，以及这些驱动因素间的关系也存在不确定性。见 IPCC，Special Report on Emissions Scenarios（Nebojsa Nakicenovic and Rob Swart eds.，2000），section 3.1.

家仍然处于通过经济发展保障其国内生存权和发展权的特殊时期。因此，发展中国家应当将经济、社会发展作为发展的优先事项，有必要减轻与其优先事项相悖的额外的国际义务。CBDR 原则应当除对发达国家因其排放贡献大设定更高的标准之外，还要求发达国家有义务向发展中国家提供团结互助的资金、技术以及能力建设的支持，其形式是提供新的和额外的基金、转让环境有益技术或替代方法和促进能力建设，含有这些内容的条款都体现在 UNFCCC、《京都议定书》和《巴黎协定》中。

## 五、区别责任的主体和内容嬗变

在 UNFCCC 框架下，从 UNFCCC、《京都议定书》到《巴黎协定》，CBDR 原则最为核心的内容就是区别责任的划分问题，其区别责任的承担主体和内容都在不断发生着变化。这种变化在德班增强行动平台特设工作组（ADP，简称德班平台）下的谈判中就已经明显显现。2012 年第十八次缔约方大会（COP18）和《京都议定书》第八次缔约方会议（CMP8）多哈会议，结束了“双轨制”谈判的道路，转向了德班平台的单轨制谈判轨道，预示着《京都议定书》第二期承诺于 2020 年到期后退出舞台。2013 年，华沙将“自下而上”的方法作为逻辑出发点，提出了“国家自主贡献”的概念，注重缔约方的自我区别，CBDR 原则作为一项确保公平分配的纠正措施得以发展。2015 年 12 月，《巴黎协定》巩固了这一做法，对 CBDR 原则承担的主体和内容做出区别于《京都议定书》的转变。总体而言，CBDR 原则从偏重区别责任转向偏重共同责任。这种转变体现了协定对“历史责任”淡化的整体趋向，而历史责任正是发展中国家要求发达国家承担强制性减排义务、向发展中国家提供支持的基础（Pauw P et al.，2014）。

### （一）区别责任的主体

#### 1．UNFCCC 和《京都议定书》的分类

1992 年，UNFCCC 汇集了 195 个缔约方，并根据“附件一国家/非附件一国

家”有效引入的二分法，区分了缔约方的责任。附件一由 41 个缔约方组成，其中包括所有经济合作与发展组织（Organization for Economic Cooperation and Development，OECD）成员国（截至 1992 年）以及苏联解体后正在经历向市场经济过渡的其他许多国家。相反，其他《京都议定书》各缔约方被标记为“非附件一国家”，由此产生的“附件一/非附件一缔约方”二分法最终反映了世界的后殖民主义分裂。

1997 年，《京都议定书》保留了 UNFCCC 原始的“附件一/非附件一”二分法，其坚持了“柏林授权”的规定，没有为发展中国家规定强制性减排义务。它遵守 CBDR 原则以量化的指标和具体的达标时间表落实了发达国家在国际环境事务中的“区别”责任。大多数附件一缔约方都同意限制或减少其温室气体排放的具有法律约束力的目标，即承担量化的减缓法律义务。非附件一缔约方也批准了该协议，该协议允许发展中国家的排放量根据其发展需要在一定程度上增长，发展中国家承担自愿减排的道义义务（陈贻健，2013）。

以美国为首的伞形集团国家一直力图要求中国、印度、巴西、南非等发展中国家承担法定的减排义务。为此，作为占据全球温室气体排放 1/4 份额的美国一直没有签署该议定书，加拿大、日本、俄罗斯先后退出了该协议。《京都议定书》下的减缓承诺已经远不能达成控制升温的目标。根据 IPCC 的预估，即便《京都议定书》2013—2020 年第二期承诺得到实施，其量化减缓责任所涵盖的范围也不到目前全球排放总量的 13%，不到发达国家排放总量的 40%（于宏源，2012）。《京都议定书》设定的减缓模式几乎崩溃，实际已经无法约束各方的行为（李威，2016）。为了打破僵局，2015 年，巴黎气候变化会议完成了历时四年的德班平台谈判进程，达成了一项里程碑意义的条约——《巴黎协定》。《巴黎协定》确立了国际气候治理新秩序，“应对机制从《京都议定书》的自上而下模式朝着国家自主贡献自下而上模式转变”（秦天宝，2016）。该文件旨在为 2020 年后全球应对气候变化行动做出路线安排，各国进入了自下而上的国家自主贡献减排模式，即由各国自己根据国内现状，制定、承诺并完成减缓目标的气候治理模式阶段。

2.《巴黎协定》的分类

自21世纪初以来，随着发展中国家一些大国成为世界增长的主要动力，发达国家开始不断呼吁限制或者废除CBDR原则，其理由主要是认为中国、印度等发展中国家已经有足够能力和弹性承担应对气候变化造成的负担。的确，自20世纪90年代初以来，世界发生了很大变化。中国、印度、南非、巴西、墨西哥、智利等发展中国家的GDP排名逐渐靠前，以2018年为例，以上国家排名次序分别为第2、第7、第32、第42、第15、第9。2015年，《巴黎协定》结束了按照UNFCCC和《京都议定书》"附件一/非附件一"的机械二分法标准，要求发达国家和发展中国家在共同的责任承担规则体系下有所区别的应对气候变化。《巴黎协定》中发达国家与发展中国家的区分与《京都议定书》中的机械区分有了明显不同。

（1）原则上坚持发达国家和发展中国家的分类标准

《巴黎协定》在UNFCCC框架体系内坚持CBDR原则，整体体现发达国家与发展中国家的区别。《巴黎协定》中涉及发达国家和发展中国家的对称权利和义务主要包括11对（参见表1.1），主要涉及最核心的减缓和支持两大领域，且条款都是此两大领域中最为核心的内容。《巴黎协定》虽然没有对发达国家和发展中国家进行明确分类，但是，基于UNFCCC和《巴黎协定》的框架关系，UNFCCC对发达国家和发展中国家按照附件分类也同样适用于《巴黎协定》。也就是说，在《巴黎协定》没有明确发达国家和发展中国家分类标准前，应该参照适用UNFCCC的附件分类。

表1.1 《巴黎协定》条款中发达国家和发展中国家的基本区分

| 序号 | 条款 | 发达国家和发展中国家的基本区分 | 相关主题 | 备注 |
| --- | --- | --- | --- | --- |
| 1 | 4.4 | 发达国家和发展中国家 | 减缓：发达国家缔约方应继续带头，努力实现全经济绝对减缓目标。发展中国家缔约方应当继续加强他们的减缓努力，应鼓励他们根据不同的国情，逐渐实现全经济绝对减排或限排目标 | |

续表

| 序号 | 条款 | 发达国家和发展中国家的基本区分 | 相关主题 | 备注 |
|---|---|---|---|---|
| 2 | 4.5 | 发展中国家 | 支持：应向发展中国家缔约方提供支持 | 没有明确提出支持主体的发达国家，主要是因为第 9 条的相关条款中提出“其他缔约方”发展中国家也有自愿支持的权利，所以，在以下相关支持条款中都没有明确为发达国家，但是，支持义务的发达国家的法律义务，对于“其他缔约方”发展中国家是自愿义务。故此该条支持主体主要是发达国家 |
| 3 | 7.13 | 发展中国家 | 支持：应得到持续和加强的国家支持 | 同上 |
| 4 | 9 | 发达国家和发展中国家 | 支持：发达国家应协助发展中国家减缓和适应提供资金 | |
| 5 | 9.3 | 发达国家和发展中国家 | 支持：发达国家带头，考虑发展中国家的需要和优先事项 | |
| 6 | 9.5 | 发达国家和其他发展中国家 | 财务：关于提供的支持的自愿交流 | |
| 7 | 9.7 | 发达国家和发展中国家 | 透明度：提交支持信息 | |
| 8 | 10.6 | 发达国家和发展中国家 | 支持：应向发展中国家提供支持 | |
| 9 | 11.3 | 发达国家和发展中国家 | 能力建设：发达国家应当加强对发展中国家能力建设的支持 | |
| 10 | 13.9 | 发达国家和发展中国家 | 支持：发达国家应向发展中国家提供第 9、10、11 条的支持 | |
| 11 | 13.14<br>13.15 | 发展中国家 | 支持：执行第 13 条的支持；透明度能力建设支持 | 同序号 2、序号 3 |

（2）发展中国家的内部类型化

《巴黎协定》将发展中国家进行了内部类型化。协定中有12处（参见表1.2）根据“不同国情”将有能力的“其他缔约方”发展中国家（主要是指中国、印度、南非、巴西、墨西哥、智利等为代表的发展较快的发展中国家）、“最不发达国家[①]和小岛屿发展中国家[②]”（或者特别脆弱的发展中国家）进行区分，突出“其他缔约方”发展中国家和特别脆弱的发展中国家的区别。在《巴黎协定》中突出特别脆弱的发展中国家的12项条款中，有5项强调对特别脆弱的发展中国家给予特别对待。另外，在序言和第9.4款等条款中，《巴黎协定》将“最不发达国家和小岛屿发展中国家”从发展中国家阵营中单独抽离出来，并试图将发达国家和发展中国家的二元划分转向发达国家、其他发展中国家、最不发达国家和小岛屿发展中国家的三元划分。同时，《巴黎协定》强调“其他缔约方”发展中国家应做出更大贡献（李海棠，2016）。表现在：减缓方面，《巴黎协定》认为发展中国家缔约方应当继续加强他们的减缓努力，应鼓励他们根据“不同国情”，逐渐实现全经济绝对减排或限排目标。支持方面，有能力的发展中国家也可以自愿进行支持。《巴黎协定》下发展中国家的类型化是在发展中国家阵营中根据需求的紧迫性、能力有限性和高度脆弱性做了进行一步细化，将发展中国家分为“其他缔约方”发展中国家，以及需要特别保护的最不发达国家和小岛屿发展中国家，属于发展中国家间的内部类型化。

① 最不发达国家（LDCs）的类别是由联合国于1971年确定的。联合国大会授权联合国经济及社会理事会（ECOSOC）的附属机构发展政策委员会（CDP）每三年审查和监督最不发达国家名单，并就最不发达国家的加入提出建议。符合条件的国家/地区的必须适用三个标准，这些标准基于人均收入、人力资产和经济脆弱性。CDP将最不发达国家定义为“遭受可持续发展最严重的结构性障碍的低收入国家”。南苏丹是2012年加入该组织的最后一个国家。

② 小岛屿发展中国家（SIDS）是脆弱的国家，被联合国环境与发展会议（UNCED，2009年举行）确定为面临特殊社会、经济和环境脆弱性的发展中国家的独特群体。有58个国家被确定为小岛屿发展中国家。

**表 1.2　《巴黎协定》条款中发展中国家的内部分化**

| 序号 | 条款 | 发展中国家的内部分化 | 相关主题 | 备注 |
| --- | --- | --- | --- | --- |
| 1 | 前言 | 发展中国家，特别是特别脆弱的发展中国家 | 特殊需要和特殊情况 | 发展中国家及特别强调 |
| 2 | 前言 | 最不发达国家 | 关于资金和技术转让的特殊需求和特殊情况 | |
| 3 | 4.6 | 最不发达国家，小岛屿发展中国家 | 缓解：提供低温室气体排放的发展计划，战略和行动 | |
| 4 | 4.15 | 受应对措施影响最大的缔约方，特别是发展中国家关注的问题 | 缓解：缓解措施对经济的影响 | |
| 5 | 6.6 | 特别脆弱的发展中国家 | 缓解机制：收益分享作为适应性财政援助 | |
| 6 | 7.2 | 特别脆弱的发展中国家 | 适应是应对气候变化的关键组成部分并做出贡献 | |
| 7 | 7.6 | 发展中国家，特别是特别脆弱的发展中国家 | 适应：认识到支持和国际合作对发展中国家适应和需求的重要性 | 发展中国家及特别强调 |
| 8 | 9.4 | 发展中国家，最不发达国家和小岛屿发展中国家 | 财务：缓解和适应 | 发展中国家及特别强调 |
| 9 | 9.9 | 发展中国家、最不发达国家和小岛屿发展中国家 | 财务：简化审批程序并增强准备支持 | 发展中国家及特别强调 |
| 10 | 11.1 | 发展中国家、最不发达国家等能力最弱的国家 | 能力建设：增强发展中国家的能力 | 发展中国家及特别强调 |
| 11 | 11.1 | 特别脆弱的国家，例如小岛屿发展中国家 | 能力建设：增强发展中国家的能力 | |
| 12 | 13.3 | 最不发达国家和小岛屿发展中国家 | “透明度框架”：认识到特殊情况 | |

## （二）区别责任的内容

### 1. UNFCCC 和《京都议定书》“全有全无”的异质区别责任

UNFCCC 根据发达国家和发展中国家对气候资源损害的不同贡献以及采取减缓、适应措施的不同能力，明确发达国家应当在气候变化的全球努力中发挥带头作用，并以附件一国家的形式承担区别责任。UNFCCC 明确了所有缔约方共同采取措施解决温室气体减缓问题，促进适应，保护碳汇，编制和更新国家温室气体排放清单（第 4.1 条），并分别对附件一国家在实体和程序方面规定了更严格的义务（第 4.2 条、第 12 条、第 4.3 条）；还规定了发展中国家具有获得支持的权利（第 4.7 条）。

《京都议定书》要求发达国家承担议定书中确定的温室气体法定减缓义务。议定书第 3 条第 1 款规定：“附件一缔约方应个别地或共同地确保附件 A 所列温室气体的排放总量（以二氧化碳当量计）不超过按照附件 B 中所登记的其排放量限制、削减承诺和根据本条规定所计算的其分配数量，并使这类气体的全部排放量在 2008—2012 年的承诺期间削减到 1990 年水平之下 5%。”以 1990 年的排放水平为基准，议定书为附件一缔约方确定了具体的、有差别的减排指标，如欧盟 8%，美国 7%，日本、加拿大各 6%，俄罗斯、乌克兰、新西兰维持零增长，澳大利亚和冰岛的排放量增长分别限制在 8%和 10%。另外，欧盟成员国作为一个整体参与减缓行动。议定书第 11 条确立了发达国家应提供新的和额外的资金，以支付发展中国家在履行承诺方面作出进步而承担的全部费用。

议定书没有为发展中国家设定法定减排义务，仅鼓励和敦促发展中国家，特别是人口数量大的发展中国家履行一定的义务。议定书要求这些国家在适当的情况下和可能的范围内制定国家规划，或者在必要时，制定区域规划，以改进可反应社会经济状况的排放因素、活动数据和模式。[①]因此，对发达国家和发展中国家的责任承担称为“全有全无”区别责任承担模式。有学者认为《京都议定书》中

① 见《京都议定书》第 10 条。

“附件一国家”和“非附件一国家”承担的减缓责任属于异质责任（陈贻健，2013）。异质责任是指，如果将责任一词分类为“道义上的责任”和“法律上的责任”两种责任类型，附件一缔约方代表的发达国家承担的是减缓“法律上的责任”，而非附件一缔约方代表的发展中国家承担的是减缓“道义上的责任”。多年来，这种“全有全无”异质责任形式已被证明是极具争议的，而《京都议定书》在过去10年中所经历的困境也证明了这一点。

2.《巴黎协定》的类别化同质区别责任

《巴黎协定》承担起进一步促进国际气候合作的重任，要求发达国家和发展中国家承担同质责任，同时必须考虑到发达国家和发展中国家之间的不同情况，体现公平，突出区别。

（1）发达国家和发展中国家承担同质责任

《巴黎协定》基本上消除了《京都议定书》的分类方法，协定中没有提及“附件一和非附件一”国家之间的分类，也没有对发达国家和发展中国家的减缓进行异质性区别，而是认为发达国家和发展中国家应当承担同质责任。同质责任是指发达国家和发展中国家应当共同承担应对气候变化的法律责任。从异质责任到同质责任的转变体现出国际社会对CBDR原则的实施从偏重区别责任转向偏重共同责任。

（2）同质责任下的类型化区别

《巴黎协定》要求发达国家和发展中国家承担同质责任，同时，根据“德班支柱”将CBDR原则具体落实的领域类型化为：减缓、适应、支持[①]。根据IPCC提供的“术语表”可知，减缓（Mitigation）是指为减少温室气体的排放源或增加温室气体的汇而进行的人为干预；适应（Adaptation）是指针对实际的或预计的气候及其影响进行调整的过程，在人类系统中，适应是力图缓解或避免危害，或利用

① “德班支柱”包括减缓、适应、（资金、技术开发和转让、能力建设）支持以及行动和支持的“透明度框架”四个支柱。由于行动和支持的“透明度框架”属于CBDR原则实现的程序性保障制度，所以此处CBDR原则的具体实现内容不包括“透明度框架”。

各种有利机会；支持（Support）是指发达国家应当向发展中国家提供资金支持、技术开发和转让的支持，以及能力建设的支持。

《巴黎协定》各缔约方具有广泛的差异性，主要体现在发展阶段、经济手段、气候影响的风险（暴露和脆弱性）的不同；大气中温室气体浓度的历史、当前和未来贡献的大小不同；资金、技术和能力水平差异等，以上差异必须真正反映在国际条约的权利和责任定义和结构中（Voigt C，2014）。所以，CBDR 原则的设计在“同质”责任的前提下体现区别，“同质”责任依据“德班支柱”类型化，并在不同类型下再行区别，从而达到各缔约方政治上满意的细致区别的目的。《巴黎协定》这种类型化区别被形象地称为“量体裁衣”的区别。从《京都议定书》“全有全无”的异质区别到“德班支柱”的类型化区别，使得 CBDR 从原则基础向实用基础转变（Rajamani L，2016）。

## 第二节　共同但有区别责任原则的产生背景

### 一、全球气候变化的严重环境问题

随着科学的发展，气候变化对人类的生存和发展带来了巨大挑战。现代科学研究认为，在最近几十年内，人类的活动致使全球气温迅速上升。[①]超过 97%的气候科学家认为“全球变暖存在，且人类活动极有可能是导致全球变暖的主要原因”。IPCC[②]先后于 1990 年、1995 年、2001 年、2007 年和 2014 年完成了五次评估报告，五次评估报告都指出人类活动会对环境造成影响，其第四次评估报告（Fourth Assessment Report，AR4）结果是：人类活动影响与全球气候变化的因果关系具有 90%的可信度。第五次评估报告（Fifth Assessment Report，AR5）确认人类对气候

① IPCC.（2007）Climate change 2007：the physical science basis（summary for policy makers），https：//www.ipcc.ch/report/ar4/wg1/.

② Scientific Consensus：Earth’s Climate is Warming，https：//climate.nasa.gov/scientific-consensus/.

系统的影响具有 95%以上的可信度，而且这种影响还在不断增强，在世界各大洲和海洋都已观测到种种影响。从全球来看，经济发展和人口增长仍然是推动因化石燃料燃烧造成二氧化碳排放增加的两个最重要因素。气候变化使人群、社会、经济部门和生态系统暴露在风险中。工业革命以来的人类活动，尤其是发达国家在工业化道路上大量的消耗能源、排放温室气体，导致大气中温室气体浓度迅速上升，温室效应明显增强，从而引发全球气候近 50 年以来逐渐变暖。AR5 关于气候变化对人类和生态系统的影响作出如下结论：气候变化将会放大自然系统和人类系统的现存风险，同时带来各种新生风险。风险的分布是不均匀的，但无论处于哪种发展水平的国家，其弱势人群和社区面临的风险通常是更高的。气候变暖幅度的提高会增加对人类、物种和环境产生严重的、普遍的和不可逆转的影响的可能性。持续的高排放对生物多样性、生态系统服务和经济发展造成负面影响，同时放大了生计、粮食与人类安全面临的风险。“高可信度”的风险包括：一是由于风暴潮、沿海洪涝和海平面上升、一些区域的内陆洪水、极热期造成的健康不佳和生计干扰风险；二是由于极端天气事件导致基础设施网络和关键服务崩溃的系统性风险；三是粮食安全和水安全问题、农村生计保障和收入的损失等风险，尤其是对于较贫困人群；四是生态系统、生物多样性以及生态系统益处、功能和服务的损失风险。[①]并预测 2100 年以后的气候变化、不可逆性以及气候突变：即使人类现在停止排放温室气体，气候变化的很多方面及其相关影响也会延续多个世纪。升温的程度越高，气候突变和不可逆的风险会越大。

气候变化加剧全球经济不平等。美国斯坦福大学的一项研究结果揭示：20 世纪 60 年代以来，全球气候变暖加剧了经济上的不平等。研究还揭示了那些地球上最贫穷的国家因为全球变暖变得更加贫穷，同时，大部分富裕的国家变得更加富

① IPCC 的信度水平使用 5 个限定词表示：很低、低、中等、高和很高，如：中等信度。使用下列术语来量化描述得到清晰说明的、已发生或将在未来发生的结果的可能性或概率：几乎确定的概率为 99%～100%，极可能的概率为 95%～100%，很可能的概率为 90%～100%，可能的概率为 66%～100%，多半可能的概率为 50%～100%，或许可能的概率为 33%～66%，不可能的概率为 0～33%，很不可能的概率为 0～10%，极不可能的概率为 0～5%，几乎不可能的概率为 0～1%。

有。温室气体排放带来的气温变化使诸如挪威、瑞典这些寒冷国家更加富裕，同时，拉低了印度、尼日利亚等温暖国家的经济增长。 研究同时发现，1961—2010年，全球变暖导致最贫穷国家人均财富缩水 17%～30%，同时，目前世界上经济产出最高和最低的国家集团间的差距剔除气候变化影响后大约为 25%。尽管近几十年，国家间经济上的不平等在不断缩小，但是这项研究表明，如果没有全球变暖，这个差距会缩小得更快（诺亚•迪芬博，2019）。气候变化还会引发大量的气候难民。环境难民除了寻求新的庇护地以外，没有其他任何选择，但是并非所有环境难民都能逃离他们的国家，还有很多在国内流离失所，永久或半永久地放弃了自己的家园，基本没有返回的可能。

## 二、国际法既有规则的局限性

第二次世界大战之后，国际法发生了深刻的代际演化，总体来说，这种演化表现在从共存法演变为合作法，合作法大体分为两个阶段，先为互惠性合作法，后发展到公益性合作法。所以，当代国际法体系的发展共存着原生代的共存法、中生代的互惠法、新生代的公益性合作法。其中共存法以绝对“主权”为基础，为了在“丛林法则”中共生而达成；互惠法是在全球经济合作、一体化趋势愈见明显的情势下，建立的一种基于国家间法律平等的虚构制度，该制度强加了所有缔约方对任何条约的承诺具有对等性，是主权理论的持续发展，主要以 WTO 法为代表（D.B. Magraw，1990）。随着国际环境问题大范围出现，人们发现严格执行互惠原则已经无法解决此类问题，不得不在全球重要问题上加入环境制度。近几十年来人们进一步认识到，应该对严格的互惠规则开启灵活运用的新方式，而不仅仅以机械方式应用规则以确保公正的结果。这种灵活性提供了一种工具，以确保在特定情况下作出的决定不被认为是非法的。这种公平形式也逐渐被人们所接受，如国际法院（International Court of Justice，ICJ）作出的裁定认为，“将公平作为法律概念是正义观念的直接体现”。[①] 例如海上划界问题，ICJ 在其推理中基于公平考虑，在裁定理由中考虑了地理因素。

---

① Continental Shelf（Tunisia/Libyan Arab Jamahiriya），Judgment，ICJ Reports 1982，p. 18，at para. 71.

司法公正的主要缺点是它无法考虑到中长期的结构性不平等，例如人类或经济发展水平的不平等。的确，如果适用准则的结果大多是不公平的，那么仅限于个别案件的解决方案并不能为法律制度给出公正的结果提供充分的基础。这就需要重新考虑规则的结构，并摆脱严格互惠的思想。这就是在规范水平上可以实现的差别待遇。这里所涉及的差异化是确保不平等程度降低，防止不平等性加剧的原因，更普遍的是，导致的结果比不进行差异化更为公正。在形式上的平等不会导致适当结果的情况下，差别待遇旨在促进实质性平等（Cullet P，2016）。

也是基于此，国际法中的合作法进一步发展出公益性合作法分支，最主要体现在针对“人类共同财产”“人类共同关注事项”等国际环境法领域，其重要原则应当属 CBDR，因为该原则与国际环境法的公益性与分配性特质最为吻合。CBDR 对不同国家因经济发展水平等方面的巨大差异而发生的分立进行了重构，不仅把生态上的相互依存嵌入发达国家与发展中国家的关系中，而且还为他们之间的对抗设定了原则底线，即各国不再拥有任意选择是否合作保护环境的主权权利，而是必须共同承担环境保护责任（寇丽，2013）。

面对这样的困境，国际环境法作出了积极应对。随着科技手段和认识水平的不断提高，人类越来越清楚地认识到，如果国际社会不团结一致共同应对气候变化，人类将遭受难以估量的损害。1972 年斯德哥尔摩人类环境会议召开，国际社会对人类环境问题和国际环境法的基本原则达成共识，100 多项地区性和全球性的环境条约得以顺利签订。针对气候变化，国际社会也逐渐在普遍共识的基础上逐步推进国际应对气候变化法的发展。从形式上看，除了正式的国际公约、协定和议定书以外，广泛的宣言、指南和计划等，也都是国际应对气候变化法律系统的有机组成部分。最为核心的国际气候合作协议是 1992 年的 UNFCCC、1997 年的《京都议定书》和 2015 年的《巴黎协定》。以上三部条约代表了国际气候合作的核心框架和气候治理秩序的重要内容，同时奠定了国际气候保护的法治基础。通过对比 IPCC 的 AR5 可知，随着人们对气候变化危害和科学解决途径的深入了解，国际合作的途径进一步拓宽，解决手段愈加清晰和科学。人类行为造成气候变化已经成为国际社会的普遍共识，对气候变化的危害后果的预测促使国际合作的力度不断加强，科学的气候认知为国际气候条约的达成奠定了坚实的科学基础和理论根基。国际气候条约的不断出台，是国际环境法对以上基础认知的法律回应。以下就从这一角度以列表的形式更加直观地加以体现，见表 1.3。

**表 1.3　IPCC 各阶段评估结果总结**

| 评估报告 | 时间 | 评估结果 | 国际环境法回应 |
| --- | --- | --- | --- |
| IPCC 第一次评估报告 | 1990 年 | 检测结果：过去 100 年全球平均地面温度已经上升 0.3～0.6℃，海平面上升 10～20 cm，温室气体尤其是二氧化碳由工业革命（1750—1800 年）时候的 230 mL/m³ 上升到 353 mL/m³ | 促使联合国大会作出制定 UNFCCC 的决定 |
| | | 预测：如果不对温室气体的排放加以控制，到 2025—2050 年，大气温室气体浓度将增加一倍左右，全球平均温度到 2025 年将比 1990 年之前升高 1℃左右，到 21 世纪末将升高 3℃左右（比工业化前高 4℃左右）。海平面高度到 2030 年将升高 20 cm，到 21 世纪末升高 65 cm | |
| IPCC 第二次评估报告 | 1995 年 | 预测：相对于 1990 年、2100 年的全球平均温度将上升 2℃，其范围在 1～3.5℃；海平面从 1990 年到 2100 年，预测将上升 50 cm，其可能变化范围为 15～95 cm，并且温度升高会加速水循环，使一些地区出现更加严重的洪涝干旱灾害，而另一些地区的灾害可能会有所减轻 | 为系统阐述 UNFCCC 的最终目标提供了坚实依据，并推动了 1997 年《京都议定书》的诞生 |
| IPCC 第三次评估报告 | 2001 年 | 结果：近百年温度上升的范围是 0.4～0.8℃，这种变暖值是近千年甚至近万年最显著的。20 世纪海平面上升了 10～20 cm，极端气候事件（暴雨、干旱等）有一定的增加趋势，可能与全球变暖有关 | 促使 UNFCCC 谈判确立适应和减缓两个议题，为《京都议定书》的生效提供了科学支撑 |
| | | 预测：21 世纪全球平均气温将继续上升，预测达到 2.5℃，可能范围为 1.4～5.8℃。海平面上升预测为 0.1～0.9 m | |

续表

| 评估报告 | 时间 | 评估结果 | 国际环境法回应 |
| --- | --- | --- | --- |
| IPCC 第四次评估报告 | 2007 年 | 结果：1. 人类活动影响与全球气候变化的因果关系具有 90%的可信度；<br>2. 1750 年以来，由于人类活动，全球大气中温室气体浓度显著增加；最近 100 年（1906—2005 年）全球平均地表温度上升 0.4～0.8℃；20 世纪全球海平面上升约 0.17 m<br>预测：21 世纪末全球平均地表气温可能升高 1.1～6.4℃；相对于 1980—1999 年的平均水平，21 世纪末全球平均海平面上升幅度预估范围为 0.18～0.59 m | 明确提出过去 50 年的气候变化很可能归因于人类活动，推动了“巴厘岛路线图”的诞生 |
| IPCC 第五次评估报告 | 2014 年 | 结果：1. 气候变暖是毋庸置疑的，人类活动极有可能是 20 世纪中期以来全球气候变暖的主要原因，可能性在 95%以上；<br>2. 1880—2012 年，全球海陆表面平均温度升高 0.85℃；2003—2012 年平均温度比 1850—1900 年平均温度上升了 0.78℃；过去一个世纪，全球海平面已经上升 19 cm；1993—2010 年，海平面上升的速度是 1901—2010 年的两倍；<br>3.目前，大气中的温室气体浓度已经上升到过去 80 万年来的最高水平<br>预测：如果没有积极有效的温室气体排放政策，到 21 世纪末，全球气温将比前工业时代至少上升 1.5℃ | 进一步凝聚了国际社会应对气候变化的共识，为推动 2015 年巴黎气候变化大会达成《巴黎协定》产生了积极影响 |
| IPCC 第六次评估报告 | 2022 年 |  | 将为进一步落实《巴黎协定》提供科学参考 |

## 三、两大阵营的尖锐矛盾冲突

气候保护最主要的方式为减缓和适应。减缓是指减少温室气体排放源和增加温室气体的吸收汇，以减缓气候变化；适应是指提高生态系统和人类社会适应气候变化的能力，以适应气候变化。减缓和适应是人类应对气候变化的两条基本路径。减缓气候变化与一国经济社会发展紧密相连，涉及能源、工业、交通、农业等诸多领域。适应气候变化受到一国经济实力、技术发展和应用能力、信息获得和认知能力等方面的约束。

面对减缓和适应，每个国家的经济发展水平、资源禀赋、能力建设等都存在着巨大差异，特别是发达国家和发展中国家间难以逾越的差距，造成国际气候合作困难重重。就减缓而言，如何在各个国家间分配温室气体的减排额度，是国家间难以克服的核心问题。发达国家和发展中国家因此逐渐分立甚至出现对立情形。

发展中国家认为，发达国家应该担负起更多的减缓责任，并应当给予发展中国家经济、技术和能力方面的帮助。首先，广大发展中国家认为造成今天气候变化的主要贡献国家是发达国家。众所周知，目前全球气候危机的主要根源在于西方发达国家。工业革命以来，发达国家在工业化过程中大量消耗能源，导致温室气体浓度逐渐增加，温室效应的不良影响日渐突出。“发达国家消耗的地球能源最多，造成的破坏最大”（岸根卓郎，1999）。发达国家人口不足世界总人口的1/3，却消耗了世界上80%的原料和产品，就木材消耗而言，发达国家达到了全球消耗量的90%。目前，富国人均消耗的自然资源是穷国的20倍（施里达斯·拉夫尔，1993）。发达国家是二氧化碳等温室气体的主要排放国，其二氧化碳累计排放量在20世纪90年代就达到了惊人的水平，美国累计排放量达到近1 700亿t，欧盟达到近1 200亿t（曲格平，1999）。在温室气体的人均排放方面，1999年，美国的人均碳排放量是5.6 t，此水平是当时的印度的20倍，中国的10倍以上（凯文·A.鲍默等，2002）。同时，发达国家将高耗能、高碳排放的产业转移到发展中国家，发展中国家成为“世界代工厂”，处于经济全球化的产业链最底端。表面上，发展中国获得了巨额的经济收入，但世界上却承载着“生态逆差”的高昂代价，并为发达国家的奢侈享受以生态为代价提供了服务。

其次，发展中国家认为发达国家有能力承担更多的减缓责任。就温室气体的减缓能力而言，发达国家既有资金又有技术，发展中国家则不然。美国的平均个人收入水平是发展中国家的 10 倍、不发达国家的 30 倍（凯文·A.鲍默等，2002）。2001 年 5 月，联合国在布鲁塞尔举行了第三次世界上最不发达国家会议，会议透露的材料更令人触目惊心：49 个穷国共有人口 6.3 亿，占世界人口的 49%，但其收入却低于世界总收入的 1%。这些国家的人均国内生产总值只有 235 美元，而发达国家这一数字已高达 2.5 万美元，穷国和富国相差 100 多倍。联合国的有关资料还显示：1996 年以后，世界经济全球化加大了南北差距。人口不足全球 20%的 46 个发达国家拥有全球国民生产总值的 86%、全球贸易额的 82%、全球外国直接投资的 68%。而在 140 多个发展中国家中，有 80 多个不发达国家的国民收入比 10 年前减少。发达国家积累和掌握着先进的技术和雄厚的财力资源，并有着丰富的气候治理经验，他们在经济和技术上的优势，是发展中国家无法比拟的，发达国家有能力也理应更早、更多地为保护和改善全球环境做出更大的贡献，率先承担更多的温室气体减缓责任。

再次，对于发展中国家而言，在目前的科技现状下，减缓温室气体必然影响一国经济的发展，对于发展中国家减排温室气体意味着大刀阔斧地开展经济模式的转变或者限制排放主体生产，这两项对于发展中国家都是一时难以做到的。前者，发展中国家处于目前的经济发展阶段，通过自身能力很难逾越；后者，发展中国家很难通过限制自身经济发展，为发达国家的历史贡献买单，也很难不顾本国经济发展而为保护全球气候贡献力量。

而发达国家认为，为了全人类发展，为了预防未来气候变化给人类带来的挑战，各国应该通力合作，共同分担。但是发达国家不承认历史原因，其认为有所区别，主要因为发达国家和发展中国家能力不同。面对发展和环境保护之间的矛盾，任何国家都无法独自实现环境与发展本身的融合，以及实现可持续发展，只有通过全球伙伴关系才能实现。①在发展中国家和发达国家长期博弈的过程中，最终达成共识，在国际气候合作过程中，发达国家和发展中国家承担的责任应当有

① 《21 世纪议程》，联合国环境与环境会议的报告发展，1992 年 6 月 3 日至 14 日，里约热内卢，联合国文件 A/CONF.ISI/26/Rev.l（Vol.1），附件 II，第 1 节。

所区别，发达国家还应当在资金、技术、能力方面帮助发展中国家。随之，在国际应对气候变化法中建立了 CBDR 原则。

## 第三节　共同但有区别责任原则的确立历程

UNFCCC 框架下，发达国家和发展中国家区别性的义务分配始终难以达成一致，造成国际气候合作和实践难以在 UNFCCC 目标前提下调动各缔约方行动的信心，达成统一部署。历经 UNFCCC、《京都议定书》和《巴黎协定》三次里程碑式的国家气候秩序变迁，CBDR 原则从产生到不断发展，经历了发达国家和发展中国家第一次以“严格的区别责任”为前提的合作，到在“区分责任的争执”中合作逐渐瓦解，再到 2015 年《巴黎协定》促成了应对气候的第二次国际合作，并建立了充满雄心的“自我区别”，从而使以 CBDR 原则为核心的国际气候变化法发生着演变。这种演变是否能够得到国际社会的广泛认可并落实到各国具体实践中，还是未知数。但就 2019 年马德里 COP25 会议的成果来看，前景不容乐观，前行之路依然曲折和未知。通过本节梳理 CBDR 原则实现的历程，我们可以用历史发展的眼光深入了解 CBDR 原则。

### 一、UNFCCC 时期正式确立阶段

#### （一）CBDR 原则的提出

CBDR 原则正式确立于 1992 年的联合国环境与发展大会。联合国环境与发展大会于 1992 年 6 月 3 日至 14 日在巴西里约热内卢市举行。出席会议的有 16 位国家的政府首脑，172 个国家，8 000 名代表，9 000 名新闻记者和 3 000 个非政府组织。会议的宗旨是“在加强各国和国际努力以促进所有各国持久的无害环境发展

的前提下，拟订各种战略和措施，终止和扭转环境恶化的影响”。[①]会议通过了《里约环境与发展宣言》（以下简称《里约宣言》），该宣言首次将 CBDR 原则作为一项基本原则纳入国际文件中。《里约宣言》的主要内容是宣布关于环境与发展问题的 27 条原则，其中，第 7 个原则即为 CBDR 原则，具体内容为：“各国应以全球伙伴精神养护、保护和恢复地球生态系统的健康和完整。鉴于各国对全球环境恶化所起的作用不同，各国拥有共同但有区别的责任。鉴于发达国家对全球环境施加的压力以及他们掌握的技术和财力资源，发达国家承认他们在追求可持续发展的国际事业中应承担的责任。”[②]美国对这一原则持有保留意见，反对将此原则解释为暗示美国承认或接受任何国际义务、责任或减轻发展中国家的责任（王曦，2005）。

《里约宣言》是发展中国家与发达国家之间的斗争与妥协的结果。它既体现了在全球环境保护问题上双方达成的一致，又体现了双方的分歧。宣言反映了发展中国家的很多愿望和要求，其中主要是承认发展中国家发展经济的愿望和要求。宣言认为环境保护与发展经济是密不可分的。环境保护要求消除贫困，经济发展必须注重保护环境。国际社会对这个根本问题达成共识具有深远的意义。但分歧仍然存在，对宣言中一些涉及国家切身利益的原则，有些发达国家持有保留意见或作出不同解释。这些分歧的存在表明宣言各项原则的实现将是一个充满矛盾与斗争的艰难过程。

### （二）CBDR 原则的正式确立

UNFCCC 中 CBDR 原则的正式确立是在第三条“原则”部分将 CBDR 原则放在首要位置为标志的，该条表述为“各缔约方应当在公平的基础上，并根据他们共同但有区别的责任和各自能力为人类当代和后代的利益保护气候系统。因此，

---

①《联合国大会第 44/228 号关于召开环境与发展大会的决议）第 1 部分第 3 条，见《迈向 21 世纪——联合国环境与发展大会文献汇编》，中国环境科学出版社 1992 年版，第 162 页。

② 中国环境报社编译《迈向 21 世纪——联合国环境与发展大会文献汇编》，中国环境科学出版社，1992 年版，第 30 页。

发达国家缔约方应当率先应对气候变化及其不利影响。”[①]UNFCCC 增加和强调了缔约国的“各自能力”，该原则延伸为“共同但有区别的责任和各自能力”原则（CBDR-RC）。它是国际社会对以全球变暖为特征的气候问题在国际法上的反应。UNFCCC 的最终目标是将大气中温室气体的浓度稳定在防止气候条件受到危险的人为干扰的水平上。[②]这一水平应当使生态系统能够自然地适应气候变化、确保粮食生产免受威胁，并使经济发展能够可持续地实现。

由于 UNFCCC 涉及各国的重大经济、社会和环境利益，它的谈判过程自始至终充满错综复杂的矛盾、斗争和妥协。各国由于不同的经济发展水平、能源结构、产业结构、能源技术水平和受气候变化的影响程度所决定，在谈判中持有不同的立场和主张，UNFCCC 的谈判格局因而格外的复杂。UNFCCC 的谈判除了体现发展中国家与发达国家之间的矛盾和对立之外，还体现了发达国家之间的分歧，甚至少数发展中国家与发达国家立场接近的复杂格局。在发达国家集团中，美国反对 UNFCCC 对限控二氧化碳等温室气体规定具体的目标和时间表；而德国等欧盟国家对 UNFCCC 持积极的态度，因为这些国家对煤等矿物燃料的依赖程度较低，而且其能源技术相对先进、能源效率高，UNFCCC 关于开发应用和推广新能源技术的规定有利于其发展。发展中国家的石油生产国，以沙特阿拉伯为首，反对 UNFCCC 规定任何实质性义务，因为这将限制其国民经济的命脉——石油工业；发展中国家中经济发展迅速的大国，如印度和中国，反对任何不顾其国情和发展目标并可能限制其经济长期发展的规定；拥有丰富热带雨林资源的国家如巴西和马来西亚，主张的重点放在限制发达国家温室气体的排放上，担心 UNFCCC 会限制其开发利用本国森林资源的主权；那些最易受气候变化损害的小岛国，则力主制定一项包含严格控制温家气体排放条款的公约。因此，UNFCCC 的谈判格局虽然在整体上仍然分为发达国家和发展中国家两大集团，但在一些具体的问题上，这种南北之间的界线变得模糊了，例如在关于排放限制的问题上，美国和沙特阿

① UNFCCC，Art. 3.

② UNFCCC，Art. 2.

拉伯的主张比较接近，欧盟国家与小岛国比较接近（王曦，2005）。

最终，这种复杂的谈判格局在UNFCCC中表现为，为“附件一的发达国家”和“非附件一的发展中国家”两大阵营规定了不同的控制温室气体的义务。

### （三）COP1和COP2

UNFCCC专门设立了一个机构：缔约方大会（Conference of the Parties，COP）在UNFCCC框架下每年召开一次，设有秘书处和附属科技咨询机构协助其工作（亚历山大·基斯，2000）。1995年，在德国柏林召开了COP1大会，出台了《柏林授权》。《柏林授权》确认了CBDR原则作为指导全过程的基本原则；同意缔约方制定一项旨在加强“附件一国家”的承诺和在2000年以后采取适当行为的议定书或另一项法律文件，从而为《京都议定书》的出台打下基础；确认了“联合履约”的制度主张。“联合履约”是在公约谈判过程中争论比较激烈的问题。根据UNFCCC第4条第2款a项和b项规定，“附件一国家”可共同或联合履行其在2000年前把温室气体的排放控制在1990年水平的承诺，此即为“联合履约”的制度出处。就该制度如何实施各国进行了深入谈判，核心内容是“联合履约”的主体问题，即发展中国家是否应该纳入该制度体系中，并和发达国家进行合作。经过谈判博弈，大会作出“联合履约”只适用于附件一缔约方，非附件一缔约方没有此项承诺的决定。此决定体现了在CBDR原则的引导下发达国家和发展中国家在义务承担上的区别性本质。

1996年，在日内瓦召开的COP2发表了《日内瓦部长宣言》，宣言要求各国加快关于制定具有法律约束力的削减温室气体人为排放的议定书的谈判，重申该协议应该包括《柏林授权》的全部内容，[①]从而为《京都议定书》的出台做好了准备。

① 见《联合国气候变化框架公约第二届缔约方大会报告》，FCCC/CP/1996，15/Add.1.

## 二、《京都议定书》时期严格区别阶段

### （一）《京都议定书》确立了严格区别

1997 年 12 月 1—10 日，在日本京都召开了 COP3，150 多个国家的代表团、20 多个国家的观察员代表以及非政府组织的代表等共 5 000 余人出席了会议。会议各方经过激烈的谈判，通过了具有里程碑意义的《京都议定书》。议定书以 CBDR 原则为指导，确认了发达国家具有法律约束力的减排义务，未对发展中国家规定温室气体减缓目标及法定义务。同时，要求发达国家应当向发展中国家提供帮助和支持。以上区别责任的落实使得 UNFCCC 的履行向前迈出了极其重要的一步。此阶段的 CBDR 原则充分体现的是发达国家和发展中国家之间严格区分的责任体系。

### （二）推动《京都议定书》生效和实施的九次 COP

自 1997 年 COP3 通过了《京都议定书》之后，UNFCCC 的缔约方就走上了推动《京都议定书》生效的艰难路程。从 COP4 开始，进行了大量的、深入的技术性谈判，形成了对于 UNFCCC 和议定书的履行具有重要意义的决定和文件，主要包括：

1998 年 COP4 通过的《布宜诺斯艾利斯行动计划》。该计划对资金机制、技术开发和转让、考虑对发展中国家的不利影响、试验阶段共同执行的活动、《京都议定书》机制工作方案和 UNFCCC 缔约方会议兼《京都议定书》缔约方会议第一届会议的筹备工作等事项作出了安排。

1999 年的 COP5 就议定书生效所需的具体细则进行了磋商，主要议题包括发展中国家的参与、京都机制、履约程序、汇等。会议通过了“附件一缔约方”的《国家信息通报编制指南》《温室气体清单技术审查指南》《全球气候观测系统报告编写指南》等文件。

2000 年的 COP6 在海牙举行。会议的主要目的是提出落实议定书的具体措施，以切实履行发达国家作出的减排温室气体的承诺，同时发展中国家期望通过这次会议得到发达国家向他们转让技术和资金的保证。这次会议被认为是关系到《京都议定书》前途的一次重要会议，国际社会希望此次会议能够最终出台实现减缓目标的细则，使议定书能在 2002 年生效，真正起到减缓全球气候变化的作用。由于各国利益的相互牵制，会议从一开始就呈现出矛盾的错综复杂，尤其在欧盟和以美国为首的伞形国家之间存在着严重的意见分歧。发达国家与发展中国家在技术开发与转让、能力建设和资金机制等问题上的立场也有较大的差距。在谈判过程中，各方对关键性问题的立场大相径庭，无法达成妥协的意愿，会议无果而终。

2001 年的 COP6 的波恩续会通过了《波恩协定》。《波恩协定》就执行《布宜诺斯艾利斯行动计划》达成一致。《波恩协定》的主要内容涉及：UNFCCC 下的资金支持；《京都议定书》下的资金支持、技术开发和转让；对发展中国家的不利影响；《京都议定书》的灵活机制；土地利用、土地利用的变化和林业活动；履约程序和机制等事项。然而，美国于 2001 年宣布退出《京都议定书》，给《京都议定书》的生效蒙上了巨大阴影。

2001 年的 COP7 的主要任务是完成和落实《波恩协定》的技术性谈判，通过了一系列具体性决定，统称为《马拉喀什协议》。《马拉喀什协议》体现了从理论到实践的转变，标志着从制定《京都议定书》的规则到加以贯彻落实的转变。

2002 年的 COP8 通过了《气候变化与可持续发展德里部长级宣言》（以下简称《德里宣言》）。《德里宣言》的核心思想是着眼于在可持续发展战略的大框架下解决气候变化问题，并强调解决脆弱性和适应性问题的紧迫性。

2003 年的 COP9 在意大利米兰召开，该会议在重大问题上没有取得进展。随着 2004 年俄罗斯签署加入《京都议定书》，使得议定书生效的艰难过程到 2004 年 11 月 18 日告一段落。

2004 年在布宜诺斯艾利斯召开了 COP10，来自 150 多个国家的与会代表围绕 UNFCCC 生效 10 周年来取得的成就和未来面临的挑战、气候变化带来的影响、温室气体减排政策以及在UNFCCC框架下的技术转让、资金机制、能力建设等重要问题进行了讨论。

2005年2月16日，《京都议定书》生效。议定书的生效使创建于2001年的议定书适应基金（Adaptation Fund）开始准备帮助发展中国家应对气候变化所带来的消极影响。议定书的生效，让美国、澳大利亚这两个温室气体排放大国处于孤立而尴尬的境地。

2005年12月，COP11在加拿大蒙特利尔召开，会议达成了40多项重要决定，其中包括启动《京都议定书》第二阶段（2013—2020年）温室气体减排谈判。本次大会取得的重要成果被称为“蒙特利尔路线图”。《京都议定书》的第一次缔约方会议（Conference of the Parties serving as the meeting of the Parties to the Kyoto Protocol，CMP1）也同时召开。自此，气候会议以“双轨制”的形式进行，即在UNFCCC下的COP和《京都议定书》下的CMP两个谈判轨道（李威，2016）。“双轨制”的两个工作组是：《京都议定书》下成立的“附件一缔约方进一步承诺特设工作组”（AWG-KP）①；UNFCCC框架内建立的“长期合作行动特设工作组”（AWG-LCA）②。“双轨制”使没有加入《议定书》的美国等国家还可以在COP下继续参与国际气候磋商和合作。

2006年11月，COP12/CMP2在肯尼亚内罗毕召开，大会旨在帮助发展中国家提高应对气候变化的能力，达成几十项决定，并明确“适应基金”将用于支持发展中国家具体的适应气候变化活动。

## 三、后京都时期争执中的区别阶段

这个时期与2005年《京都议定书》生效前后的一段时间相比，发达国家参与

① AWG-KP（Ad Hoc Working Group on Further Commitments for Annex I Parties under the Kyoto Protocol）成立于2005年在蒙特利尔举行的“作为《京都议定书》缔约方会议的《公约》缔约方会议第一届会议”（COP/CMP1）。见Decision1/CMP.1，FCCC/KP/CMP/2005/8/Add. 1.

② AWG-LCA（Ad Hoc Working Group on Long-term Cooperative Action under the Convention，该成立于2007年在巴厘岛举行的“《公约》缔约方第十三届会议”（COP13）。见Decision 1/CP. 13，FCCC/CP/2007/6/Add. 1.

气候合作的政治意图退缩，并竭力否认历史责任，突出表现在坚持 CBDR 原则的决心大幅削减（张海滨，2010）。应对气候变化的共同责任在强化，区别责任在弱化（谷德近，2008；王小钢，2010）。

### （一）“巴厘岛路线图”的双轨制

2007 年，COP13/CMP3 在印度尼西亚巴厘岛召开，主要成果是“巴厘岛路线图”。作为“后京都时代”应对全球气候变化的指导性文件，“巴厘岛路线图”为发展中国家规定了实质性义务。会议启动“双轨”谈判，主要讨论了于 2009 年达成一项《京都议定书》第一期承诺期到期（2012 年）后继续实施 UNFCCC 的法律文书。此次会议再次将发展中国家和发达国家如何区别性承担责任作为会议重要事项予以讨论。美国反对全部的草案内容；伞形国家集团中，日本坚决反对总目标的设立；新西兰、加拿大和澳大利亚摇摆不定；欧盟低碳能源技术世界领先，其是强力的推动者；77 国集团和中国，内部矛盾重重，缺乏共同利益；最不发达国家和小岛屿国家积极维护自身利益，同样也希望中国、印度等发展中大国承担相应的减排义务。由于分歧巨大，各国无法达成共识，会议陷入僵局。最终，各国在最后一刻妥协并达成协议。其中《巴厘行动计划》第 1（b）（i）和第 1（b）（ii）两项条款是此次会议达成最困难的两项条款，其谈判过程清晰地反映了发达国家和发展中国家不同立场的冲突和妥协。《巴厘行动计划》第 1（b）（i）的内容为：“巴厘路线图”要求 UNFCCC 发达国家缔约方，依据其不同的国情，承担可测量、可报告和可核证（Monitoring、Reporting、Verification，MRV）的与其国情相符的温室气体减排承诺或行动，包括量化的温室气体减排和限排目标，同时要确保发达国家间减排努力的可比性。该条款是为退出《京都议定书》的美国特意制定的，因为其他发达国家受到《京都议定书》的约束承担了温室气体减排的量化目标，必然要受到承担 MRV 的约束。一直以来，美国总设法逃避量化减排的义务，最终通过艰苦谈判，美国提出要在温室气体减排量化目标义务前加上“考虑其不同的国情”的表述。《巴厘行动计划》第 1（b）（ii）的内容为：发展中国家要在可持续发展框架下，在得到技术、资金和能力建设的支持下，采取适当的国内减缓行动，上述支持和减缓行动均应符合 MRV。发达国家一直要求发展中国家同样承担 MRV 减缓义务，而不希望履行技术和资金支持的义务。而发展中国家表态称，同意在可持续发展的框架下采取适当的国内减缓行动，但要求与发达国家十几年来一直没有履行的技术、资金和能力建设支持相挂钩。因此最终达成了现有案文。美国一直到最后时刻，才同意了该条款（苏伟等，2008）。

虽然“巴厘岛路线图”仍然强调发达国家和发展中国家在应对气候变化问题时应当遵循 CBDR 原则，并将其作为发达国家与发展中国家在承担减排温室气体义务的区别基础，但也说明 CBDR 原则始终处在模糊的状态中，发达国家和发展中国家一有时机就会就区别责任的划分展开一系列谈判和博弈，重新平衡“共同”和“区别”天平两端的重量，使得该原则处于不停的变化之中。2008 年，COP14/CMP4 在波兰波兹南召开，会议就温室气体长期减缓目标达成一致，但没有其余相关 CBDR 原则的实质性意见达成。

### （二）哥本哈根和坎昆的失败

2009 年，COP15/CMP5 在丹麦哥本哈根召开。国际社会希望哥本哈根会议能够达成一个气候协议，就 2050 年的长远目标有一个共同愿景：发达国家在 2020 年比 1990 年水平减排 25%～40%；发展中国家采取适当减缓行动；发达国家提供资金和技术支持等。大会一开始因为各国主张和情况各异，而陷入了无止境的磋商和调停中，最终造成该会议没有达成具有约束力的国际协议，而是达成了一项政治共识《哥本哈根协议》（庄贵阳，2009）。发达国家一直试图模糊发达国家和发展中国家的界限。会议的三个关键议题——减缓承诺、资金机制以及承担 MRV 义务的谈判充分体现了 CBDR 原则在发达国家和发展中国家之间的不断妥协变化。

关于减缓承诺，发达国家多次提出放弃“巴厘岛路线图”以来的“双轨制”，转变为 UNFCCC 框架下长期合作行动进程的单轨制，抛弃《京都议定书》下发达国家已经承诺的法定减排义务。非洲集体、77 国集团和中国以退出全体会议的形式予以反对，最终维护了“双轨制”。发达国家再次着力争取《京都议定书》2012年第一期承诺到期后强加给发展中国家具有和发达国家 MRV 一样的减排义务。《哥本哈根协议》要求发展中国家实施“适合本国的减缓行动”，并提出了区别于《京都议定书》“自上而下”法定减缓责任的分配模式，建议各缔约国“自下而上”自主提出本国减缓责任的范围和幅度。为此，澳大利亚提出了“时间表方法”，即每个缔约国必须提出本国时间表，发达国家在时间表中登记量化减缓限制和承诺，发展中国家登记适合本国的减缓行动。[①]时间表方法使得发达国家和发展中国家的区别责任明显弱化。

关于资金机制，发达国家和发展中国家争议的焦点包括：一是发达国家的支持资金是包括官方发展援助还是属于额外资金。最终《哥本哈根协议》中发达国家承诺 2020 年以前每年提供 1 000 亿美元的支持，没有提及“额外”的要求，因此发达国家的官方发展援助中的一部分有很大可能将纳入气候变化的支持资金中，从而变相减少了发达国家的支持力度。同时，发达国家将每年 1 000 亿美元的支持和“有意义的减缓行动”和“履约透明度”相挂钩，增加了发展中国家的减排责任，弱化了“区别责任”，附加发展中国家更大的压力和限制。二是发展中国家要求发达国家提供的资金应当是可预见的和稳定的，发达国家认为除了最不发达国家以外，其余发展中国家也应当承担向气候基金出资义务。发展中国家认为气候基金应当由其管理，发达国家更倾向由世界银行管理。三是发达国家提供的 2010 年到 2012 年三年间 300 亿美元的支持，发展中国家认为其应当弥补因发达国家“历史责任”导致发展中国家适应环境的必要支出，但发达国家否认历史责任，认为资金应当用于未来减缓排放的支出。

最终《哥本哈根协议》一定程度上坚持了 CBDR 原则，原则性地承认 “应当向发展中国家提供累进的、新的和额外的、可预见的和充足的资金”[②]。《哥本

---

① Draft protocol to the Convention prepared by the Government of Australia for adoption at the fifteenth session of the Conference of the Parties，FCCC/CP/2009/5.

② UNFCCC. Copenhagen Accord.Art. 8（a）.

哈根协议》要求发达国家集体提供新的和额外的资金，在 2010 年到 2012 年的三年间提供 300 亿美元，并在适应和减缓两个领域平衡分配。①《哥本哈根协议》还宣布，在“有意义的减缓行动”和“履约透明度”的背景下，发达国家承诺在 2020 年以前实现每年联合融资 1 000 亿美元的目标，以满足发展中国家的需要。②

发展中国家的减排行动是否受到 MRV 程序的约束也是发达国家和发展中国家的重要争议焦点（王小钢，2010）。前文所述，《巴厘行动计划》第 1（b）（ii）提出发展中国家提供支持和减缓行动也应符合 MRV 要求。根据该条文，中国和印度都同意得到国际支持的减缓行动受制于国际的 MRV 程序，未得到国际支持的减缓行动只能受制于国内的审查程序。美国坚持中国和印度等发展中大国的减缓行动都应当受制于国际的 MRV 程序。最后的《哥本哈根协议》体现了发达国家和发展中国家的相互妥协。《哥本哈根协议》宣布，“非附件一缔约方”应当通过两年一次的国家通报提供关于其所采取和设想的减缓行动的信息。其减缓行动将会受制于其国内 MRV 程序，其结果要经由两年一次的国家通报予以报告，并通过“国际磋商和分析”保证实施。发达国家和发展中国家在 MRV 方面的“区别责任”无疑也在弱化。

2010 年，COP16/CMP6 在墨西哥坎昆召开。这次谈判仍旧以失败告终，气候大会已经成为政治筹码，发达国家和发展中国家都不愿意在经济发展问题上妥协。

## 四、《巴黎协定》时期自我区别阶段

随着应对气候变化的紧迫形势，“京都模式”和长期合作行动谈判已经不能满足国际气候形势的需要（陈贻健，2016）。发达国家对《京都议定书》针对其强制性减缓责任，而对发展中国家采取宽松性减缓责任，以及定期向发展中国家提供资金支持的规定强烈不满。《巴厘行动计划》第 1（b）（i）提出长期合作行动计划要求美国等非《京都议定书》的发达国家提供和“附件一国家”可比的减缓行动，但是，伞形国家既不愿意提供“可比性”，也不愿意提高减缓目标。因此，长期合

① UNFCCC. Copenhagen Accord. Art. 8（b）.

② UNFCCC. Copenhagen Accord. Art. 8（c）.

作行动机制一直停滞不前，难以发挥实际效用。“京都模式”和长期合作行动难以推行的核心因素仍然是发达国家和发展中国家为了各自利益，难以就实现 CBDR 原则具体的规则化标准达成共识。

## （一）德班开启巴黎时代

2011 年召开了 COP17/CMP7 德班会议。面对京都模式严格的区别责任难以实现的窘境，缔约方启动了名为“德班增强行动平台特设工作组”（Ad Hoc Working Group on the Durban Platform for Enhanced Action，ADP）的谈判进程，以便在 2015 年之前 “根据 UNFCCC 制定一项议定书、另一项法律文件或者一项具有法律效力的商定成果，并适用于所有缔约方”①。新的气候协议将于 2020 年落实实施。德班平台下开展了德班、多哈、华沙、利马四次 COP，2015 年，“巴黎特设工作组”（Ad Hoc Working Group on the Paris Agreement，APA）设立之后，德班平台结束使命。不可否认的事实是，各国处于不同的发展阶段，实际情况也有很大不同，发达国家和发展中国家之间存在一时难以跨越的明显差距。当各国开始在《德班纲领》下进行谈判时，发达国家和发展中国家之间严格对立的分界线使得谈判陷入僵局。发展中国家将 CBDR 原则视为抵制新的或者是更有力承诺的“防火墙”，而发达国家则要求发展中国家承担减缓责任，作为其采取进一步行动的先决条件。根据 UNFCCC 和“适用于所有缔约方”之间的紧张关系在谈判结束前仍未解决。最极端的表现是两种不同立场的存在：一方主张不同“范围”的“自我区别”的承诺，另一方主张严格遵守 UNFCCC 的原则、规定和附件结构。②德班会议期间和之前的激烈辩论，法律形式问题在谈判的最后一年基本上消失了。尽管从未作出具体决定，但到 2015 年年初，一个未言明的假设已经出现，即《巴黎协定》将成为一项条约（Daniel Bodansky，2016）。

---

① Decision 1/cp.17，Establishment of an Ad Hoc Working Group on the Durban Platform for Enhanced Action，fccc/cp/2011/9/Add.1，para 2.

② UNFCCC，Decision 1/CP.17，Establishment of an Ad Hoc Working Group on the Durban Platform for Enhanced Action（UN Doc. FCCC/CP/2011/9/Add.1，15 March 2012），at paragraph 2.

## （二）多哈开启单轨制谈判

2012 年，在多哈召开的 COP18/CMP8 进一步促进国际气候谈判的轨道合一，结束了“双轨制”谈判的道路，转向了德班平台的单轨制谈判轨道（陈贻健，2016）。同时，多哈会议就执行《京都议定书》第二期承诺期（2013—2020 年）达成一致。2013 年，在 COP19/CMP9 华沙会议上，邀请缔约方在 2015 年编制并提交一次“预期的国家自主贡献”（Intended Nationally Determined Contributions，INDC），标志着谈判的关键时刻。在此之前，那些赞成京都模式“自上而下”区别责任分配的国家与赞成哥本哈根风格的“自下而上”促进模式的国家之间的争论一直非常激烈。华沙决定将“自下而上”的方法作为起点。会议提出了“国家自主贡献”（Nationally Determined Contributions，NDC）的概念，并遵循哥本哈根提出的“自下而上”的方法，由缔约方自行决定其努力的程度，自行彰显“雄心”。然而，各国如何“公平”分担的问题仍然没有有效解决。一些缔约方担心，其他国家可能会偏离先前作出的承诺，而另一些缔约方则担心，“雄心”的总体水平既不充分，也不公平。所以，在以“国家自主贡献”为手段的自我区别、“贡献”动态性增加的国际合作谈判大背景下，CBDR 原则作为一项确保公平分配的纠正措施，得以进一步发展（Christina Voigt et al.，2016）。

## （三）利马确定 CBDR 原则谈判方向

2014 年的 COP20/CMP10 利马会议，对于 CBDR 原则，特别是区别责任如何承担成为谈判的核心问题。巴西是此次辩论中呼声最高的国家之一，最终根据“同心圆”的区别化责任承担方案提交了一份提案。该提案呼吁发达国家承担一系列更严格的义务，同时确保发展中国家也随着时间的推移向同一方向移动，从而提高灵活性。巴西并不是第一个呼吁对发达国家和发展中国家作出不同类型减缓承诺的国家，然而，巴西的建议至少有两个创新之处，它将国家的自主贡献目标类型与新协议（即《巴黎协定》）下每次定期审查的进展理念联系起来，为区别责任增加了一个动态参数。更重要的是，该提案仍然在“发达国家”和“发展中国家”类别区分的基础上，提供了一种新的区别模式，这种区别摆脱了《京都议定书》二元的做法，随着时间的推移，可能呈现出共同努力的减缓结果。

利马会议的第 1/CP.20 号“决定”是理解《巴黎协定》如何对待区别的关键。该决定强调，“承诺在 2015 年达成一项雄心勃勃的协议，根据不同的国情，体现共同但有区别的责任和各自能力的原则”①。这是 ADP 下的“决定”首次阐明 CBDR 原则。该措辞中提出了“根据不同的国情”，这一措辞借鉴了 2014 年 11 月 12 日《中美气候变化联合声明》的提法，并最终在《巴黎协定》CBDR 原则下得以反映。在利马，资金方面出现了另一个相关“区别对待”的发展。第 1/CP.20 号“决定”承认“其他缔约方，即非发达国家的缔约方的补充支持”②。它指出，发展中国家可以在提供支持和调动气候资金方面发挥作用。

利马会议还为 2015 年新协议制定了“谈判案文草案”的内容。此外，缔约方开始提交其 INDC。2015 年 10 月 30 日秘书处编写的综合报告提交了总共 119 份缔约方的 119 份 INDC，涵盖全球排放量的 86%，并提交了审议，此后又提交了 14 份文稿（Lavanya Rajamani，2016）。

### （四）《巴黎协定》的诞生及实施细则的谈判过程

2015 年 12 月，COP21 通过了《巴黎协定》。谈判逐渐巩固了这样一种观念：区别对待将适合每一要素的具体情况不同处理，而不是通过影响所有要素的一刀切二分法来处理。新协定区分了不同要素，即根据德班支柱的提法，将协议的要素分为减缓、适用、资金、技术、能力等，CBDR 原则在每个要素分别作出区别性的规定，而不是根据主体身份“发达国家”和“发展中国家”的二分法承担区别责任。在 COP21 第二周，在法国总统和部长领导的非正式磋商的权威和外交技巧下，达成了历史性的 2015 年《巴黎协定》。2015 年 COP21 在通过《巴黎协定》

① UNFCCC，Decision 1/CP.20，at paragraph 3.

② UNFCCC，Decision 1/CP.20，at paragraph 4.

的同时，决定在 2018 年召开促进性对话，以盘点缔约方为实现《巴黎协定》4.1 条所述长期目标方面的进展，并根据 4.8 条为 INDC 提供信息。[①]因此，2016 年召开了 COP22 马拉喀什会议，通过了 2017 年设定的促进性对话的相关事宜。2017 年在 COP23 的波恩会议上，最终将“2018 年促进性对话”称为“塔拉诺阿对话”，并于 2018 年 1 月正式启动。2018 年 12 月 2 日，COP24 在波兰卡托维兹召开。在经过艰苦谈判之后，终于在 15 日圆满落幕。会议出台了“卡托维兹一揽子计划”（Katowice Package），作为《巴黎协定》的实施细则，标志着《巴黎协定》项下全球气候行动新时代的正式开启。[②]

2019 年 12 月，COP25 闭幕。联合国气候变化执行秘书帕特里夏·埃斯皮诺萨（Patricia Espinosa）在关于会议成果的声明中表示：这次会议并未就急需的碳市场的准则达成共识，这是提高雄心工具包的重要组成部分，该雄心可以利用私营部门的潜力并为适应提供资金。发达国家尚未完全满足发展中国家在资金、技术和能力建设方面提供更多支持的呼吁，他们将无法实现其经济的绿色发展和对气候变化的适应能力。高排放国家并没有发出足够明确的信号，他们准备改善其气候战略并通过明年正式提交的 NDC 来提高雄心。联合国秘书长安东尼奥·古特雷斯关于 COP25 会议结果的申明称：“我对 COP25 的结果感到失望。”[③]

## 第四节　共同但有区别责任原则的理论基础

约翰·菲尼斯（John Finnis）认为“法律引发了某些善（goods）——社会的善要求许多人的合作，没有法律，这些善不可能发生，法律使得获得其他的善更

① UNFCCC，Adoption of the Paris Agreement，Bonn：UNFCCC Secretariat，2015.

② UNFCCC. New Era of Global Action to Begin under Paris Climate Change Agreement［EB/OL］.https：//unfccc.int/news/new-era-of-global-climate-action-to-begin-under-paris-climate-change-agreement-0，2018-12-15.

③ Statement by the Executive Secretary of UN Climate Change，Patricia Espinosa，on the Outcome of COP25.https：//unfccc.int/news/statement-by-the-executive-secretary-of-un-climate-change-patricia-espinosa-on-the-outcome-of-cop25，2019-19-12.

为容易。法律以上述方式进入伦理的途径”（布赖恩·比克斯，2007）。气候变化问题不仅是一项生态问题，也是一项伦理问题。这主要与气候变化的自身特点有关。气候变化具有全球非均衡性、责任者和受害者之间的错位性、时间的滞后性等特点（李春林，2010），从而造成气候变化影响的分布与责任承担不符，广大发展中国家，特别是最脆弱国家和小岛屿国家遭遇到与其破坏行为极不相称的不公平威胁，导致发达国家和发展中国家间贫富差距不断扩大，最终影响国家间的公平发展，由此引发了伦理性讨论。

## 一、分配正义和矫正正义

气候变化面临的最主要问题是在全球气候责任分配过程中怎样遵循正义和公平的伦理需求。UNFCCC 框架下的 CBDR 原则是确认各国对保护全球气候环境既负有共同责任也负有区别责任的重要原则，是国际环境条约中确立责任分担安排的基石（Halvorssen A M，2007）。“正义是社会制度的首要德行，正像真理是思想体系的首要德行一样（约翰·罗尔斯，1988）。”从法律角度而言，正义主要是指平等地享有权利、公平地分担义务和责任。作为气候责任分配原则 CBDR 原则的伦理基础正是气候的正义。正义作为伦理基础是全球气候环境争论的核心，是在以形式平等为基础的世界中寻求实质性平等措施的根源（Cullet P，1999）。气候正义也应当成为气候变化国际法律应对的核心考量（张建伟，2010）。

### （一）分配正义

关于正义有很多不同的分类，亚里士多德在其伦理学著作《尼各马可伦理学》中对正义进行了一种经典分类：分配正义与矫正正义。分配正义是指“分配的公正在于成比例，不公正在于违反比例”。亚里士多德指出：把相等的东西给予相等的人，把不相等的东西给予不相等的人。如果将相同的东西分给了不同的人或者是将不同的东西分配给了相同的人，都是不正义的表现。国际法院以“比例性”或者也称“相称性”作为正义的判例也证实了这一点。“比例性”是“按比例和按比例表示”平等的一种表达，是指平等案件必须得到平等对待，不平等案件必须根据相关的不平等现象得到不同对待。田中法官（Judge Tanaka）在“西南非案件”的反对意见中也采用了类似的正义概念。他指出，形式平等是必须遵守的基本原则，而区别对待的拥护者有责任证实其主张。他进一步断言，一旦确立了区别对待的理由，那么采取补救行动就不仅是允许的，而且是强制性的，“不仅允许而且有必要根据不平等程度对不平等的事物进行不同的对待”。[①]希门尼斯·德·阿雷恰加法官（Judge Jimenez de Arechaga）在“突尼斯诉利比亚案”中的个人意见中指出：法院应通过对该案的相关“事实矩阵”作出判决，在具体案件中实现正义。[②]国际法院将在大陆架合理划界的背景下采用“比例性”是为了“实现合理性”。一个国家的大陆架范围与其海岸线的长度之间具有良好的关系。“大陆架案”的当事方画出了临时中线作为划界的基础，但他们对此进行了调整，以解决西德的凹面问题。他们考虑到了德国的特殊自然情况，并在划界协议中按比例反映了这一点。案件反映了对现有事实差异的按比例反映。在气候变化领域，经济发展的水平和温室气体的排放具有一定的比例关系。

如何在国际环境领域应用“分配的公正在于成比例，不公正在于违反比例”，“正义”需要在制定环境条约制度下的承诺时考虑到国家之间的巨大差异，包括发展中国家的特征，国际社会的不平等，经济发展水平的差异以及解决给定问题的能力等的不平等。在确定国家之间众多差异中哪些是“相关差异”时，“正义”的概念无法提供实质性指导。但是，CBDR 原则以其术语提供了直接的指导。相关的差异是“能力”和对气候资源损害的“贡献”，“能力”包括财富、技术、各自的能力；“贡献”包括：历史贡献、当前贡献和未来贡献。这些差异构成了案件事实矩阵的一部分。“正义”的利益将要求各国根据有关事实矩阵来塑造对相关条约中的承诺的性质和程度。当然，在分配正义的实现过程中也要遵循罗尔斯的正义两原则，第一个是自由平等原则，指每个人对与所有人所拥有的最广泛平等的基

① South West Africa（Diss. Op. Tanaka），Second Phase，Judgment，ICJ Reports（1966） 6，at 306.

② Continental Shelf（Tunisia v Libyan Arab Jamahiriya），1982 ICJ Rep 17，106.

本自由体系相容的类似自由体系都应有一种平等的权利；第二个是差别原则与机会的公正平等原则，是指社会与经济的不平等应这样安排：在与正义的储存原则一致的情况下，适合于最少受惠者的最大利益；依系于在机会公平平等的条件下职务和地位向所有人开放（约翰·罗尔斯，1988）。碳排放涉及财产的利用、财富的追求，按照罗尔斯正义的第一个原则，碳排放应当在发达国家和发展中国家之间按照人均进行平等的分配，同时，按照第二个原则中的差别原则，碳排放应当考虑广大发展中国家（尤其是最不发达国家）的实际情况，并向他们倾斜，因为发达国家的碳排放乃是奢侈性排放，发展中国家的碳排放是满足基本需要的生存性排放，在这两种类型中，生存性排放应当优先于奢侈型排放而得以满足（吴卫星，2010）。

### （二）矫正正义

矫正正义是指“尽管平等是较多与较少之间的适度，得与失则在同时既是较多也是较少。得是在善上过多，在恶上过少；失是在恶上过多，在善上过少。又由于平等——我们说过它就是正义——是过多与过少之间的适度，所以矫正正义就是得与失之间的适度（亚里士多德）。”矫正正义作为对分配正义的补充，当分配正义的结果出现明显不当时，借助矫正正义来实现实质化的调整。在气候变化语境下的矫正正义注重过去发生的错误行为，较好地解决了气候变化的时空错位问题。发达国家温室气体排放行为，损害了其他国家的生存与发展。对于那些因气候变化影响较为严重的国家和地区，可以根据矫正正义要求温室气体主要排放国停止危害、提供资金和技术支持以应对气候变化。发展中国家和落后地区的历史累积排放和人均排放都非常低，为解决最基本的生存和发展问题，需在一定时间内增加排放。发达国家有义务通过资金和技术转让，帮助发展中国家和地区避免重走工业化国家以能源高消费为支撑的老路。矫正正义不仅是发达国家对其挤占发展中国家排放空间的一种补偿，也是实现气候治理的共同目标及落实气候正义的需要（曹明德，2016）。所以有学者提出，现有环境法律体系是以 CBDR 原则为导向对有限的气候容量资源进行分配以及在分配中产生的不公平进行矫正的过程中，需要以“正义”的伦理标准进行评价和调整（陈贻健，2014）。

## 二、恢复平等

CBDR 原则的哲学基础可以追溯到恢复平等的概念。这一概念源于乌尔比安（Ulpian）的观念：“正义是对每个人应尽的、应有的、不变的坚定决心。”通过使每个人承担其错误或过失的后果，也允许每个人行使其权利，使所有人可以恢复因不当行为而遭受的损失，同时，每个人还应返还他人因不公正而遭受的损失，由此来实现正义目标。亨利·舒（Henry Shue，1999）称，当一国未经过他国同意，通过对他国施加成本获得不当利益，日后，处于不利地位的他国有权要求行为国承担至少等于先前不公平利益额度的责任，以恢复平等。亨利·舒（1999）认为：如果使一个不当行为人得到好处却不支付费用，那么他不仅没有动机去避免制造混乱，反而喜欢继续制造这样的混乱，而且他对承担支付费用责任的人也不公平，通过以使他人处境恶化的方式使自己变得更好，是正在扩大不平等现象。从更广泛的意义上讲，“恢复平等”这一目标是衡量内部历史责任的标准，恢复平等是对发达国家应当承担历史责任的理论基础之一，这在气候变化问题的背景下尤其重要。根据 IPCC 的统计，发达国家占世界各国累积碳排放量的 2/3。发达国家在工业化进程中获得了不成比例的收益，其造成的损害影响到每一个国家，特别是发展中国家。发展中国家不仅承担了气候破坏带来的危害，同时影响其经济发展的气候资源也被发达国家预先挤占。要求发达国家承担主要的减缓义务和向发展中国家进行支持的义务，正是基于恢复平等理论，发达国家作为造成气候变化的主要作用国家及受益人，现阶段应当承担不平等的负担（Rajamani L，2012）。CBDR 原则正是在 UNFCCC 框架下发挥着恢复平等的重要作用。

## 三、促进代际平等的平权行动

一些学者将 CBDR 原则的哲学根源追溯到“国际平权行动”的概念。平权行动指的是一种与历史性的因果相关的不公正现象。因为发展中国家与发达国家相比，发达国家历史上提前开发了全球环境，由此造成二者在社会经济利益分享上的很大区别，分担可能对环境造成不利影响的经济发展负担也有很大区别。一些学者在国际发展和国际环境之间得出一个结论：行动是不可争议的发展权的组成部分。并提出了为纠正目前和历史上的不公正而采取的平权行动的主张。在国际环境和发展的背景下，平权行动是为了代际平等，满足了发展中国家的发展需求，为发展中国家的发展提供了充足的环境空间，并帮助他们确保了必要的资源、技术和市场准入。代际平等在国际环境法中是至关重要的，可以追溯到可持续发展原则。韦拉曼特里法官在他对 Gabčíkovo-Nagymaros 案的单独意见中认为，这是“现代国际法的艺术”，不仅因为其不可避免的逻辑必要性，而且还由于其合理性。可持续发展的原则被定义为“在不损害子孙后代满足其自身需求的能力的前提下，满足当前需求的发展。”代际平等，即世代之间对社会公平的关注。布伦特兰委员会强调，代际平等在逻辑上可以扩展到每一代内的平等，即代内平等。对人类物种伤害最大的可能莫过于将当前的代内不平等现象传递给子孙后代。这种损害不在于行为的道德，而是在于地球的单一环境对整个人类的生存至关重要。不纠正今天的错误，消除当前的不平等，就会造成没有留给未来的东西。虽然很明显，可持续发展原则中所包含的代际平等是国际环境的合法目标，但尚不清楚的是，在法律中平权行动是实现这一目标的必要手段，还是平权行动的概念是 CBDR 原则的根本。CBDR 原则和国际经济新秩序（New International Economic Order，NIEO）的谈判历史表明，工业化国家避开了对世界不公正状况承担任何总体责任的过程。此外，平权行动是纠正历史不公的有高度争议的方法，很少有国家在其本国系统中接受它。平权行动源于对因果关系的历史性不公正的存在和接受责任，即平权行动将纠正这一不公正现象。鉴于工业化国家不愿为过去的不公正行为承担责任，而且平权行动的争议性质也被视为解决国内不公问题的一种方法，因此，平权行动是 CBDR 原则的根本。

## 第五节 共同但有区别责任原则的法律地位

在国际环境法领域，CBDR 原则被纳入 20 世纪 80 年代以后通过的所有全球环境公约中（亚历山大·基斯，2000）。它已成为新的国际环境条约谈判及其成果不可分割的一部分。CBDR 原则是否能够成为国际环境法基本原则，国际法学界还没有形成统一的认识，一些学者认为该原则不能列为国际环境法基本原则，但是在其著作中都无一列外地对该原则做了重要阐述。还有越来越多的学者认为 CBDR 原则已经可以成为国际环境法基本原则。CBDR 原则的实际应用已经以具有法律约束力的形式被大量采用，例如，作为差异化的减缓目标和特定的支持机制（Honkonen T，2009）。随着 CBDR 原则在立法和实践过程中的广泛应用，其已经逐渐发展为国际环境法基本原则。

### 一、共同但有区别责任原则法律地位的国外学者观点

#### （一）国际环境法基本概念

著名国际环境法学家亚历山大·基斯（2000）认为 CBDR 原则是一项国家环境法基本概念。任何法律秩序都建立在一些概念的基础上，即建立在关于社会目标的抽象表述上。与原则不同的是，这些概念不能直接适用，它们隐藏在构成法律秩序的一切规则之下。这些概念因此在法律的发展中起着重要的作用。类似的概念包括：人类共同利益、后代的权利、人类共同遗产。

#### （二）介于原则和理念之间的框架性原则

帕特莎·波尼等（2007）认为 CBDR 原则是指在制定法律的过程中需要进行合作的一项义务。它对于为进一步履行协议而进行的后续谈判或者是对现有协议的解释中，对于发达国家和发展中国家之间分配责任参考标准的设定具有重要的

规范价值。CBDR 原则可以被看成是对发达国家和发展中国家之间的公正平衡给予了明确界定：为发展中国家设置的标准更少；它使得标准的实施依赖于发达国家对发展中国家提供的友好援助。帕特莎·波尼等（2007）认为 CBDR 原则必须放在谈判达成的全球规制机制的背景中来看待，而不是一个习惯国际法原则，尽管如此，它仍然具有法律上的重大意义。它并不提供就全球环境损害提出国家间请求的法律基础，但是，它确实提供了发达国家和发展中国家之间合作的公平基础，据此，发展中国家有权在处理全球环境问题的谈判过程中依靠此基础。从这种意义上来说，它远远不仅仅是“软”法，而可以被看作是一个“框架原则”。对于 CBDR 原则的接受，是确保发展中国家参与条约的重要条件。正是这个考虑构成了区别性责任的正当理由。在国际气候领域，基于共同的较高标准达成共识，这不可能实现，基于共同的较低标准达成共识，又意味着没有取得任何有价值的进展，CBDR 原则正是基于这两者之间，具有一定可取性。

### （三）国际环境法基本原则

桑兹（2012）坚定地认为 CBDR 原则是国际环境法的基本法律原则。一直致力于研究 CBDR 原则的拉贾曼尼（Rajamani）教授认为 CBDR 原则属于国际环境法基本原则。他们都认为 CBDR 原则的两个判断标准是贡献和能力。参照贡献和能力指标对情况进行评估后，必须承认发达国家对全球环境恶化是承担主要责任的，发展中国家的责任是有限的。现阶段，面对许多相互竞争的领域资源是有限的，只能优先用于发展中国家。这种趋势是造成区别性规则的明显增加以及国际环境协定中区别范围扩大的原因。概括地说，区别性在主要的新一代国际环境协议中已根深蒂固。在国际条约中，除条约的核心义务外，几乎所有的区别都被国际社会广泛接受。因此可以说，新一代国际环境协定中的区别性是基于贡献和能力的双重标志，明确表达为 CBDR 原则（Rajamani L，2012）。

## 二、共同但有区别责任原则法律地位的国内学者观点

我国学者的普遍观点是应当将 CBDR 原则作为国际环境法基本原则。其中最具代表性的是王曦（2005）的观点，其认为 CBDR 原则属于国际环境法的一项基本原则，该原则指的是由于地球生态系统的整体性和导致全球环境退化的各种不同因素，各国对保护全球环境负有共同的但是又有区别的责任。它包括两个互相关联的内容，即共同的责任和有区别的责任。共同的责任指的是由于地球生态系统的整体性，各国对保护全球环境负有共同的责任。共同责任意味着各国，不论其大小、贫穷等方面的差别，都对保护全球环境负有一份责任。有区别的责任是对上述共同责任的一个限定，它是指各国虽然负有保护全球环境的共同责任，但在各国之间，主要是在发展中国家和发达国家之间，这个责任的分担不是平均的，而是与他们在历史上和当前对地球环境造成的破坏和压力成正比的。王曦（2005）认为，历史上发达国家工业化的实现是以长期过度消耗地球资源和严重污染地球环境为代价的，当前，地球环境所承载的来自人类的压力大部分是来自发达国家，因此，发达国家理应承担比发展中国家更大的保护责任。

韩德培（1998）认为，共同但有区别责任原则等同于公平承担责任原则，其认为解决全球环境问题，保护和改善全球环境是世界上各个国家的共同责任。但是，在对国际环境应负的责任上，发达国家和发展中国家各自的责任是有区别的。发达国家都经过“先污染后治理”的过程，这实际是以全球的资源环境容量为基础，通过向发展中国家汲取资源和转移污染来实现环境保护与经济发展的平衡。发达国家在其工业化过程中，曾不顾后果地向环境过度索取，排放了大量污染物并在环境中累积。全球的环境恶化和生态破坏，从历史和现状上看，主要是发达国家造成的，因而应负主要责任。同时，发达国家有雄厚的经济实力和先进的环境保护技术，理应为解决全球环境问题率先行动并承担更多义务。对发展中国家，则应坚持权利与义务相平衡原则，在力所能及的范围内承担保护本国及国际环境的责任。

周训芳（2000）认为，国际环境法的基本原则是指被各国公认和接受的、在国际环境法领域里具有普遍指导意义的、体现国际环境法特点的、构成国际环境法基础的原则，CBDR 原则属于此类。CBDR 原则是指在保护和改善全球环境方面，包括发达国家和发展中国家在内的所有国家负有共同的责任，但责任的大小必须有差别，即发达国家应当比发展中国家承担更大的责任，或者是由发达国家承担主要的责任。这与民法中有关权利与义务是对等的、享有权利就必须履行相应义务的原则是一致的。周训芳还认为，发达国家承担主要责任的原因，一是在发展中国家进入工业化时代和出现严重环境问题之前，发达国家就已经长期大量排放；二是发达国家在消耗资源过程中积累和掌握了先进的技术和雄厚的财力资源，他们理应承担主要责任，而发展中国家后发展，目前急需解决的是提高本国人民的基本生活条件，解决生存权和发展权的问题。

金瑞林（1999）认为，各国责任应当有所差别的依据是“导致全球环境退化的不同因素”，而无论就历史事实还是现实情况而言，发达国家的社会生活方式都是对全球环境的主要压力。责任的大小决定了义务的多寡。同时，发达国家承担更多的义务，还因为其掌握的“技术和财力资源”，而且充足技术和资金的积累是发达国家以全球环境退化为代价的。发展中国家缺乏技术和资金，有限的资金必须主要用于发展经济，解决基本生活条件改善的问题。基于公平原则，发达国家以其技术和财力资源中的一部分用于保护和改善全球环境是顺理成章的。

吕忠梅（2008）认为，CBDR 原则是发展中国家在国际环境保护领域提出的一项新原则，它的提出充分反映了发展中国家在国际环境保护中日益重要的作用，是南北双方在环境问题上严重对立的情况下的正当要求。

还有学者认为 CBDR 原则属于国际环境法基本原则，是因为其在国际环境实践中具有很强的操作性，明确了发达国家和发展中国家之间的责任差异；同时，CBDR 原则体现在国际环境领域环境责任承担的一般原则即“共同责任”和“区别责任”相结合，对国际政治、经济新秩序等具有深远意义（刘中民等，2007）。

还有的学者认为CBDR原则的法律基础是国际法中的国际合作原则及公平原则在国家环境法中的体系（晚霞，2006）。

通过分析以上学者观点，可以梳理总结出我国学者认定CBDR原则是国际环境法基本原则的核心理由。我国学者统一认为发达国家和发展中国家承担环境责任一定要体现出区别性，第一种区别是发达国家和发展中国家承担的减排义务的区别性分配，第二种区别是发达国家应当向发展中国家提供资金、技术等的支持。基于第一种区别，学者们在论述中暗含了这样一个前提概念，即全球环境容量是有限的，因为发达国家先于发展中国家发展，其侵占了本应该属于发展中国家的环境权益，而发展造成环境的不良后果更多的由发展中国家承担，根据国际公认的权利与义务应当平衡的理论，发达国家应当承担更大的责任。基于第二种区别，很多学者提出解决环境问题的核心条件是资金和技术，发达国家依赖于先发展的积累，掌握和拥有了充足的资金和技术，而发展中国家急需解决的是国内的生存权和发展权问题，发达国家应当向发展中国家提供支持。以上两点落实到确立国家环境责任分配的基本准则，即为CBDR原则。

## 三、共同但有区别责任原则在国际环境领域的应用

在近30多年的时间里，CBDR原则取得了显著发展，其在国际环境条约中的适用在某种程度上是一致的，在国际环境条约中包含CBDR原则基本思想的当前实践可以被称为是统一的（帕特莎·波尼等，2007）。除在UNFCCC框架下，CBDR原则作为国际气候多边条约确认区别性的减缓目标和支持机制的指导原则以外，在其他国际环境法领域CBDR原则也同样得到了广泛的应用。

### （一）《关于消耗臭氧层物质的蒙特利尔议定书》

1987年《关于消耗臭氧层物质的蒙特利尔议定书》（以下简称《蒙特利尔议定书》）在发达国家和发展中国家缔约方间选择了正式区别。《蒙特利尔议定书》第2条规定了所有缔约方相同的实质性义务，但允许其第5条某些发展中国家推

迟履行其减少或逐步淘汰消耗臭氧层的消费和生产的义务长达 10 年之久。《蒙特利尔议定书》建立了一个包括多边基金在内的金融机制，旨在提供金融和技术合作，包括向发展中国家转让无氟氯化碳技术。[①]

### （二）《关于在国际贸易中对某些危险化学品和农药采用事先知情同意程序的鹿特丹公约》

《关于在国际贸易中对某些危险化学品和农药采用事先知情同意程序的鹿特丹公约》（以下简称《鹿特丹公约》）建立了两个国际机制，促进缔约方在某些危险化学品和农药的国际贸易中分担责任。《鹿特丹公约》规定的义务对称地适用于所有缔约方。不过，考虑到发展中国家和经济转型期国家的情况和特殊要求，特别是需要加强包括技术转让在内的化学品管理方面的国家能力建设及提供财政和技术支持，促进缔约方之间的合作，第 6 条为发展中国家规定了一项特别条款，帮助他们利用《鹿特丹公约》建立起基础设施报告危险农药制剂机制，发展中国家缔约方还可以自主利用各种来源的技术知识。此外，第 16 条承认发展中国家和经济转型期国家的需要，规定发达国家和发展中国家有义务合作，促进为发展基础设施和必要能力提供技术支持，为此，《鹿特丹公约》制定了一项技术支持方案，提供了一系列适合各国具体需要的策略。

### （三）《关于持久性有机污染物的斯德哥尔摩公约》

《关于持久性有机污染物的斯德哥尔摩公约》（以下简称《 斯德哥尔摩公约》）规定，采取措施减少或消除持久性有机污染物排放的义务同样适用于所有缔约方。然而，考虑到发展中国家，特别是其中的最不发达国家和经济转型国家的情况和特殊要求，特别是需要加强其管理化学品的国家能力，包括通过技术转让、提供财政和技术支持以及促进缔约方之间的合作，并注意到“发达国家和发展中国家各自的能力及各国共同但有区别的责任”，《斯德哥尔摩公约》第 12 条承认，向发

① Montreal Protocol，Art. 10.

展中国家缔约方和经济转型期缔约方提供技术支持对公约的成功实施至关重要。发达国家缔约方应提供新的和额外的资金，用以支付发展中国家和经济转型期缔约方为履行《斯德哥尔摩公约》义务而花费和需要花费的全部增量费用。[①]发达国家缔约方和其他缔约方根据其能力并根据其国家计划、优先事项和方案，还可向发展中国家缔约方和经济转型期缔约方提供财政资源，通过其他双边、区域和多边渠道协助他们执行本公约。[②]公约规定了一种机制，以赠款或减让方式向发展中国家缔约方和经济转型期缔约方提供充足和可持续的财政资源，以协助他们执行公约。[③]

### （四）《控制危险废物越境转移及其处置巴塞尔公约》

《控制危险废物越境转移及其处置巴塞尔公约》（以下简称《巴塞尔公约》）规定的义务虽然没有实质性区别，所有义务都对称地适用于各方，但是，《巴塞尔公约》是对发生在向发展中国家大量倾倒危险废物案件的回应。鉴于危险废物从发达国家越境转移到发展中国家的主要方向，《巴塞尔公约》与《鹿特丹公约》一样，实质上旨在保护发展中国家的利益，使其免受（未经知情和不允许的）废物倾弃。《巴塞尔公约》建立供资机制技术合作信托基金是自愿性质的。[④]它的设立是为了协助发展中国家和其他需要技术支持的国家执行《巴塞尔公约》。

### （五）《生物多样性公约》

《生物多样性公约》规定，“保护生物多样性是人类共同关心的问题”。《生物多样性公约》的缔约方在形式上具有对称的法律义务，但实际上具有不同的效力。虽然保护生物多样性及其组成部分的可持续利用适用于所有缔约方，但遗传多样性丰富的发展中国家具有更直接的和广泛的履行保护遗传资源的义务。根据《生

---

① Stockholm Convention，Art. 13（2）.

② Stockholm Convention，Art. 13（3）.

③ Stockholm Convention，Art. 13（6）.

④ Basel Convention，Art. 14（1）.

物多样性公约》所有缔约方都必须在保护和可持续利用生物多样性方面进行合作，同时制定更详细的原地和非原地保护规则。与养护和可持续利用方面的大多数义务都是由诸如“根据其特殊条件和能力”[①]或“尽可能和酌情”[②]等条款限定的。第 12 条明确承认发展中国家在科学和技术教育、研究和培训方面的具体需要。《生物多样性公约》要求发达国家缔约方提供新的和额外的财政资源，使发展中国家缔约方能够在执行《生物多样性公约》时支付其商定的全部增量费用。[③]发展中国家缔约方履行其承诺是有条件的，条件在于发达国家有效履行其对技术转让的财政承诺。[④]提供财政资源是通过一种财政机制进行的，在《生物多样性公约》之下，这一机制是全球环境基金。《生物多样性公约》的两项议定书《名古屋议定书》和《卡塔赫纳议定书》都将公约对公平和区别性的做法“制度化”。

国际环境领域的实践核心之一就是怎样落实 CBDR 原则。以国际气候领域为例，上文已经详细介绍了 UNFCCC 框架下气候公约的发展历程，该历程鲜活地印证了：国际气候公约的发展史正是一部 CBDR 原则的进化史。自 1992 年至今，历经 UNFCCC、《京都议定书》和《巴黎协定》三次里程碑式的国际气候治理秩序的变迁，CBDR 原则始终作为发达国家和发展中国家的行为准则影响着两大阵营开展谈判和博弈。发达国家和发展中国家在努力推进国际气候变化合作的过程中，CBDR 原则始终作为核心的内容影响着合作的进程和方向。

综上所述，目前 CBDR 原则在国际环境法中已经有了充分的立法和实践，该原则在国际环境法的立法与实施过程中发挥着重要作用，具有法律上的重大意义。

---

① Art. 6（a）of the CBD.

② Arts. 6（b），7，8，9，10，11，14 of the CBD.

③ Art. 20（2）of the CBD.

④ Art. 20（4）of the CBD.

## 四、共同但有区别责任原则的法律地位

### （一）国际法基本原则和国际环境法基本原则

国际法学界对国际法基本原则在国际法体系中的地位似乎还没有一致的看法。有的西方国际法教材和著作中甚至没有“国际法基本原则”章节，例如《奥本海国际法》和布朗利的《国际公法原则》。但是，我国和苏联学者在过去编写国际法教程时大都给予了应有的重视（邵津，2000）。有学者认为国际法基本原则是指那些各国公认的、贯彻到国际法各领域的、构成现代国际法基础而具有强行法性质的国际法原则（王献书，1994）。我国国际法学者在阐述国际法基本原则时，主要聚焦在《国际法原则宣言》中的七项原则和“和平共处五项原则”此类国际交往中最重要、最根本性的一般行为规范和国际行为的主要准则。但是，也有很多国家法学者将国际法原则做了进一步分类。安东尼奥·卡塞斯教授将国际法基本原则分为两类：第一类是国际法的基本原则，即可以通过对公约及习惯国际法原则进行演绎与归纳的方法推导或抽象出来的那些原则。在那些旨在设定用以调整国际共同体不同成员间关系的基本行为标准的国际法律文件中，对其中一些国际法基本原则予以了重申，如：《国际法原则宣言》中的七项原则和“和平共处五项原则”。第二类是特定国际法部分所特有的基本原则，这些原则是调整特定领域的整个法律体系的核心（帕特莎·波尼等，2009）。

国际环境法的基本原则就属于安东尼奥·卡塞斯教授所说的第二类原则。国际环境法基本原则是指被各国公认和接受的、在国际环境法领域里具有普遍指导意义的、体现国际环境法特点的、构成国际环境法的基础的原理和一般规则（王曦，2005）。国际环境法的基本原则同国际法的基本原则既有联系又有区别。它们之间的联系表现在国际环境法基本原则系建立在国际法基本原则基础之上。正如M. D. 贝勒斯（1996）所说的“一个原则可能受到另一个更一般原则的支持”。国际环境法基本原则必须接受国际法基本原则的支配和指导（刘中民等，2007）。它

们之间的区别主要是在国际法体系中所处的位置不同。国际法的基本原则适用于国际法的全部领域（包括国际环境法），是国际法的基础，在国际法的体系中处于最高的位置。国际环境法的基本原则只是国际法的一个分支的基本原则，只适用于作为国际法分支的国际环境法的领域。在国际法体系中，国际环境法的基本原则是次一级的和派生的，处于较低位置（王曦，2005）。

### （二）CBDR 原则是国际环境法基本原则

国际环境法基本原则的确立应当符合普遍性和特殊性的特性要求。普遍性是以国际法基本原则为基础，国际环境法应当以国际法基本原则为上位规则，同时能够引领国际环境法整个领域的规则指导；特殊性是以国家环境法自身特点为基础，切实反映国际环境法区别于其他部门法的特色（傅前明，2010）。

第一，CBDR 原则是各国公认和接受的法律原则。这种各国的公认和接受，可以从条约、国际习惯、司法判例、国际“软法”文件和国内法律实践中找到证据。在《蒙特利尔议定书》《鹿特丹公约》《斯德哥尔摩公约》《巴塞尔公约》《生物多样性公约》等国际公约中均有体现。在“软法”文件即普遍性国际组织宣言、决议等方面也有极大的体现和发展。1972 年斯德哥尔摩《人类环境宣言》，1978 年《关于共有自然资源的环境行为之原则》，1982 年《内罗毕宣言》，1991 年发展中国家环境与发展部长级会议《北京宣言》，1992 年《里约环境与发展宣言》《21 世纪议程》，2002 年《亚欧环境部长会议主席声明》《约翰内斯堡可持续发展宣言》和《德里宣言》等先后确认了 CBDR 原则（杨兴，2003）。在气候变化公约领域就更无须细述，CBDR 原则始终作为气候公约的核心原则指导着气候变化公约的发展方向，并成为发达国家和发展中国家的行为准则。

第二，CBDR 原则在国际环境法领域内具有普遍的指导意义。国际环境法基本原则贯穿于国际环境法的各个领域和环节。国际环境法律关系中，平衡和调节发达国家和发展中国家之间的权益冲突是核心问题，特别是发展中国家不仅要面对国内生存权和发展权的迫切需要，同时还应当承担国际环境保护义务，在目前的经济和科技条件下，这使得发展中国家陷入了困境。发达国家经历了工业化的充分发展，遵循“先破坏后治理”的环境保护思路，在享受和挤占全球环境红利的基础上先行发展，目前站在保护国家环境的主导者身份，对发展中国家是极不公平的。这种不公平体现在国际环境保护的各个领域和环节中。为此，国际环境法需要一项以基本原则形式确立化解矛盾的方法，CBDR 原则由此而生。CBDR 原则不仅是解决这一核心矛盾的渠道和路径，还是解决这一核心矛盾的基本方针和价值核心。

第三，CBDR 原则是国际环境法的基础，为发达国家和发展中国家规定了基本的行为准则。国际环境法的各种具体法律规范，在一定意义上是国际环境法基本原则的具体化。整个国际环境法的体系建立在这些基本原则的基础上（王曦，2005）。法律原则具有高度抽象性，不能独立贯彻落实，需要借助和依托于具体的“规则”予以实现，法律原则不同程度的具体化形式构建出彼此间具有一定关系的规则体系。CBDR 原则得以实现的路径正是建立起一套具有共同的、稳定的和具有普适性的规则体系，并为这套规则体系提供指导和解释依据。以气候领域为例，UNFCCC 框架下 CBDR 原则作为指导依据构建了一套体现发达国家和发展中国家区别性的实体义务和程序义务法律规则体系。CBDR 原则贯穿于 UNFCCC、《京都议定书》、《巴黎协定》规则体系各方面。

第四，CBDR 原则体现国际环境法自身的特点，表现国际环境法的特殊性。首先，国际环境法基本原则不能简单套用国际法基本原则，应当充分考虑人类环境问题、国际环境保护及国际环境法的特点，反映国际环境法特殊性（秦天宝，2001）。例如：国际环境法具有公益性特点，因为国际环境资源的公共属性，根据科斯定律和外部性理论，如果国家层面不进行义务的具体分配或者提供义务分配的基本路径，各个国家都会以“搭便车”的心态，肆意破坏环境，谋求眼前利益。基于国际环境法的公益性特点，CBDR 原则正是给出了义务分配的方法和路径。其次，国际环境法是一门交叉学科，同它关系最密切的是国际法和国内环境法。因此，它既有国际法又有国内环境法的特点。与一般国际法相比，它具有环境法的一般特征，拥有一些独特的概念和原则，最突出的就是 CBDR 原则（金瑞林，1999）。

此外，在国际环境法基本原则确立问题上，如果有判例法，还应当考虑国际司法实践（安东尼奥 • 卡塞斯，2009）。从国际司法角度出发，基于国际环境法的特殊性，司法裁判机构通常不适合提供解决方法（帕特莎 • 波尼等，2007）。传统司法裁判的基础应当是明确的诉讼理由或求偿基础，并对其进行选择和论证，但是在国际环境风险和损害领域这种选择和论证是非常困难的。从实际情况来看，环境损害的过程是逐渐加剧的，而且涉及复杂的因果关系，除寻求诉讼的理由外，作为求偿的必要条件，要求就发生的损害和某种辐射或其他形式的污染所引起的损害之间的因果关系论证是需要大量和复杂的科学证据的，这不仅很难，并且可能还会产生多种因果关系（伊恩 • 布朗利，2003）。

# 第二章

# 共同但有区别责任原则实现路径的规则体系

现阶段 CBDR 原则作为国际环境法基本原则，尚处在开放的结构中，其内涵模糊、外延宽泛、用语抽象，并且其实现的效果也具有不确定性。虽然其作为指导国家行为的准则存在，但是因为其不能确定具体的权利义务关系，不能提供具体界定问题的解决办法，不能给国家行为提供明确和具体的指示，因而还不能实现其价值。CBDR 原则只有通过转化为具有结构封闭性特点、能够规范具体的权利义务关系，能够提供具体问题的解决办法，给国家行为直接作出明确的要求和规定，并产生相应的法律效果，才能发挥其实质作用，实现其重要价值。

# 第一节　法律原则实现路径

## 一、法律原则实现的意义

### （一）法律原则实现路径概念

#### 1. 法律原则

《布莱克法律辞典》这样解释“法律原则”：法律原则是指法律的基础性真理或原理，为其他规则提供基础性或本源的综合性规则或原理，是法律行为、法律程序、法律决定的决定性规则。一项法律原则是能够贯穿于该领域各个方面的，国际社会成员一旦抛弃或违反这类基础的和核心的法律原则，则会影响该领域的基础性发展（胡晓红，2018）。法律原则不仅存在于国内法中，也存在于国际法中，是一个法律体系所不可或缺的（张文显，2007）。周旺生（2006）认为法律原则的功能体现在两方面：在法律的创制中和在法律的实践中。其中，在法律的创制中，法律原则集中体现了立法主体及其代表所追求的社会理想蓝图和他们价值判断的基本准则，体现着他们对社会各种利益冲突的基本态度。因此，法律原则的确立决定了法律具体制度的确定。CBDR 原则旨在解决国际环境领域存在的严重不平等现象，以确保国际环境法律秩序的合法性。伦理意义上的环境正义经过国际气候政治的过滤，最终呈现为具有法律性质、发挥法律功能的 CBDR 法律原则（寇丽，2013）。作为国际环境法的基本原则，其具有法律上的重大意义，并发挥着重要的法律功能，指导着国际环境法具体规则的确定。

#### 2. 法律规则

法律规则是指具体规定人们的法律权利、法律义务以及相应的法律后果的行为规范（周旺生，2006）。法律规则通过其有关法律后果的规定表达了对合法行为和违法行为的不同态度，人们在选择一定行为之前就可以预见该行为的后果。法律规则包含的信息也应该是明确的，可以确切地告诉人们可以做什么，不可以做什么，从而对人们的行为产生明确的指引作用。最后，法律规则明确规定了行为的条件、模式和后果，相关人员可以直接适用法的规则处理各种行为，发挥法的调节作用。法律规则是保障法律原则得以贯彻实施的基础。

### 3. 法律原则实现路径

汉语词典中“实现”的意思是“使成为现实”。“路径”的解释主要分为以下两类：①指通向某个目标的道路；②做事的门路、方法。所以，“实现路径”是指通过一定的方法和门路使某些事情成为现实。也就是说，需要实现的事情碍于自身的特点，不能或者不易于独自发挥作用，只有通过一定的方法才能发挥其作用。

法律原则实现路径可以理解为：法律原则因其具有高度抽象性不能独立贯彻落实，需要借助和依托于具体的“规则”予以实现起作用，具体的实现路径是通过法律原则不同程度的具体化形式构建出彼此间具有一定的关系规则体系，即“原则”的实现的核心路径是该规则体系的有效实施。法律原则的实现有赖于在“原则—规则”路径中有效地运行，才能发挥其法律功能。法律原则需要具体化为系统法律规则体系才能得到有效的贯彻落实。法律原则无例外地需被具体化，具体化的工作首先多由立法者来承担。只有考虑到法律原则不同程度的具体化形式，并且使这些形式彼此间具有一定的关系，才能由之建构出“体系”来（卡尔·拉伦茨，2003）。

根据美国国际关系学者斯蒂芬·D. 克莱斯勒（Stephen D. Krasner）的观点，国际制度（International Regimes）包括“在一定国际关系领域组织和协调国际关系的默示的或明示的原则（Principles）、规范（Norms）、规则（Rules）及行为体所一致期望的决策程序（Decision-making Procedure）”。[①]“原则”是一套关于世界事务如何运作的理论说明；“规范”是对普遍行为标准的具体化；“规则”和“决策程序”是在明确限定的领域内对行为的详细说明（斯蒂芬 •D. 克莱斯勒，2001）。此观点对国际制度进行了层次化，第一层是“原则”和“规范”，其中“原则”是构成国际制度中最高等级的构成要素，是对事实、因果关系和公正的信念，也是最为抽象的；“规范”是指权利义务界定的行为标准，“原则”和“规范”都具有抽象性。第二层是“规则”和“决策程序”，其具有具体性和可操作性，其中“规则”是对行为的专门令行禁止，属于技术层面的细则，“决策程序”属于操作层面的作出和贯彻集体决定的主导做法。克莱斯勒认为“原则”和“规范”体现了国际制度的基本特征，并认为国际制度中通常有许多与“原则”和“规范”相一致的“规则”和“决策程序”，后者是体现国际制度基本特征的具体设计，也就是说，“原则”和“规范”的实现路径是通过“规则”和“决策程序”的实施得以完成的。

国内外学者根据该理论也分别提出了自己的观点。徐崇利（2018）把“原则”“规范”“规则”和“决策程序”进一步做了三层次的划分，将“原则”和“规范”再行区分，认为“规范”在国际制度中起到非常重要的作用，其具有“承上”的作用，把高度抽象的“原则”转化为相对具体一点的“规范”加以表征；“规范”还具有“启下”的作用，即在抽象的“原则”和具体实施的“规则”和“决策程序”之间，需要兼具抽象性和具体性的“规范”起到桥梁作用。徐崇利认为高度抽象的“原则”是不能独自贯彻实施的，需用相对抽象的“规范”作为中介桥梁，最终通过具体“规则”和“决策程序”得以贯彻实施。薄燕等（2014）在借鉴克莱斯勒观点的基础上，认为克莱斯勒严格区分“原则”“规范”“规则”“决策程序”

① 此理论得到了国际关系学界的广泛认可。我国学者徐崇利、薄燕、李慧明也分别以该理论为基础分析了《巴黎协定》下国际气候治理机制的变迁性质以及 CBDR 原则的嬗变内涵。详见徐崇利：《〈巴黎协定〉制度变迁的性质与中国的推动作用》，载《法制与社会发展》2018 年第 6 期，第 198-209 页。薄燕：《〈巴黎协定〉坚持的“共区原则”与国际气候治理机制的变迁》，载《气候变化研究进展》2016 年第 3 期，第 243-250 页。薄燕、高翔：《原则与规则：全球气候变化治理机制的变迁》，载《世界经济与政治》2014 年第 2 期，第 52-63 页。李慧明：《〈巴黎协定〉与全球气候治理体系的转型》，载《国际展望》2016 年第 2 期，第 1-22 页。

是一项不可能完成的任务，其进一步认为全球气候变化治理机制应当以“原则—规则”为分析框架，“原则”和“规范”属于第一层次，“规则”和“决策程序”属于第二层次，一个“原则”和“规范”下可能有多种规则或者决策程序。相比徐崇利对“原则”和“规范”的明确区别，薄燕等弱化了二者的区别，而是将二者视为一个统一体，代表抽象的原则类型。国际关系学者罗伯特·O. 基欧汉（Robert O. Keohane）提出了相同的看法，其认为“规范”这一概念本身就是模棱两可的。奥兰·杨（Oran R. Young）也认为“原则”“规范”“规则”“决策程序”是难以从概念上区别的要素，它们在现实中往往相互重叠。

我国法理学界通说认为，法律的“三要素说”即法是由法的原则、规则和概念三要素组成。法律原则作为相对稳定的指导原则，可以保证法律系统的有机统一；法的规则是具体调整人们行为关系的，现实地发挥作用；法的概念就是用一定的语词对法的规则和法的原则加以表述，是形成法的规则和法的原则的语词单位。我国法学界一般对“规则”和“规范”不做区分，在《法理学》教材中经常处于混用的状态。[①]关于克莱斯勒教授分类的“规则”和“决策程序”，实际上我们也可以将其纳入法律三要素中的“规则”要素，克莱斯勒教授所指的“规则”是对“行为的专门令行禁止”，实际上是对实体性权利义务的约束，属于实体规则；克莱斯勒教授所指的“决策程序”属于“操作层面贯彻集体决定的主导做法”，主要是对程序性内容的规定，属于程序规则。所以，本书对克莱斯勒教授的“规则”和“决策程序”统一划归为“规则”，其内部可以再次分类为“实体规则”和“程序规则”。同时赞同薄燕教授的观点，对克莱斯勒教授的“原则”和“规范”也不做具体区分，将二者视为一个统一体，代表抽象的“原则”类型。由此形成了本书所称的“原则—规则”的实现路径。

“原则”的高度抽象性不能独立贯彻落实，需要借助和依托于相对具体的“规则”

---

① 我国法学界对“规则”和“规范”没有做区别。参见周旺生：《法理学》，西安交通大学出版书 2006 年版，第 253 页。法的规范是指法律上具有严密逻辑结构的行为规范，和法律规则具有相同含义。参见孙国华主编：《法理学》（第四版），中国人民大学出版社 2015 年版，第 84 页；张文显：《法理学》，高等教育出版社/北京大学出版社 2007 年版。

予以实现，即“原则”的实现路径是“规则”的有效实施（Oran R. Young，1986）。不管“原则”还是“规则”都是国际行为的一种指导和约束，两者缺一不可。

在 UNFCCC 框架下，CBDR 原则发挥着造法的功能，同时 CBDR 原则作用和效果的发挥正是以相应规则体系的构建为基础的。如在《京都议定书》中，不仅在条约的核心义务即减排义务上受CBDR原则的指引区别对待发达国家和发展中国家，而且还要求前者向后者提供资金和技术支持（寇丽，2013）。《巴黎协定》也是如此，依据 CBDR 原则指引造法功能，构建了缔约方之间应对气候变化的实体义务和程序义务规则体系。CBDR 原则也影响现行环境条约的解释和适用。哈特（2006）认为原则不仅给予其具体化的规则以说明理由，而且对这些规则的证立发挥作用。原则在解释，特别在漏洞填补上发挥着调节作用（卡尔·拉伦茨，2003）。

## （二）法律原则实现的意义

法律原则概括体现了法律制度的基本性质、内容和价值取向，是整个法律制度的指导思想和核心。法律原则是法律制度内部协调和统一的保障，根据“原则—规则”的实现路径，立法时必须以法律的基本原则为指导，并通过法律原则将不同种类、不同等级的法律规则组织起来，使之相互关联、相互协调、相互作用，成为统一的整体而发挥作用。所以，法律原则的贯彻落实就是法律最终得以实现的重要体现，是整体法律规则得以实施的反映和结果。在国际气候领域，作为指导 UNFCCC 的核心原则，CBDR 原则需要遵循“原则—规则”的实现路径。只要将“原则”具体化为详细的“规则”体系，将之转化为可直接适用的“规则”，就足以显示“原则”的效力范围及其协作的种类（卡尔·拉伦茨，2003）。

CBDR 原则的实现意义主要表现在：发挥 CBDR 原则作为法律原则的法律功能。构建以 CBDR 原则为核心的规则体系，具体指导国际气候治理实践。最终调和、解决发达国家和发展中国家在气候治理中难以解开的死结，推动气候合作迈向新的台阶。

## 二、国内法原则的实现路径

国内法原则应当遵循“原则—规则”的实现路径，原则的实现最终将落实到由原则指引构建的规则体系的实施方面，而规则的实施主要是使法律规则的要求在社会生活中获得实现。规则的实施是一个动态的过程，即将法律规则的要求转化为社会主体的行为，将法律规则中的国家意志转化为现实关系，是法律规则由可能性转变为现实性的过程（朱景文，2015）。规则的实施是从抽象到具体、从精神到物质的过程，通过将法律规则的内容转化为社会主体的行为，从而建立符合国家意志的现实社会秩序。规则实施的目的是法的实现，法律原则的贯彻落实，也是法律规则在社会主体行为中的具体落实——权利被享用，义务被履行，禁止被遵守。

具体而言，国内法原则的实现是通过一套规则实施完成的，规则的实施就是法律对社会进行调整和控制的具体过程，其形式分为法的遵守、法的执行和法的适用。法律的实施依赖于多种制度、机制和程序运行的系统工程。特别是“没有救济就没有权利”，权利如果是实在的、可以实现的，就必须有明确、有效的救济规则、救济方式、程序和制度，也就是说，救济是使权利得以实现的制度保障，所以，国内法原则的实现不仅要以规则实施的方式落实，还需要一套完善的保障和救济制度作为支撑和依托，并通过国家的强制力保证实施。

## 三、国际条约原则的实现路径

### （一）国际条约的实施

法律规则是法律原则所确定的基本价值理念在不同方面和领域的具体化（朱景文，2015）。所以，“原则”的实现需要“规则”的构建和实施，“规则”的构建和有效实施是“原则”得以实现的具体路径。国际环境法学者爱迪·布朗·韦斯（1997）认为，国际协定的实施是指缔约方为了实现其缔结的国际条约所规定的国际义务，而在国内的立法、行政等方面实施行动的过程，包括制定相应的法律法规等。依据国际条约与国内法的关系可知，包括环境保护领域在内的许多国际条约在国内法中并非自动实施的，必须通过制定相对应的法律规章制度才能得以实施。王曦（2005）认为，国际环境法的实施是指国际环境法主体行使其由国际环境法赋予或承认的有关利用、保护和改善环境的权利，并履行其依据国际环境法承担的关于利用、保护和改善环境的义务的活动，其目的是实现国际环境法的各项规则。国际法律规则的实施主要包括国际层面的实施和国内层面的实施，国内层面的实施主要包括制定和执行有关履行条约的法律、法规和其他法律文件两方面。国际层面的实施是指通过条约设计的包括保障在内的各种机制。

法律规则的实施是指使之产生效果（亚历山大·基斯，2000）。这就意味着受这些规则调整的人须遵守规则，确保其实施。国际环境法的有效性和国际法律秩序的维持在很大程度上取决于国家对国际环境法律规则的实施情况。首先，任何法，如得不到有效的实施，则不过是一纸空文。国际环境法亦如此。国际环境法如得不到实施，就不能起到调整国际环境法律关系的作用。国际环境法的有效实施表现为各国在利用、保护和改善环境方面的协调意志。只有当各国切实履行其环境义务时，才能使国际环境法变为影响世界的物质力量并产生物质的效果。其次，国际环境法的实施与国际责任直接相关。国家不履行甚至违反其国际环境法义务的直接法律后果是为之承担相应的国际责任。然而，国际法的实施，尤其是执行，却与国内法不同。国际社会没有行政权力，没有警察和强制的法院。由于国际法律文件越来越多，尤其在环境保护领域，国家履行其所承担的义务就变得非常重要，但可以用来保障实施的方式和手段不同于国内法律制度所适用的方式、手段。劝说、公共舆论的压力、技术援助和资金刺激，以及起草好的文本、消除国内法律障碍，是可以保障履行国际义务实施的主要内容，而不是借助强制力予以真正的惩罚（亚历山大·基斯，2000）。遵守“有约必守”原则是国际法有效实施的重要基础。

### （二）国际条约原则的实现路径

在国际环境法领域，由于国际层面没有类似国内法院的审判机关，也没有类似国家强制力保证实施的手段，法律原则的实现最主要是建构一套清楚、具体的实体规则体系，以及一套能够服务和支持实体规则实施的程序规则体系，其中也包括起到保障监督作用的程序规则。清晰具体的实体规则有助于各缔约方清晰了解自己的权利、义务界限，在满足可实施性、可预期性、可信赖性的前提下起到规范缔约方行为的作用，从而服务于法律原则的实现，服务于国际环境条约最终价值、宗旨和目的的达成。例如，规定各缔约方具体的减排额度和时间表等关系到各缔约方实体权利义务分配的规则。完备的程序规则体系可以起到保障实体规则有效实施的作用，例如缔约方应当履行报告义务、归档义务、接受审查监督义务等。一般而言，各缔约方对于程序规则在履行方面是没有区别的，因为其属于程序性手段，不涉及具体实体权利、义务的划分，其目的是为实体规则实施起到保障服务作用，除非基于发展中国家能力限制无法完成的，国际环境法会给予一定的“灵活性”，但是不会免除程序规则的履行，否则很难保障实体规则的实施。综上所述，国际法律原则的实现路径正是依赖于一套包括实体性和程序规则法律体系的构建和实施。

## 第二节　共同但有区别责任原则实现路径的规则分类

### 一、从实体规则和程序规则进行分类

### （一）实体规则和程序规则的分类基础

根据上一节所述，克莱斯勒教授所指的“规则”是对“行为的专门令行禁止”，实际上是对实体性权利义务的约束，属于实体规则；克莱斯勒教授所指的“决策

程序”属于“操作层面作出和贯彻集体决定的主导做法”，主要是对程序性内容的规定，属于程序规则。克莱斯勒教授的“规则”和“决策程序”统一划归为“规则”，其内部可以再次分类为“实体规则”和“程序规则”。国际环境法学者爱迪·布朗·韦斯教授从“遵守”角度也对国际环境法具体规则做了相同分类，其将国际环境法遵守分为程序规则遵守、实体规则遵守和协定宗旨遵守。程序规则遵守是指国家是否拥有归档报告、是否设立专门的政府主管部门或是否遵守了协定的其他程序规则；实体规则遵守是指对诸如包含在限制排放特定污染物的目标和时间表内的义务、保护特定场所的义务以及提供技术和财政支持义务等的遵守（爱迪·布朗·韦斯，2002）。由于协定宗旨不属于协定的具体规则，从以上角度而言，韦斯教授将国际环境法具体规则进行了实体规则和程序规则的分类。

实体规则和程序规则是根据实施义务的目的和形式不同所作的分类。实体规则主要是为实现或者实施《巴黎协定》目标而规定的需要履行的义务，即人们为了实现目标或者努力实施达到目标，而保证行为人不能或必须履行的行为（Benoit Mayer，2018）。比如《京都议定书》分别作出各发达国家缔约方在 2008—2012 年、2013—2020 年的两个承诺期内实现有区别的、具有法律约束力的总体排放分配目标，并以此作为各缔约方实质性义务，通过统一的实施方案从微观上保证议定书的目标达成。此类实体规则突出的是对气候资源的实体性保障，是对条约缔约方减缓、支持和适应为内容的实质性安排，通过义务设置，条约明确各缔约方的义务类型和范围，从而达到实质上保护气候资源的实际效果。

程序规则是为了保障实体规则能够及时、恰当地履行。一般而言，程序规则是为实体规则服务的，是实体规则实施的保障。程序规则着重突出对气候资源的形式性保障，根据其性质和内容，并没有涉及对实体义务的设置和分配，也没有对未履行义务的责任承担作出明确的责任承担安排。

在国家环境法的实施过程中，一个国家可能遵守了程序规则，但没有遵守其实体规则；反之亦然。国家可能遵守其实体义务，因为在他们加入该协定之前，协定要求的活动就已经到位了，他们可能不会采取必要的附加措施去遵守其程序义务，例如及时编制履行国际协定的年度报告（爱迪·布朗·韦斯，2002）。也有可能，国家遵守了程序规则，如按期提交国家自主贡献报告等，但是就自主贡献报告中所载的具体实体减缓义务没有实际履行。

CBDR 原则得以实现的路径是建立起一套共同的、稳定的和具有普适性的规则体系，并为这套规则体系提供指导和解释依据。同时，为弥补国际法层面缺乏强制力保障实施的能力，CBDR 原则的实施需要在构建实体规则体系外，还应有调整气候变化实体责任分配和实施的程序规定，保证程序的公平和公正，从而保证法律原则在国际社会中最终实现（李艳芳等，2013）。CBDR 原则已经发展为对发展中国家缔约方在国际环境合作中要求更公平的实体规则和程序规则呼吁的回应（Pauw P，et al.，2014）。综上所述，CBDR 原则的实现路径正是依赖于一套包括实体规则和程序规则构建的法律体系。

## （二）程序规则的再分类

根据程序性义务支持和保障的对象的层次性，可以进一步将程序义务进行分类，分为“组织程序规则”“保障程序规则”“遵约程序规则”。第一类是为了条约的有效实施和继续推进而设定的一套组织架构和运行方面的程序规则，如设立缔约方会议及相应机构等，这里称之为“组织程序规则”。第二类是直接服务于实体义务的程序规则，此类规则是实体义务是否能够实施的核心，所以，此类程序规则一般都是硬义务规则。UNFCCC 赋予所有缔约方一系列程序义务，有助于确定掌握缔约方减缓义务履行现状，以及作为判断缔约方是否履行公约义务的依据。比如，《京都议定书》中关于发达国家定期提交相关减缓和支持义务履行的国家信息通报义务等的程序规则即属此类。国家信息通报的报告义务作为程序规则并不为相关义务主体设置明确的、为达到议定书目标的义务分配，而是起到保证各缔约方遵守议定书减缓、支持和适应的各项义务并最终达到议定书立法目标的目的。这类程序义务规则基本属于硬义务规则，需要所有缔约方积极和有效实施，并具有较强的法律约束力，这里称之为“保障程序规则”。第三类是为了执行和促进实体规则和程序规则的实施而设立的与遵约有关的程序规则，这里称之为“遵约程序规则”。

### （三）UNFCCC 框架下规则的义务本位特点

UNFCCC 框架下建立的规则表现为义务本位特点。环境义务本位是指通过普遍设定环境义务，限制主体以对环境资源过度开发和利用的方式来设计环境保护的实现模式（顾爱平，2010）。UNFCCC 框架下的规则体系的设立也是遵循义务本位。由于气候资源是有限的资源，但是温室气体的排放关系到一国国民经济、社会发展，关系到工业企业、公共交通、国民生活的方方面面，人类对于气候资源的占用根据自身需要不断扩大，由此引发了气候资源的有限性和公共性之间的矛盾，从而人们随意扩大排放造成对气候资源的损害。解决的根本办法是分配，分配是解决有限资源和无限欲望之间矛盾的有效方法（徐祥民，2003）。分配体现的基本精神是义务，它给人们排放温室气体的行为设置限制，要求各国应当服从全球气候资源可持续利用的总体安排，要求各国约束其本国组织和个人的行为，并采取限制性措施，在此基础上，UNFCCC 框架下规则的义务本位是唯一的选择（田其云，2005）。所以，UNFCCC 框架下实体规则和程序规则也可以称为实体义务规则和程序义务规则。

## 二、从硬规则和软规则进行分类

### （一）硬规则和软规则分类概述

具有法律约束力的规则可产生可信的承诺，它们有可能将国际规则具体化为国内立法行动，从而选择国内执法机制，在国内和国际一级实现可预测性和确定性以及问责制，这些影响是通过国际法在国内法律秩序中的理论运作产生的，也因为具有约束力的国际协定而“产生信赖”，并产生遵约拉力（Abbott K W，et al.，2000）。国际法律规则根据其约束力程度的不同，鉴于 UNFCCC 框架下规则以义务本位为特点，分为硬义务规则和软义务规则。虽然“条约必须遵守”使得条约中的规则对缔约方发生约束力，但由于在规则表述上含糊不清或不精确，也会使相应规则对缔约方没有强制执行的效力（Olsson I A，2013）。于是国外有学者提出国际法规则具有不同的法律性质（Legal Character）。规则的法律性质是指该规则在多大程度上为当事方创造了权利和义务，为国家行为制定了标准，并有助于评估遵守/不遵守情况以及由此产生的后果（L. Rajamani，2016）。UNFCCC 框架下的条约包含一系列法律性质不同的规则，其中一些规则具有较大的法律约束力和权威性，称为硬义务规则，反之，称为软义务规则。法律性质可以决定该规则在引导所需的行为达到协议目的的效力程度。

从法理角度而言，法律规则通常有严密的逻辑结构，对法律规则逻辑结构的分析，法学界有不同的看法，主要有三要素说和二要素说。二要素说是 20 世纪 90 年代在批判三要素说的基础上兴起的一种新的学说，二要素说将法律规则的结构分为行为模式、法律后果两部分，行为模式是指法律规范中规定人们可以行为、应该行为、不得行为的行为方式（张文显，2007）。根据内容将法律规则进行分类可分为义务性规则、授权性规则和权义复合性规则。其中义务性规则是直接要求人们作为或不作为的规则，它的一个重要特征是强制性。义务性规则的强制性对于不履行义务的主体具有强大的压力，违反义务性规则的主体常常要付出代价，即法律会作出否定性反应，这种反应可能是否定行为的合法性、作出处罚或责令作出赔偿或补偿等，义务性规则常采用“应当”“应该”“必须”等术语（张文显，2007）。关于法律规则是否具有确定性的问题在法学界有不同看法。规范法学派通常强调法律规则的确定性，而美国的现实主义法学和批判法学则否定、怀疑规则的确定性。我国学者通说认为，法律规则都具有确定性，确定性特点要求规则具有明确的指导性，法的规则内涵的信息是明确无误的，它总是确切地告诉人们可以做什么，不可以做什么以及必须做什么，从而对人们的行为产生明确的指引作用（周旺生，2006）。

## （二）硬规则和软规则的分类标准

《巴黎协定》中各项区别性义务规则根据其法律性质判断其法律约束力的强弱，作为其是否能够有效实施的基础（L. Rajamani，2016）。国际环境法学者提出了若干判断标准，如沃克斯曼（Werksman）认为，法律性质的判断可提炼为四个密切相关的组成部分：一是协议的法律形式，该协议是否为条约、条约的修正案等；二是协议下各项承诺的法律效力，即承诺是否以强制性语言表达，如“shall”（应）；三是承诺的具体性和规定性，即它们是否表达得足够详细，以准确评估遵守情况；四是机构、程序和机制旨在使缔约方对这些承诺负责，例如通过报告、审查和遵约程序（Werksman J，2010）。

具有代表意义且被多数学者认可的观点是国际法学者拉贾曼尼（2016）的研究，他将识别硬义务规则和软义务规则分为五项判断标准。拉贾曼尼（2016）认为对硬义务规则和软义务规则的分类要素有：位置（条文发生的地方）、主体（条文所针对的人）、规范性内容（条文所包含的要求、义务或标准）、语言（条文是使用强制性的还是建议性的）、确定性（无论条款使用的是上下文、限定性条款还是自由裁量条款）和监督（存在哪些透明、问责和遵约机制）。具体而言包括以下五类：

第一，对象：这关系到该条款针对的是谁，或该条款将谁确定为行动者。如果该条款写给“各缔约方”（each Party 或者 a Party），则表示一项个人义务。如果是写给“所有当事方”（all Parties），则可以表示集体义务。如果它提到“当事方”（Parties），在某些情况下，视上下文而定，它可以是一种合作或集体义务；在另一些情况下，它可以是对“当事方”（Parties）的笼统提及，不一定表示集体或合作义务。如果它是针对“发达国家缔约方”（Developed country Parties）或“发展中国家缔约方”（Developing country Parties），那么它可以为这个团体创造权利和义务。如果是被动语态，要同上下文其他条款判断主体。

第二，语言：条款的措辞很重要。如果该条款使用了强制性的“应”（shall），它通常会为当事人创造权利和义务。如果它使用“将要”（will），意味着一个承诺或期望。如果使用诸如“应该”（should）、“可以”（may）、“努力”（strive）或“鼓励”（encourage）之类的术语，则是建议性的，不具有约束性。

第三，确定性：条款的确定程度很重要。越确定，就越有可能制定标准，并有助于评估遵守/不遵守的情况。如果该条款使用自由裁量的、限定性的和上下文相关的语言，如“酌情”（as appropriate）这样的短语，它将扩大当事人自我解释的空间，并限制一致适用的空间。如果该条款规定了目标或规定了行动，但对如何实现这一愿望或所采取的行动含糊不清，则可能无法使之得到遵守。

第四，所处位置：条款在协议中的位置很重要。例如，如果它位于序言中，提供了上下文的背景，包括确定“协议的目的和宗旨”，那么它本身不会为各方创造权利和义务。相反，如果它位于条约的执行部分，它就有能力为缔约方设置权利和义务。

第五，保障监督：为确保监督而建立的机制很重要。具有透明度、问责制、全球盘点和遵约程序的监督制度越严格，各国就越有可能履行其承诺，并能够要求其他国家遵守。

需要特别强调的是，就义务规则法律约束力的判断标准而言，“主体”“语言”“所处位置”三项标准是比较明确和直观的，比较好分辨。但是，对于规则的“确定性”标准我们需要借助分析义务性规则的不同类型加以判断。有学者根据发展中国家差别待遇的相关规则，依据向规则中注入“区别”的方式和程度不同进行划分，分为差别规则、背景规则和绝对规则（Magraw D B，1990）。差别规则是指为发展中国家提供了明显不同、更加有利的待遇；背景规则是指表面上对所有国家提供平等和相同的待遇规则，但要求或允许“考虑到可能因国而异的因素”；绝对规则是指根据规则向发达国家和发展中国家提供相同的待遇，并且不需要或不允许考虑各国之间差异因素的待遇（Voigt C，2014）。三种类型的规则在条约中经常混合使用。一般而言，在区别义务规则中，“区别”越强的内容，越明确，越易实施。差别规则的突出优点是有益于定义区别规则的具体内容，保证区别责任的清晰和明确，使规则“可审查”，可查明不遵守情事的情况，并采取适当措施处理不遵守情事，从而使得 CBDR 原则易于实施。背景规则是一种更为灵活的选择，可能适用于基于某些标准的经典分化不可能或不合适的情况。背景规则的缺点是，它考虑到了基于国家自主（主权）决定的广泛因素。这些规则可能会因其缺乏准确的内容，无法进行审查，难以有效实施（Voigt C，2014）。可以说，模糊性是背景规则最显著的缺点。区别性减缓规则正是 CBDR 原则实现最为核心的内容，也是矛盾最突出的部分。《巴黎协定》的减缓规则放弃使用差别规则，使得 CBDR 原则实现过程中缺乏明确性和可审查性，从而为 CBDR 原则的实现增加了难度。绝对规则具有清晰明确、易于实施的优点。

一般而言，硬义务规则具有明确的主体，强制性的规制语言，条款内容明确。硬义务规则中共同义务的主体可以为 Each Party、A Party、All Parties 或者 Parties，但是也有所差异，Each Party、A Party 更能体现义务设置的针对性和明确性，体现出的硬度高于其他主体称谓。一般来说，具有较强法律约束力，并且明确和清晰的规则最容易实施；法律约束力弱，且内容模糊的规则实施难度最大，甚至没有实施的可能。当各国有改变行为的强烈政治意愿时，载有严格义务的条约文本被认为是更有效的，例如臭氧协定、世界贸易组织协定和军备控制条约（Lawrence P，et al.，2017）。一方面，硬义务规则有利于建立国内相关法律和机构，这是确保更大程序实施的重要环节。与软义务规则相比，遵守硬义务规则往往更为有力的另一个原因是，当与精确和有约束力的硬义务规则相联系时，遵约机制往往更为有效（Lawrence P，et al.，2017）。

## 三、两类规则分类的关系

根据实施义务的目的和形式不同所作的分类：实体义务规则和程序义务规则，以及根据法律约束力不同所作的分类：硬义务规则和软义务规则。两对义务规则之间关系如何，以下作一简要分析。实体规则既可以是硬义务规则，也可以是软义务规则。一般而言，条约实体规则会以硬义务或者软义务中一类规则类型为主，另一类为辅。在国际环境法中，经常会以这种不同约束力规则的灵活安排来协调条约谈判过程中各缔约方之间不同的利益诉求，最终达到各缔约方预期利益，促成条约的达成。这种规则的灵活使用是UNFCCC框架下的《京都议定书》和《巴黎协定》规则安排的常规方式。如果各缔约方对实体性权利义务分配能够达成共识，那么条约会赋予实体义务硬义务规则的性质；如果缔约方对某项实体性义务难以达成共识，作为妥协性手段，条约可以将该实体性义务设置为软义务规则。对于程序义务规则，作为保障实体性义务实施的规则类型一般都是以硬义务性质确定的。程序性义务并不涉及实质权利义务分配的关键问题，为起到程序规则的辅助和服务作用，硬义务性质的设定是最为合适的。

## 第三节 UNFCCC共同但有区别责任原则实现路径

### 一、UNFCCC中共同但有区别责任原则的相关规则体系

UNFCCC实质性规则主要采用的是软义务规则的类型，由于UNFCCC的框架性特点，其先天欠缺可以实施的具体和确定的法律规则。现实层面的原因是作为国际气候立法的开端，也是国际社会采取共同合作应对气候变化的第一步，UNFCCC希望能够召集尽量多数国家参与其中，求同存异，随着后续谈判的逐渐深入，逐步推进建立一套以硬义务为主的规则体系。事实上，正是这种安排和计划，才有了后续的两项里程碑式的国际条约《京都议定书》和《巴黎协定》的出台，由此形成了两套具体的、确定的国际气候治理秩序。

#### （一）实体义务规则及其法律约束力

##### 1. 实体义务规则

UNFCCC在第3条“原则”部分明确申明CBDR原则是指导其有效实施的基本原则，“发达国家缔约国应当率先对付气候变化及其不利影响”。UNFCCC对“附

件一国家”在实体义务规则和程序义务规则方面规定得更为严格。[①]就承担 CBDR 原则的区别性责任方面，UNFCCC 区分了“附件一国家”和“非附件一国家”主体身份，明确确认“附件一国家”是承担减缓和支持义务的法定责任主体，“非附件一国家”根据各国国情自愿承担减缓任务。

就减缓方面的实体义务规则而言，UNFCCC 要求各缔约方采取国内措施和政策手段应对气候变化，但是对具体的措施和手段 UNFCCC 没有给出明确指引。关于 CBDR 原则的实现，规定了发达国家应当承担主要和法定责任，但是对于发达国家缔约方的承诺也是空泛的，对控制温室气体的管制对象、控制目标、承诺期限都是模糊的（杜群，2000）。就支持方面的实体义务规则而言，规定发展中国家具有获得支持的权利，并明确了发展中国家减缓义务的履行应当以发达国家支持承诺的履行为条件。[②]但是，发达国家如何履行支持义务，语焉不详。特别是 UNFCCC 对发展中国家没有要求承担法定减缓义务，所以，支持义务作为减缓义务的条件基础并不充分。

### 2. 实体义务规则的法律约束力

就 UNFCCC 实体义务规则的法律约束力而言，虽然减缓方面的实体规则使用的是以差别规则为基础的规则类型，为发展中国家提供了区别于发达国家的更加有利的待遇，但是，规则表述中使用了大量的不精确性语词，造成其软义务规则性质，难以有效实施。例如，公约第 4 条第 2 款（a）规定，发达国家要采取具体的政策和措施承担减少温室气体人为排放的主要责任，到 20 世纪末温室气体和《蒙特利尔议定书》未管制的温室气体的排放水平要保持以前的水平；发达国家可以通过与其他缔约方联合实施来达到公约设定的目标。条款中“到本世纪末”（指 20 世纪末）温室气体排放要控制在“以前的水平”，没有明确“以前的水平”是哪个年代；还有对于“下一个世纪”的目标怎样，也没有作出具体交代。另外，温室气体管制是一揽子管制还是特定气体的管制、减排期限如何、减排基准是什么均没有明确规定。

---

① UNFCCC Art. 4.2，Art. 12，Art. 4.3.

② UNFCCC Art. 4.7.

支持方面的实质性义务和以上减缓方面的实质性义务极为相似，具有表述的模糊性特点，从而造成实体义务规则都体现出软义务性质，不利于具体实施。

### （二）程序义务规则及其法律约束力

按照程序规则的三项分类介绍 UNFCCC 的程序性相关规则。一是“组织程序规则”，为了条约的有效实施和继续推进而设定的一套组织架构和运行方面的程序规则，为有效推进 UNFCCC 的运行以及后续谈判和协议出台。此类规则属于硬义务规则。二是“保障程序规则”，直接服务于实体性义务的程序规则，主要包括：编制、定期更新、公布所有《蒙特利尔议定书》未予管制的温室气体的各种源的人为排放和各种汇的清除的国家清单；制定、执行、公布和经常的更新计划，其中包括从温室气体的源的人为排放和汇的清除来着手减缓气候变化的措施，以及便利充分地适应气候变化的措施等。这类程序义务规则基本属于硬义务规则，需要所有缔约方积极和有效实施，并具有较强的法律约束力。三是“遵约程序规则”，为了监督条约的实施而设立的与遵约有关的程序规则。UNFCCC 中表现为设立了一个专门处理遵约问题的“多边协商程序”，供各方必要时利用。[①]实际上这项措施未予以实施。UNFCCC 还规定了争端解决条款，在 UNFCCC 下此类规则属于软义务规则（宋冬，2018）。

## 二、UNFCCC 共同但有区别责任原则实现路径特点

UNFCCC 对发达国家和发展中国家采取了有实质性区别的做法。实质性区别特点体现了发达国家需要区别于发展中国家履行有区别的结果性义务的一种现实状态。UNFCCC 明确规定了发达国家和发展中国家实质性区别的减缓和支持义务的承担。公约通过附件形式区别发达国家和发展中国家的责任分配，以发达国家为主体的“附件一国家”承担气候责任的法定责任，但是未做出具体的减排安排，体现了模糊性特点。“附件一国家”还需承担特定的、严于其他缔约方的通报义务，

① UNFCCC Art. 13.

并按期接受缔约方会议的审评。对以发展中国家为主体的“非附件一国家”没有赋予强制的减排义务，并承担相对宽松的通报义务。同时，发达国家和发展中国家的区别性还体现在支持义务的履行方面，UNFCCC 赋予发展中国家获得支持的权利，并在公约中明确发展中国家减缓义务的承担应当是以发达国家支持义务的履行为条件的，但是就发达国家怎么履行支持义务，公约中表述模糊。UNFCCC 减缓和支持实体义务规则都体现了软义务规则的特点。UNFCCC 虽然建立了促进性的“多边协商程序”，但是基本没有起到实质作用，没有建立履约监督机制。所以，UNFCCC 区别义务的实施，CBDR 原则中区别责任实现路径体现出“软义务实体性区别+程序规则保障不足”的特点。

## 第四节　《京都议定书》共同但有区别责任原则实现路径

### 一、《京都议定书》共同但有区别责任原则的相关规则体系

#### （一）实体义务规则及其法律约束力

《京都议定书》实体义务规则的设置主要表现在三方面：首先，在减缓方面，议定书采取了针对发达国家设定的具体的具有法律约束力的减排目标和目标落实的时间表模式。以“自上而下”的方式将总量通过条约分配给各发达国家缔约方，如在第一承诺期（2008—2012 年），条约要求发达国家的温室气体排放在 1990 年的基础上减排 5.2%，并以此为基础分配各发达国家缔约国法定减排份额。其次，明确将 CBDR 原则作为分配发达国家和发展中国家减缓和支持义务的核心原则，为发达国家和发展中国家间设置了一道体现区别责任的“防火墙”，最终使得《京都议定书》下，发达国家承担法定的减排责任，而发展中国家承担非法定的、道义上的减排责任。再次，设置了一套“灵活机制”。在发达国家，尤其是在美国的坚持下，规定了三个灵活机制，即第 6 条所确定的“附件一国家”之间的联合履

行机制（Joint Implementation，JI）、第 12 条所确立的“附件一缔约方”与“非附件一缔约方”之间的清洁发展机制（Clean Development Mechanism，CDM）和第 17 条所确定的“附件一缔约方”之间的排放贸易机制（Emission Trading，ET）。这三个机制体现了通过市场机制促进温室气体减排的主张。①特别是第 12 条建立 CDM，目的是帮助发展中国家参与实现 UNFCCC 的最终目标。发展中国家应在经过认证的减少排放的框架内从其履行义务的活动中得到好处。发达国家也可以利用经过认证的减少排放来部分履行他们所承诺的限制和减少的排放量。

就《京都议定书》实体义务规则的法律效力而言，根据拉贾曼尼的判断标准，从“对象”“语言”“确定性”“位置”来分析，减缓方面，《京都议定书》的分类“对象”非常清晰明确，为“附件一国家”和“非附件一国家”，支持义务的主体为“附件二国家”；“语言”使用强制性的“应”（shall）分类不同附件国家的减缓义务：“附件一国家”的法定强制性减缓义务，“非附件一国家”道义上的减缓义务；“确定性”方面，《京都议定书》应用最为广泛的规则形式是差别规则，其对“附件一国家”和“非附件一国家”的义务规则基本使用的是差别规则。差别规则的突出优点是有益于定义区别规则的具体内容，保证区别责任的清晰和明确，使规则“可审查”。具体义务规则在条约中的“位置”基本处于义务规则设定的核心位置，而不是处在条约目的性、原则性、倡议性的开头或结尾位置。支持方面，《京都议定书》和 UNFCCC 非常相似，未就发达国家如何落实向发展中国家提供资金、技术、能力建设方面的支持提供有效的、可行的具体方案，只是停留在形式上。综上所述，减缓方面的实体规则核心条款属于硬义务规则的类型，但是，支持义务属于软义务规则。

### （二）程序义务规则及其法律约束力

根据程序规则的分类，《京都议定书》中程序义务规则一是直接服务于实体性义务的“保障程序规则”，其延续了 UNFCCC 的程序性逻辑，发达国家应当提交

---

① Kyoto Protocol，Art. 6.1（d），12.5（c），17.

相对严格的信息报告，并接受审评。发展中国家提交的报告要求相对宽松。二是为了保障监督条约的实施而设立的与遵约有关的“遵约程序规则”。《京都议定书》遵约程序至少包括两类规则系统：第一是遵约判定系统，主要包括判断遵约与否的标准、程序和机构；第二是对不遵约行为的反应系统，主要是指不遵约行为的后果（张乃根，2002）。在遵约判定系统中，首先明确“遵约程序”的适用范围，这主要是指哪些条款的遵守情况应由“遵约程序”管辖。明确了的适用范围是建立整个“遵约程序”的基础。“遵约程序”概括来说，包括“遵约程序”的启动及如何“审理”，涉及原告和被告资格、起诉的条件、处理案件的机构、方法和证据等，以及工作流程、机构名额分配、人员资格等问题。不遵约行为的后果最能体现“遵约程序”特点。整体而言，《京都议定书》的一套“遵约程序规则”旨在促进遵约，而非着重强调惩罚性。议定书的强制性后果只适用于发达国家，不适用于发展中国家。

## 二、《京都议定书》共同但有区别责任原则实现路径特点

### （一）发达国家和发展中国家的实质性区别

《京都议定书》和 UNFCCC 一样，发达国家和发展中国家落实 CBDR 原则的规则是直接体现在实体义务规则中的，表现为实质性区别的特点。《京都议定书》改变了 UNFCCC 原始框架中相对广泛和模糊的承诺，通过清晰、明确的规则形式，更加体现了 UNFCCC 对发达国家和发展中国家采取的实质性区别的做法。《京都议定书》承诺发达国家在 2008—2012 年的第一个承诺期内实现有区别的、具有法律约束力的总体排放目标。相反，发展中国家只需履行某些程序规则，例如报告。因此，《京都议定书》延续并进一步巩固了 UNFCCC 对发展中国家利益的实质性尊重。

### （二）完善的遵约程序规则

《京都议定书》中这种差别很大的实质性减缓义务得到了一个完善的遵约保障机

制的补充。《京都议定书》建立了较为完善的“遵约程序规则”，成立遵约委员会，并设立了促进和强制执行两个分支机构。促进分支机构的职责是为缔约方提供咨询和便利，起到促进缔约方实施议定书相关义务的作用。强制执行分支机构是确定“附件一国家”是否切实履行议定书规定义务，如减缓承诺的完成和相关报告等程序规则等。如果当事国被认为存在不遵约情形，促进分支机构可以采取向当事国提供咨询和协助、（资金、技术、能力）支持、提出建议等措施，强制执行分支机构可以公布当事国不遵约情形，并要求其定期提供履约计划；可以中止灵活履约的相关资格；对于排放超过减缓配额的当事国，可以消减排放配额、中止排放交易资格等。《京都议定书》应用了具有较强惩罚性和制裁性的措施，增加了遵约机制的有效性和权威性，具有较强的威慑力（宋冬，2018）。目前，强制执行分支机构陆续受理共 8 个国家[①]的 9 个不遵约案件，起到了积极实质性保障实施的作用。所以，《京都议定书》中 CBDR 原则的实现体现出“硬义务实体性区别+相对完善的程序保障”特点。

① 8 个国家包括：希腊、加拿大、克罗地亚、保加利亚、罗马尼亚、乌克兰、立陶宛、斯洛伐克。见 UNFCCC, Informal information notes by the secretariat on questions of implementation considered by the enforcement branch. 网址：http：//unfccc.int/kyoto_protocol/compliance/items/2875.php.

# 第三章

# 《巴黎协定》共同但有区别责任原则实现路径之承诺制度

2015 年 12 月，UNFCCC 缔约方第二十一次会议（COP21）出台的《巴黎协定》对 CBDR 原则做了新的安排。《巴黎协定》中 CBDR 原则实现的规则类型体系以及其实现路径的特点都与 UNFCCC 和《京都议定书》发生了很大改变。CBDR 原则面临被削弱的挑战（Maljean-Dubois S，2016）。在此背景下，需要重申 CBDR 原则的重要性，并强调，尽管面对挑战，《巴黎协定》CBDR 原则的新形式仍然无法消除差异性（Rajamani L，2016）。《巴黎协定》围绕以“承诺”为内容的国家自主贡献制度展开实施。国家自主贡献是 CBDR 原则实现路径的起点，是承诺的具体内容和核心方式（Benoit M，2018）。本章结合目前各缔约方提交的国家自主贡献文本，梳理了 CBDR 原则的实施现状，分析存在的问题，并进行相关法律分析。

# 第一节 《巴黎协定》共同但有区别责任原则实现路径

## 一、《巴黎协定》共同但有区别责任原则的相关规则体系

根据《巴黎协定》条款的含义，CBDR 的义务体系分为区别性减缓义务、区别性适应义务、区别性支持义务、其他义务（国际合作义务、损失和损害的区别义务）四类。国际合作义务、损失和损害的区别义务在国际气候谈判中还未达成共识。在 2018 年卡托维兹的 COP24 上，国际合作义务方面，各缔约方未能就《巴黎协定》第 6 条关于气候变化的市场机制路径达成一致。会议决定将此条的具体制度设计交由 2019 年在智利圣地亚哥召开的 COP25 来解决。2019 年，COP25 仍然未对其达成共识。就损失和损害的区别义务，发达国家和发展中国家未对补偿或赔偿事宜达成共识，所以，难以构成具有可实施性质的 CBDR 义务体系规范的内容。因此，本章所指实现 CBDR 原则的实体规则分为区别性减缓义务、区别性适应义务、区别性支持义务规则三类。

以下分析《巴黎协定》相关条款都是含有“义务性”内容的条款。对于以总括的方式适用于缔约方，建议性、倡导式的条款规定缔约方特定的行动方针的条款没有罗列。因为此类条款通常提供一般的背景，为构建一个能够具有共同理解、共同认可的概念和原则基础，并在解决问题时能够发出团结统一的信号而发挥作用。如果条款没有对各缔约方提出要求或为其行为制定标准，它本身就不会为缔约方创造义务或者权利。

### （一）区别性减缓义务实体规则及其法律约束力

#### 1. 区别性减缓义务实体规则

《巴黎协定》中减缓性义务规则（见表 3.1）的篇幅相比较 UNFCCC 和《京都议定书》是最少的，其突出的特点就是不再为各缔约方规定实质性减排义务的分

配额度，赋予缔约方具有广泛的自主权确定区别性的贡献内容、范围和形式。协定只是对自主权进行很小程度的限制，主要体现在条款第 4.4 条和第 4.6 条，对发达国家、发展中国家、最不发达国家和小岛屿发展中国家可以选择的减缓义务目标类型的规范，具体而言，发达国家应继续带头实行全经济的绝对减缓目标，鼓励发展中国家在允许的情况下实行全经济的绝对减排或者限排目标，最不发达国家和小岛屿发展中国家缔约方提交温室气体低排发展的战略、计划和行动。

表 3.1 区别性减缓义务规则

| 序号 | 条款 | 主要内容摘要 |
|---|---|---|
| 1 | 4.4 条 | 发达国家应当（should）率先在全经济范围内实现绝对减缓目标。发展中国家应当（should）继续加强减缓努力，应鼓励（encouraged）它们根据不同国情，逐步实现全经济绝对减排或限排目标 |
| 2 | 4.6 条 | 最不发达国家和小岛屿发展中国家可（may）编制和通报温室气体低排放发展的战略、计划和行动 |

## 2. 区别性减缓义务实体规则的法律约束力

根据《巴黎协定》义务规则的“主体”“语言”“确定性”“所处位置”等方面对区别性的减缓义务及约束性标准和支持义务的法律性质作出判断（表 3.2）。其中条款 4.4 规定：发达国家缔约方应（should）继续带头在全经济范围内实施绝对减排目标。发展中国家缔约方应（should）继续加强其减缓努力，并鼓励（encourage）他们根据不同的国情，随着时间的推移逐步实现全经济范围的减排或限制目标。对于“发达国家”确定减缓目标的义务属于软义务规则，发展中国家应（should）继续加强其减缓努力也属于软义务规则。对“发展中国家”缔约方使用的建议性术语为“鼓励”（encourage），鼓励确定全经济绝对减排或限排目标义务，对缔约方提出了规范性期望，而没有为缔约方创造任何新的义务。4.6 规定最不发达国家和小岛屿发展中国家可以（may）提交战略、计划和行动，同样也属于软义务规则的范畴。虽然 4.4 条为发达国家和发展中国家报送 NDC

规定了不同的目标类型，表明不管是发达国家还是发展中国家都应当共同承担减缓义务，但由于该条款属于软义务规则，没有为各国规定强制性的减缓目标，该条款也被国际社会所诟病。主要原因是巴黎会议上美国提出将原版本 4.4 条中"shall"改变为"should"作为加入《巴黎协定》的先决条件①，由此产生了现在以"should"表述的最终版本（Rajamani L，2016）。这充分反映了各缔约方为促进国际合作再次作出妥协。

表 3.2　区别性减缓义务的法律约束力

| 内容 | 主体 | 语言 | 确定性 | 所处位置 | 法律约束力 |
|---|---|---|---|---|---|
| 区别性减缓义务 | 发达国家缔约方/发展中国家缔约方 | should/should（应当/应当） | 确定 | 4.4 条 | 软义务规则 |
| | 最不发达国家和小岛屿发展中国家 | may（可以） | 确定 | 4.6 条 | |

综上所述，《巴黎协定》的规则体系中对区别性减缓义务的内容规定各缔约方自主确定，而没有对区别性减缓义务作出实质性限制和安排，唯一做的一点限制体现在对减缓目标类型选择的形式方面，而且协定给减缓目标类型的选择提供了较为宽泛的空间，这个规则还是以软义务的形式确立的，难以有效保证减缓效果的实际发生，难以保证减缓结果向协定最终目标靠近。以上正是《巴黎协定》在减缓方面放弃 UNFCCC 和《京都议定书》实质性区别的一次重大演变。

## （二）区别性支持义务实体规则及其法律约束力

### 1．区别性支持义务实体规则

在《巴黎协定》中，发达国家和发展中国家之间的差别最为明显和直观的领域就是支持（见表 3.3）。发达国家和发展中国家对"为有效执行协定，发展中国

① shall 与 should 均表示"应当"，shall 带有"必须"的强制意味，相比之下，should 语气要弱些。

家缔约方需要获得支持”的认识达成共识（第 3 条）。支持实体义务规则主要围绕发达国家向发展中国家因减缓和适应需要其提供资金、能力建设和技术等方面的支持来确立。[①]《巴黎协定》在发展中国家获得支持和行动雄心程度之间建立了强有力的联系。发达国家提供的资金支持有利于为发展中国家实现区别性减缓目标增加信心，也有利于增加发达国家和发展中国家的相互信任，进一步推进 CBDR 原则的切实有效实施。

表 3.3　区别性支持义务

| 序号 | 条款 | 主要内容摘要 |
|---|---|---|
| 1 | 4.5 条 | 应向发展中国家缔约方提供支持，以根据本协议第九条（资金）、第十条（技术）和第十一条（能力）执行本条 |
| 2 | 7.13 条 | 根据本协议第九条（资金）、第十条（技术）和第十一条（能力）的规定，发展中国家缔约方在执行适应、资金、技术和能力相关条款时应（shall be）得到持续和加强的国际支持 |
| 3 | 9.1 条 | 发达国家缔约方应（shall）为协助发展中国家缔约方减缓和适应两方面提供资金资源，以便继续履行在《公约》下的现有义务 |
| 4 | 9.2 条 | 鼓励（encourage）其他缔约方自愿提供或继续提供这种支持 |
| 5 | 9.3 条 | 作为全球努力的一部分，发达国家缔约方应（should）继续带头调动气候资金，同时注意公共基金的重要作用，考虑发展中国家缔约方的需要和优先事项。对气候资金的这一调动应当逐步超过先前的努力 |
| 8 | 10.6 条 | 应（shall be）向发展中国家缔约方提供支持，包括提供资金支持…… |
| 9 | 11.3 条 | 所有缔约方应当（should）合作加强发展中国家缔约方的能力。发达国家缔约方应当（should）加强对发展中国家缔约方能力建设的支持 |

## 2．区别性支持义务实体规则的法律约束力

区别性支持义务核心规则属于硬义务规则，约束性语言以“应该（shall）”为主，规则表述精确，内容基本围绕发达国家向发展中国家进行因减缓、适应、能

① Paris Agreement，13 Dec. 2015，art. 4.5、7.13、9.1、9.3、9.2、10.6、11.3.

力和技术方面的资金支持（见表 3.4）。区别性支持义务规则还体现了一个特点，核心的硬义务规则以被动式的表述，容易造成主体不易识别的困境。但细观协定上下文，还是能够准确划定主体范围。9.1 条要求发达国家应（shall）向发展中国家提供支持以外，9.2 条对其他有能力的缔约方鼓励（encourage）支持，由此可知，依据 9.1 和 9.2 条款可知，发达国家的支持是硬义务规则，而其他有能力的缔约方支持是被鼓励的（encourage）自愿义务。《巴黎协定》中区别性支持规范仍然延续适用差别规则的传统。

**表 3.4　区别性支持义务的法律约束力**

| 内容 | 主体 | 语言 | 确定性 | 所处位置 | 法律性质 |
|---|---|---|---|---|---|
| 区别性支持义务 | 被动 | shall（应） | 确定 | 4.5 条 | 硬义务规范 |
| | 被动 | shall（应） | 确定 | 7.13 条 | |
| | 发达国家缔约方 | shall（应） | 确定 | 9.1 条 | |
| | 被动 | shall（应） | 确定 | 10.6 条 | |
| | 发达国家缔约方 | shall（应） | 确定 | 11.3 条 | |
| | 发达国家缔约方 | should（应当） | 确定 | 9.3 条 | 软义务规范 |
| | 其他缔约方 | encourage（鼓励） | 确定 | 9.2 条 | |

总体上，发达国家向发展中国家在提供支持方面体现的 CBDR 原则中的区别责任是明确和严格的，因为发达国家的此项常规义务具有很强的硬义务规则特性；协定鼓励“其他缔约方”发展中国家提供支持属于非规范性义务。

### （三）区别性适应义务实体规则及其法律约束力

CBDR 原则在适应义务的实施方面体现得并不明显。在《巴黎协定》第 7 条下的适应条款中，没有“发达国家”的具体义务，甚至没有提到“发达国家”。然而，该条给予了发展中国家优惠待遇，它规定：执行《巴黎协定》应考虑到特别脆弱的发展中国家的需要[①]；向发展中国家的适应努力提供支持[②]；同时避免给发展中国家造成额外的报告负担[③]。以上条款的区别基础主要是缔约方的脆弱性和能力差异。然而，该协定没有具体说明哪些发展中国家特别脆弱。人们只能假设它们与 UNFCCC 第 4.8 条所列的类型相同。《巴黎协定》将适应描述为“所有人都面临的全球挑战”，尽管人们承认特别易受气候变化影响的是发展中国家。协定确立了“增强适应能力”的全球目标，所有缔约方都有义务参与适应行动的规划和执行，因此，在适应方面发达国家和发展中国家规定的义务没有实质性区别，《巴黎协定》只是规定继续和加强支持发展中国家制定和执行适应计划，并筹备适应方面的沟通。虽然发达国家对气候变化造成的损失和损害负有主要责任，但《巴黎协定》第 8 条没有对这些国家施加具体的、有约束力的义务。没有有约束力、可量化的义务实际上剥夺了保障发展中国家利益的机会。从适应义务特点来看，其体现了突出的地域性特点，表现在适应行动指向的气候变化的影响因地而异，适应需要结合当地条件和当地知识因地制宜（张梓太等，2008）。由此《巴黎协定》在各缔约方实施适应义务时赋予了广泛的“酌处权”。第 7.9 条、第 7.11 条、第 7.10 条不约而同使用“酌情”（as appropriate）赋予各缔约方“酌处权”。[④]适应义务的实施内容主要是通过开展规划并行动以及履行一系列信息通报和更新等程序性义务来实现。“酌处权”使得缔约方因地制宜实施适应义务，实施形式各异，且协定未提供具体的参照标准。综上所述，适应义务的实施难以体现 CBDR 原则。

---

① Paris Agreement，13 Dec. 2015，art. 7.2.

② Paris Agreement，13 Dec. 2015，art. 7.3、7.7、7.13.

③ Paris Agreement，13 Dec. 2015，art. 7.10.

④《巴黎协定》7.9 条：“各缔约方应（shall）酌情（as appropriate）开展适应规划进程并采取各种行动……” 7.11 条：“各缔约方适应信息通报应（shall）酌情（as appropriate）定期提交和更新……”7.10 条：“应当（should）酌情（as appropriate）提交更新适应信息通报。”

表 3.5 区别性适应义务规则

| 序号 | 条款 | 主要内容摘要 |
|---|---|---|
| 1 | 7.6 条 | 缔约方认识（recognize）到在适应方面国际合作的重要性，并应考虑发展中国家缔约方的需求 |
| 2 | 7.9 条 | 各缔约方应（shall）酌情（as appropriate）开展适应规划进程并采取各种行动，包括制订或加强相关的计划、政策和/或贡献…… |
| 3 | 7.10 条 | 各缔约方应当（should）酌情（as appropriate）提交和更新适应信息通报，不对发展中国家缔约方造成额外负担 |
| 4 | 7.11 | 适应信息通报应（shall be）酌情（as appropriate）定期提交和更新，纳入或结合其他信息通报或文件提交，其中包括国家适应计划、国家自主贡献和/或国家信息通报 |
| 5 | 7.12 | 适应信息通报应（shall be）记录在公共登记册上 |

考虑到适应义务的地域性特点，以及广泛的“酌处权”规则，该义务的区别性研究不是本章的研究重点，本章主要将焦点放在减缓的区别性义务和支持的区别性义务两方面。

### （四）程序义务规则及其法律约束力

#### 1. 程序义务规则

根据程序义务规则的分类，《巴黎协定》中程序义务规则分为以下两类：

第一，直接服务于实体性义务的“保障程序规则”。《巴黎协定》的区别责任将区别义务进行类型化，分为减缓和支持，所以区别于 UNFCCC 和《京都议定书》，《巴黎协定》“保障程序规则”也是相应分为减缓方面的程序义务规则、支持方面的程序义务规则，以及审查保障实体义务有效实施的程序规则三类。

减缓方面的程序义务规则，《巴黎协定》第 4.2 条创建了核心制度——承诺制度，各缔约方以国家自主贡献的形式进行自我区别，其内容确定了减缓的实体义务。同时，为保证各国以国家自主贡献的形式向国际社会承诺其减缓的义务内容，

《巴黎协定》规定的广泛和具体的程序义务规则，主要体现为发达国家和发展中国家应当共同按协定要求履行提交、通报、登记、核算和信息提供等程序性法律义务（Maljean - Dubois S，2016）。主要内容包括：各缔约方应当按期编制、通报并保持打算实现的下一次国家自主贡献；[①]每五年提交一次国家自主贡献；[②]缔约方通报的国家自主贡献应记录在秘书处保持的一个公共登记册上。[③]为保证各缔约方履行区别性义务具有可比性和可核算性，判断各国的履约情况，《巴黎协定》规定：缔约方提交的国家自主贡献报告应当清晰、透明和可理解；[④]缔约方应当保证其国家自主贡献促进环境完整性、透明、精确、完整、可比和一致性，避免双重核算。[⑤]

支持方面的程序义务规则。支持的程序性义务主要是：发达国家应当通报支持信息；[⑥]发达国家提供信息遵循透明度原则；[⑦]定期通报能力建设情况等。[⑧]敦促发达国家发挥领导作用，通过财政、技术和能力建设支持发展中国家履行其主要以程序为导向的承诺。协定规定发达国家向发展中国家提供资金支持，并率先动员和逐步增加气候基金的资金。《巴黎协定》缔约方会议决定规定，2025 年前，设立新的集体定量目标，每年筹集最低 1 000 亿美元。在此之前，发达国家打算继续努力实现 2010 年坎昆会议商定的每年筹集 1 000 亿美元的现有集体目标。为了督促和约束以上支持目标，《巴黎协定》以程序性规范予以监督，如发达国家必须提交两年一次的信息通报，说明有关气候融资的数量和质量信息，包括“向发展中国家缔约方提供的公共财政资金的预计水平”；这些资金将由 UNFCCC 财务机制管理和支付；通过 UNFCCC 的技术机制向发展中国家提供技术开发和转让方

---

① Paris Agreement，13 Dec. 2015，art. 4.2（a）.

② Paris Agreement，13 Dec. 2015，art. 4.9.

③ Paris Agreement，13 Dec. 2015，art. 4.12.

④ Paris Agreement，13 Dec. 2015，art. 4.8.

⑤ Paris Agreement，13 Dec. 2015，art. 4.13.

⑥ Paris Agreement，13 Dec. 2015，art. 9.5.

⑦ Paris Agreement，13 Dec. 2015，art. 9.7.

⑧ Paris Agreement，13 Dec. 2015，art. 11.4.

面的财政支持；敦促发达国家缔约方加强对发展中国家能力建设的支持。

审查保障实体义务有效实施的程序规则，是指通过审查手段保障减缓、支持和适应实体义务有效实施的程序规则，具体包括：一是该条约通过适用于“行动和支持的增强透明度框架”（以下简称增强透明度框架）对实体性义务是否得以实施进行审查。[①]二是协议中规定的2023年“全球盘点”旨在“评估达成协议的集体进展”，允许进行有效性审查，旨在对各缔约方实施的各项义务是否能够达到协定的最终目标进行有效性审查。[②]“增强透明度框架”中的程序义务规则主要表现在：各缔约方应当定期提交温室气体排放量和清除量的国家清单报告；跟踪实施和实现减缓贡献进展情况所需的信息，以及与气候影响和适应有关的信息。发达国家必须提交资料，说明他们向发展中国家提供的资金、技术和能力建设支持，发展中国家将提供他们所需要和得到的支持的信息。以上信息还应当接受技术专家审查（TER），并参与促进性多边审议（FMCP）。“全球盘点”中程序义务规则主要是信息收集、技术评估和结果考虑三类。

第二，为了监督条约实施而设立的与遵约有关的“遵约程序规则”。

《巴黎协定》第15条建立了一个“促进实施和遵守”的机制。[③]这个机制是一个以专家为基础的委员会，在本质上具有促进作用，并将以“透明、非对抗和非惩罚性”的方式发挥作用。针对不遵约的措施主要包括：对话、协助、提出建议，并经过缔约方同意后，向相关机构通报建议；建议制订行动计划；事实性总结。

#### 2. 程序义务规则的法律约束力

第一，“保障程序规则”的法律约束力

减缓义务程序规则的法律约束力。硬义务规范是由明确的主体、强制性的规制语言、条款内容等判断标准决定的。最典型的条款如4.2条，“各缔约方应编制、通报并保持打算实现的下一次国家自主贡献”。“主体”表述为“Each Party”，“语

① Paris Agreement，13 Dec. 2015，art. 13.1 - art. 13.15.

② Paris Agreement，13 Dec. 2015，art. 14.1. - art. 14.3.

③ Paris Agreement，13 Dec. 2015，art. 15.

言”使用约束力强的“shall”，条款表述使用绝对规则。分析发现，《巴黎协定》绝对规则的使用集中在与承诺国家自主贡献相关的程序性规范中，包括各缔约方应当提交国际承诺——国家自主贡献，对国家自主贡献的内容、形式、标准要求、通报时间、保存机构以及核算国家自主贡献时应当遵守的严格准则等都做了明确规范。[①]《巴黎协定》对国家自主贡献相关的程序义务规则不区分发达国家和发展中国家主体身份，为所有缔约方规定了明确的程序性硬义务。

支持义务程序规则的法律约束力。《巴黎协定》针对发达国家应当（shall）进行的支持信息通报规则的表述，“主体”明确，明确的差别性规则的使用，使得区别内容清晰，均属于硬义务规则。但是，对于发展中国家提供支持的规则是以软义务规范来约束的。

审查保障程序规则的法律约束力。《巴黎协定》第 13 条和第 14 条确定的“行动和支持的增强透明度框架”和“全球盘点”程序规则体系致力于审查保障实体规则的有效实施。在此类程序规则设置方面，《巴黎协定》与 UNFCCC 和《京都议定书》不同，不再区分发达国家和发展中国家的主体区别，不再为两类国家设置不同的义务类型，或者为两类国家设置约束力不同的软硬规则，而是设置了内容和约束力统一的程序义务规则体系，适用于所有缔约方。《巴黎协定》的此类程序规则是以硬义务规范为主，特别体现在“透明度框架”规则方面。

第二，遵约程序规则的法律约束力

“促进实施和遵守”机制的核心是“促进”，其规则缺乏硬度，各项规则贯彻“非对抗”和“非惩罚”方法，与《京都议定书》遵约机制的执行效力有很大不同。所以，《巴黎协定》中“促进实施和遵守”机制难以达到传统遵约机制的监督和保障作用。

---

① Paris Agreement，13 Dec. 2015，art.3，art.4.2，art.4.8，art.4.9，art.4.12，art.4.13.

## 二、《巴黎协定》实现共同但有区别责任原则路径特点

通过以上实体性和程序义务规则及其法律约束力的分析，本书以为在《巴黎协定》中缺乏对减缓方面实质性区别义务规则，仅有的规则也体现出宽泛的选择权和软义务的非约束性。《巴黎协定》作为政治妥协的产物，既要体现区别性，又要达成广泛的共识，协定的义务规则中精巧地通过不同强弱的语言，明确和模糊交替的义务设置，反映出程度不同的区别，义务规则也体现出程度不同的法律约束力。国际条约中实体规则的软义务性质的广泛存在，已经构成了近期国际环境法的明确特征（Cullet P，1999）。软义务规则在《巴黎协定》减缓义务的关键条款中的使用引起了人们对其有效性的严重关切，从这个意义上说，这是《巴黎协定》的一个潜在弱点，其是否能够满足《巴黎协定》总体目标的要求还是个未知数。同时，《巴黎协定》还缺乏一个有力的遵约机制发挥监督保障作用。正是基于此，《巴黎协定》开拓了一条区别于 UNFCCC 和《京都议定书》实质性区别形式的新的 CBDR 原则实现路径。为了分析具体实现路径特点，以下我们以图表的形式梳理 CBDR 原则下的区别性实体义务和程序义务规则的构成（见图 3.1）。

《巴黎协定》中缺乏体现区别的实体性减缓义务规则，协定只就减缓目标类型的选择确定一个软义务规范，取而代之以各缔约方自主“承诺”确定的区别内容为准，同时以“承诺”制度中的程序义务规则和审查保障制度中程序义务规则保障减缓区别内容的有效实施。区别性减缓义务依赖于以程序义务规则为运行基础的一套规则体系，实施路径体现出“缺乏实体性区别+程序规则保障”的特点。

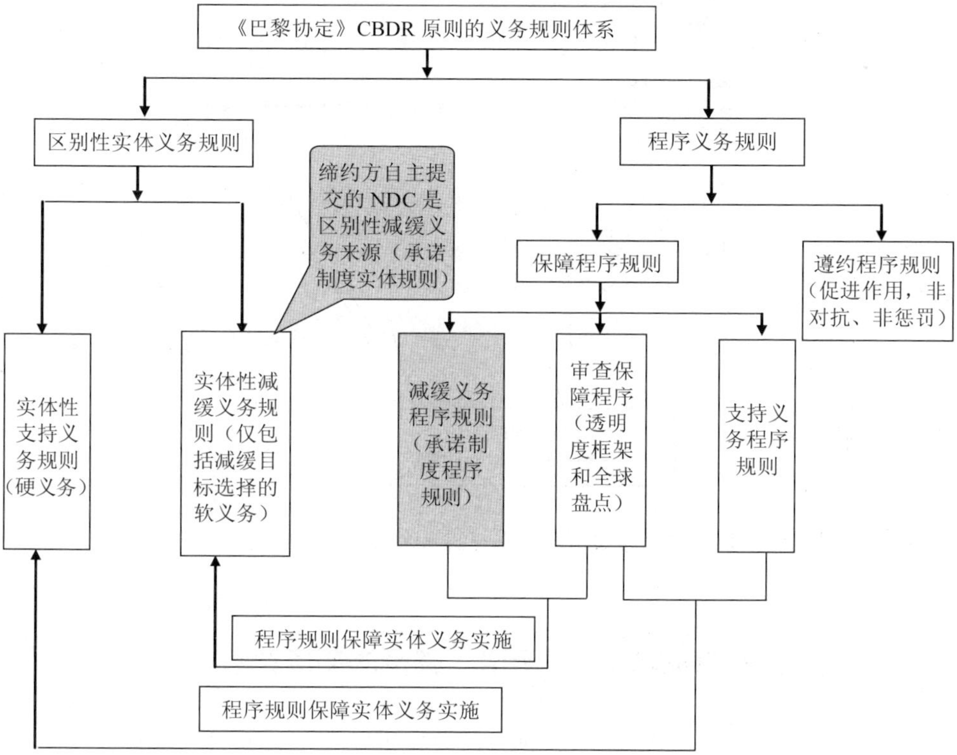


**图 3.1 《巴黎协定》CBDR 原则的义务规则**

《巴黎协定》对区别性支持义务规则都是实体规则，且硬义务规则居多，但是，由于区别性支持义务目前没有纳入“承诺”范围中，只能通过审查保障制度中程序义务规则和支持义务程序规则保障支持义务的有效实施，并且支持义务程序规则缺乏像“承诺”制度中程序规则的完善性，因此其实施路径体现出“硬义务实体性区别+程序规则保障不足”的特点。

具体而言，区别性减缓义务的程序规则的设置路径为“承诺—审查保障—再承诺”，区别性支持义务的程序规则的设置路径仅为“审查保障”。如图 3.2 所示。

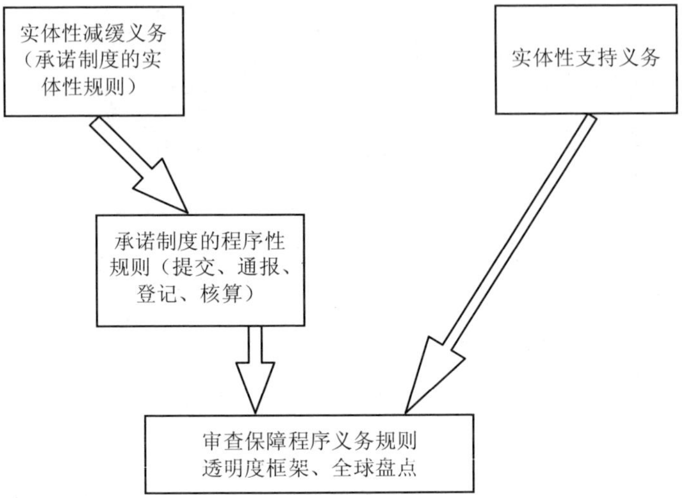


图 3.2　区别性减缓义务与区别性支持义务的程序规则的设置路径

## 三、“承诺—审查保障—再承诺”路径的制度背景

“承诺—审查保障—再承诺”实现路径设置正是全球行政管理制度发展的重要思路。全球行政管理是明智和务实的，由于全球没有令人满意的民主基础进行行政管理，也没有全球性的行政机构来处理国际民主制无法解决的问题，在这种不理想的状态下，全球行政管理可能会采取务实的措施，随着国际社会逐渐出现的诸如环境保护、安全等领域发生的全球问题，各国越来越无法通过孤立的国家内部法规和行政措施来有效解决全球问题产生的后果，于是，出现了全球行政的思路（Kingsbury B，2005）。全球管理分为五种类型，国际气候管理属于国家监管机构根据条约进行的分布式管理。该理论认为，在分布式管理中，国内监管机构是全球管理领域的一部分，他们对国外或全球关注的问题作出决定。如与温室气体排放有关的国家环境监管机构通常是全球行政管理的一部分，同时也是纯粹的国内行政管理的一部分，国家行政管理负责执行 UNFCCC 及框架下的条约规则以实现条约目标，因此，他们的决定将引起其他国家以及国际气候制度的广泛关注，

重要的监管职能已不再仅仅局限于国内，而已变得明显具有跨国性或全球性（Stewart R B，2014）。全球范围内管理计划的兴起及其向国内的注入，意味着国内管理者的决定越来越受到全球范围内建立的实体性和程序性准则的约束。当前的情况要求承认一个全球性的行政空间，它包含的每一个要素都不同于国际法所管辖的国家间关系空间，也不等同于国内行政法所控制的国内监管空间。全球行政法有效地涵盖了有助于确保全球行政责任的所有实体和程序规则，并且特别侧重于行政结构、透明度、行政程序中的参与要素及审查机制。

全球行政管理领域的焦点不是实体规则的具体内容，而是现有程序规则、审查机制和与全球治理中的合法性有关的透明度、参与和保证合法性的其他机制的运作（Stewart R B，2014）。决策透明度和信息获取是有效行使参与权和审查权的重要基础。它们还通过向公众和同行公开行政决定和相关文件，直接促进问责制（Krisch N et al.，2006）。

全球行政管理实施的方式有两种：第一种，自下而上的方法。这种方法试图通过扩展和调整国内行政法的工具来确保合法性、问责性和参与全球管理。在传统国际管制领域，当跨国或国际治理机构要接管以前由国家行政职能负责的透明度、参与和审查国内行政法律机制时会出现一种扩展的压力，参加跨国治理的国家监管机构似乎正在利用这种压力来掩盖其行动，使国际治理机构无法在国内进行有效审查。为了补救这种对国内行政法保障措施的规避，可采用自下而上的方法，自下而上的方法将适用于透明度、通知评论程序以及审查的要求，可对国内措施进行有效监管。第二种，自上而下的方法。自上而下的方法是构建全球行政管理的第二种策略，它将更接近于当代国际法模式，从而避免了将国内行政法机制应用于全球机构和参与者所涉及的一些问题。它将在全球范围内建立问责机制：个人、团体和国家将参加全球行政程序；对决定的审查将由独立的国际机构进行，这将包括对构成分布式全球行政管理一部分的国内决定的审查。显然，《巴黎协定》选择了第一种方式，一种自下而上的“承诺”，结合透明度、全球盘点的审查保障，保障《巴黎协定》的实施，保障CBDR原则的实施。

# 第二节 《巴黎协定》承诺制度的概述

关于发达国家和发展中国家区别责任如何划分的问题，经历了哥本哈根和坎昆的失败，直到《巴黎协定》才得以进一步推进。《巴黎协定》以国家自主贡献为核心的承诺制度化解了“共同责任”和“区别责任”分配僵局，并得到国际社会普遍接受。各缔约方自主提交“国家自主贡献”是为了保障各缔约方的“承诺”能够既解决发达国家和发展中国家对于区别性需求的争议，同时也能够保障各缔约方共同尽最大努力，不断推进 UNFCCC 气候目标的实现。

## 一、承诺制度含义和特点

### （一）承诺制度含义

《巴黎协定》的承诺制度是指“为了实现把全球平均气温升幅控制在工业化前水平低于 2℃/1.5℃的目标和适应气候带来的影响”（陈艺丹，2018），遵循一系列程序性义务，以提交、通报、登记、核算 “国家自主贡献”为形式，基于 CBDR 原则，并满足“只进不退”和“最大努力”的约束性要求，由各缔约方自主做出的关于减缓和适应的目标①。

承诺制度是《巴黎协定》最核心的制度，是各缔约方减缓义务的来源，也是各缔约方履行减缓义务的保障。减缓义务的来源表现在承诺制度要求各缔约方应当向国际社会作出具体“承诺”，“承诺”的内容是各缔约方自主确定和提交的以减缓义务为核心的具体内容，其外在表现形式就是“国家自主贡献”报告，在报告中记载着义务的内容；履行减缓义务的保障表现在承诺制度通过一系列程序性义务保障“承诺”的具体内容的规范化和可实施，这些义务主要包括提交、通报、

① 目前，《巴黎协定》承诺制度中还未明确纳入“支持目标”，发达国家和发展中国家对“是否将支持目标纳入承诺制度”持对立意见，后文详述。

登记、核算等一系列的程序性义务；同时，为了保障和督促各缔约方的自主性“承诺”朝向 UNFCCC 最终目标方向行进，还规定了定期提交的“承诺”内容应当受到两项约束性要求的限制，即尽“最大努力”和“只进不退”。由此可知，承诺制度是由实体性规则和程序性规则构成。实体性规则是指“承诺”的具体内容，也就是国家自主贡献中明确的各项义务；承诺的内容应当受到“最大努力”和“只进不退”的约束；“承诺”的形式要件就是各缔约方每 5 年提交一次国家自主贡献报告。程序性规则就是提交、通报、登记、核算等一系列的程序性义务，其目的是为保证“承诺”内容得以实施或实现。

《巴黎协定》中的各缔约方作出的国家自主贡献的“承诺”（Promise）区别于合同法领域“要约和承诺”中的“承诺”（Acceptance）。两个“承诺”的英文表述不同，内涵也不同。协定中的“承诺”（Promise）是对外界作出允诺的意思。合同法领域的“承诺”（Acceptance）是相对于“要约”（Offer）而言，是接受要约的一种意思表示，是要约相对人以言语或行为，明示或默示，依照要约人所指定之方式，对要约人表示接受其要约而成立契约之意思表示，故承诺或要约同为构成契约之意思表示（杨桢，2000）。所以，在合同法中的“承诺”是相对于“要约”而言，是表示接受“要约”的意思。合同法领域将“对价”作为“诺言的回报”。“对价”是使诺言对诺言人产生约束力的与诺言互为交易对象的东西。法律上“对价”的作用是使诺言对诺言人产生约束力，使诺言发生强制执行效力（沈四宝等，2016）。“要约”和“承诺”正是基于这种“对价”基础才能保证一方违约后可以追究其违约责任。《巴黎协定》中的各缔约方作出的国家自主贡献的“承诺”区别于民商法领域的“承诺”，表现在：一是《巴黎协定》中的“承诺”没有相对的“要约”；二是《巴黎协定》中的“承诺”没有明确的“对价”作为基础。《巴黎协定》中的“承诺”是各缔约方为了履行国际法义务作出的在一定程度上约束自己的意思表示，《巴黎协定》中各缔约方没有互相发出“要约”，并表示受到相对应“承诺”的约束。“承诺”对象是对气候资源保护的行为，气候资源没有产权化，属于国际公共资源，各缔约方减排的努力具有正的外部性效应，使得各个缔约方的承诺体现出无对价的特性，这与传统合同制度的“承诺”有很大的区别。

承诺制度的确立是为了防止《京都议定书》中发达国家和发展中国家之间因承担区别性实体义务带来的矛盾，回避减缓额度固有的分配冲突，《巴黎协定》放弃《京都议定书》实质性区别的路径，协定不再确定发达国家和发展中国家之间有实质性区别的减缓义务内容，而是要求各缔约方通过承诺的方式，自主确定其减缓和适应区别义务的内容，以此确立各缔约方减缓目标。同时，承诺制度还要求在普遍的覆盖范围下，发达国家和发展中国家适用统一的程序规则体系，要求两主体共同承担起应对气候变化的统一的程序义务，转而对发展中国家利益展开了形式性考虑。该变化使得《巴黎协定》不能再向《京都议定书》那样通过条约直接地、实质性地确保有利于发展中国家的某些结果（Huggins A et al.，2016），但是，却促成了发达国家和发展中国家的再次气候合作。

## （二）承诺制度特点

承诺制度最大的特点是普遍性、自主性和渐进性，即依据缔约方自身的发展阶段和具体国情，自主决定未来一个时期有所区别的贡献目标和实现方式，同时参考较为宽泛的通用导则和全球盘点提供的总体信息，来不断修正、更新并提出下一阶段提高力度的贡献方案（柴麒敏等，2018）。

首先，承诺是普遍的，几乎每个加入 UNFCCC 的国家都已提交了承诺的“国家自主贡献”。截至 2019 年 10 月，共有 197 个国家向联合国气候变化框架公约秘书处报送 165 份国家自主贡献报告，比《京都议定书》第二期（38 个工业化国家）作出承诺的国家要多，也比坎昆协议（43 个工业化国家和 48 个发达国家）采取减缓行动所承诺的更多。

其次，承诺具有很大的自主性，可以根据国情和优先事项调整自己的抱负。自我承诺形式的区分意味着发展中国家不再是严格的单一群体，具有很强的自主性，它导致了更多而不是更少的差异化，因为它允许每个国家受到不同的对待

（Maljean - Dubois S，2016）。结合各国广泛变化的温室气体排放情况、脆弱性、能力和发展水平，缔约方大会提供的有关制定国家自主贡献的指导意见有限，使得国家自主贡献的范围和内容各不相同（Mbeva K et al，2016）。

最后，承诺的内容是渐进的，《巴黎协定》规定了五年的审查和更新周期，旨在确保承诺随着时间的推移变得更加雄心勃勃。《巴黎协定》要求各缔约方的国家自主贡献每五年一次提交给 UNFCCC 秘书处。为了随着时间的推移增强努力，《巴黎协定》规定，相继的国家自主贡献将比以前的国家自主贡献代表一个进步，并反映其最大的努力。要求所有缔约方在 2020 年之前提交下一轮国家自主贡献，此后每五年（2020 年，2025 年，2030 年，以此类推）提交一次。

## 二、承诺制度的理论基础

### （一）“允诺禁反言”的含义

“允诺禁反言”（Promissory Estoppel）是英美合同法为确定合同责任而发展起来的原则，是基于信赖而发生的受到允诺范围限制的允诺人的责任。“允诺禁反言”是对合同责任对价制度的一种突破，其基于信赖作为法律救济基础的原则，该原则不允许允诺人对已使受诺人产生信赖的诺言进行反悔，又称允诺后不得反悔或不得自食其言。

英国将“允诺禁反言”正式适用于合同法领域是从 1947 年英国上诉法院审理著名的伦敦中央财产信托有限公司诉高树房产有限公司案开始的。在该案中，房屋的出租方鉴于战争期间人口外流、租户减少的状况，同意将租金减少 50%，但出租方在战后反悔，要求承租方补交少付的租金。最终判决，债权人曾表示接受部分债务的履行以清偿全部债务，债务人已如约履行，在这种情况下，应禁止债权人违反其诺言（沈四宝等，2016）。英国法律认为允诺禁反言原则上一经表示应不得撤回。在英国 1964 年 Emmanuel Ayodeji Ajayi v. R. T. Briscoe（尼日利亚）有限公司一案中，法院认为，当表意人对契约履行条款中的某部分作出放弃或舍弃之表示后，而相对人业已据此发生地位变动时，在此情况下，表意人不得将之前表示放弃之意思撤回。换言之，此一允诺禁反言之意思表示不得撤回（杨桢，2000）。美国《合同法重述》中也采用了该原则，并成为美国合同法中最著名和最有影响力的规则。美国《合同法重述》（第二版）第 90 条规定：如果一个允诺的允诺人合理地预见到，受允诺人或者第三人可能会因为受到引诱而进行某种确定和具体实质性的作为或者不作为，的确导致了这种作为或者不作为，并且只有强制执行该允诺才能够避免不公平之结果，那么该允诺发生约束力（E. 艾伦·范斯沃思，2004）。

在国际法中也有类似观点的应用，即“禁止反言”。“禁止反言”认为任何具有法律意义的陈述或行为，都能产生禁止反言的效果，即：禁止陈述者本人否认其明示的或默示的陈述的“真实性”。鲍威特教授通过对国内法原则的类比，并且参考国际法庭的判决，提出了构成禁止反言的基本要素：第一，有关方面对相关事实进行了清清楚楚、毫不含糊的陈述；第二，作为这一陈述必须是自愿的、无条件的，而且是经过授权的；第三，相关各方的确真心实意地相信该陈述，如果反言会造成使得相信该陈述的一方遭受损害，或者使得作出该陈述的一方获得好处。这和国内合同法“允诺禁反言”的构成非常相似，“允诺禁反言”的前提是“允诺”，而“禁止反言”的前提可能是默示或明示的行为和陈述等，“禁止反言”的范围要大于“允诺禁反言”，但是不像“允诺禁反言”已经成为一项法律原则，“禁止反言”是一个观点和看法，在国际法层面未形成国际法原则，适用时也受到很多限制。国际法学者伊恩·布朗利（2003）认为，“禁止反言”可以作为一般性的或初步的观点，但是目前该看法在国际法上没有具体的一致性，其适用的概率和效果（incidence and effects）都不统一。因此法庭可能利用该原则来解决模棱两可的问题，并且将它视为一项公平和正义原则：“禁止反言”成了证据与司法推理的一部分。其内容实际上已经被其他各项原则所吸收，目前已有国际司法实践。在领土争端案件“隆端寺案”中，国际法院认为：“泰国以其行为已经承认柬埔寨所主张的在隆端寺地区的边界线，即依据 1904 年条约建立的混合定界委员会所绘地图上标出的边界。”但在该案件中，由于大多数的证据都是模糊的，那么长期的默认可以被认为具有决定性质：它本身并不是权利的渊源，而只是辅助地对事实和法律文件进行解释（伊恩·布朗利，2003）。

## （二）“允诺禁反言”的制度基础是信赖

“允诺禁反言”以信赖为基础。根据“允诺禁反言”原则可知，允诺招致了信赖损害就可产生契约责任，即允诺—信赖损害—责任。可见，“允诺禁反言”原则确立了以允诺为中心的责任制度，没有允诺就没有责任是其核心内涵。该原则是对于“信赖利益”的保护，信赖利益是指基于对被告之允诺的信赖，原告改变了他的处境，被告应当向原告承担责任，这种场合下受保护的利益就是信赖利益（L. L. 富勒等，2000）。也就是说，受允诺人基于允诺的信赖，支付了一定费用或丧失了另外订立合同的机会等，因此，允诺人如果违反其允诺，就应当对受允诺人进行赔偿责任（王利明，2019）。

《巴黎协定》的“承诺”制度也是基于信赖。信赖可以分为阻遏型、知识型和认同型。阻遏型信赖是指基于利益的考量而生成的信赖，一般会以“合同”或者“契约”作为保障，并辅以惩戒作为信赖的基础，信赖的维持是以惩戒的力度成为正比的；知识型信赖是指基于了解而产生的信赖，这种信赖一般源于长期的交往、行为始终如一的表现而产生的信赖；认同型信赖是指主体的关系一般体现为一体性联系，表现为利益的共同性，互相的共利性（徐贲，2005）。很明显，《巴黎协定》承诺基于的信赖属于认同型信赖。气候资源属于全球公共资源，气候的破坏影响到每个国家和每个人，气候的维护受益于每个国家和每个人，所以各缔约方作出承诺体现的是权利义务的一体性和共同性特征。各缔约方的行为会发生互利或者互损效果。气候问题是依赖于世界各国共同努力才能解决的全球性环境问题，不是靠单一国家或者少部分国家的努力就可以实现的。曼瑟尔·奥尔森（1995）在《集体行动的逻辑》中论述：“如果由于某个个人活动使整个集体状况有所改善，由此我们可以假定个人付出的成本与集团获得的收益是等价的，但付出成本的个人却可能获得其行动收益的一个极小的份额。在一个集团范围内，集团收益是公共性的，即集体中每一个成员都能共同且均等地分享它，而不管他是否为之付出了成本。……集团收益的这种性质促使集团的每个成员想搭便车而坐享其成。”全球气候资源属于公共资源，各缔约方都不想妨害本国经济发展，都想对其他国家努力减排成果坐享其成。在缺乏信赖的国际气候关系中，如果各国自发保护气候资源，其结果会因为大家互不信任，都以“搭便车”心理行事。为此，各缔约方为了增强信任，合作解决气候问题，达成了一项国际契约——《巴黎协定》，并约定各缔约方共同努力合作应对气候变化。为了使各缔约方互相明确各方的努力程度，从而基于信赖确定自己的减缓努力程度，各缔约方都应当向其他缔约方公示其承诺内容和目标，并为之做出努力。为此，《巴黎协定》设立了承诺制度。

### （三）承诺制度满足“允诺禁反言”的四个要件

承诺制度设立的理论基础即是“允诺禁反言”，“允诺禁反言”的四个要件是：第一，必须存在一个允诺，这个允诺应当是“清楚和确定的”；第二，允诺人必须有理由预见到此后发生的信赖，衡量预见的标准是客观标准，根据它，如果允诺人有理由预见到信赖，那么允诺人就受到约束，即使允诺人在事实上并没有预见到；第三，必须实际存在对允诺的信赖，并且该信赖必须是被合理地预见到的那种；第四，除非“只有强制执行该允诺才能够避免不公平之结果”，否则允诺不可强制执行（E. 艾伦·范斯沃思，2004）。结合《巴黎协定》承诺制度的内容，我们进一步分析：首先，各缔约方定期提交国家自主贡献承诺作为“允诺”，《巴黎协定》要求承诺应当满足“保证清晰，透明和可理解”，从而达到“允诺”中“清楚和确定”的基本要求。其次，根据 IPCC 等组织的研究，气候问题和人为活动的关系密切度达到95%以上，缔约方有理由相信，只要尽“最大努力”和“只进不退”地按期实现承诺，气候问题会得到有效解决。再次，各缔约方能够在和经济发展发生冲突的情况下提交减排“承诺”，正是基于对其他缔约方同样作出类似的“承诺”的信赖，相信各缔约方都会作出本国牺牲共同应对气候变化，不存在“搭便车”现象。由于承诺是以各缔约方提交的国家自主贡献报告形式作出的，这种信赖是完全可以预见和衡量的。最后，国际环境法不像国内法具有强制执行力，所以第四个要件难以达成，但是，在国际环境法中，如果缔约方承诺没有履行，即出现了“搭便车”现象，对其他缔约方带来了不公平的结果，那么，国际环境法应当确认其责任性，并进行相应处罚或者对待。

## 三、承诺制度的实体性规则和程序性规则

承诺制度是依据《巴黎协定》而产生的一系列国际法义务。承诺制度的实体性要件就是承诺本身，承诺内容是各缔约方自主贡献中的具体实体性义务，承诺形式是国家自主贡献报告；承诺制度的程序性要件即是保障各缔约方承诺得以实现或实施的程序义务规则。

### （一）实体性规则

“承诺”是确保区别义务实施的起点和关键。各缔约方首先应当根据 CBDR 原则“自下而上”提交国家自主贡献，并视为其作出国际“承诺”的具体形式。缔约方在国家自主贡献中确定的各项区别性义务是缔约方履行区别义务的具体内容，也是后续“审查保障”阶段判断缔约方是否履约的标准（季华，2017）。承诺内容的核心正是各缔约方自主提出的区别性减缓目标、额度、程度和行为。国家自主贡献的自我区别没有对各国施加任何有约束力的减缓义务，协定没有为各缔约方设定具体的减排额度和目标，而是由缔约方根据 CBDR 原则、不同国情和各自能力自主提交贡献，自主进行区别。《巴黎协定》仅仅在减缓目标的选择上，给发达国家和发展中国家给出了宽泛的选择，且受软义务规则约束。各缔约方遵循对“公平”的理解，对区别责任的衡量标准“历史责任”“现在责任”“未来责任”和“不同能力”的不同程度和不同选择组合适用，最终确定各国体现多种区别的减缓目标、减缓形式和严格程度等减缓义务内容。客观上说，各缔约方承诺内容

体现出更多的区别性。

### （二）程序性规则

承诺制度最主要的形式表现即是实施一系列程序义务规则。《巴黎协定》承诺制度中规定了一系列保证承诺内容顺利实施的程序性制度。《巴黎协定》第三条呼吁所有缔约方，为实现协定的最终目的，通过雄心勃勃的努力作出应对气候变化的国家承诺。协定赋予每一个缔约方应当履行的一系列程序规则，包括提交国家自主贡献的义务；每五年提交一次的义务；国家自主贡献的内容应当保证清晰、透明和可理解的义务；核算国家自主贡献的义务；避免双重核算的义务；国家自主贡献应当记录在公共登记册上的义务。[①]以上义务均属于“保障程序规则”，保证了各缔约方应当按期提交国家自主贡献的义务，以及国家自主贡献的内容应当符合协定要求的义务。

## 四、承诺内容的两项约束性要求

### （一）约束性要求的产生

为防止各缔约方在区别性软义务规则下，没有约束地主观区别减缓义务的范围、形式和严格程度，从而造成各缔约方为保护国内利益，发达国家主观缩小区别，发展中国家主观夸大区别，导致国家间难以互相信赖，以及因信赖减弱而逐渐减缓共同应对气候变化的雄心，在承诺制度的运行中，承诺内容区别性减缓义务还应当受到“只进不退”和“最大努力”的约束，即虽然《巴黎协定》没有对各缔约方提出的减缓目标给出明确的额度限制，但是各缔约方应当保障其“承诺”尽到各缔约方“最大努力”，并保证各国五年为一期的国家自主贡献遵循“只进不退”的基本要求。

《巴黎协定》第4.3条规定各缔约方提交的承诺内容不仅应当遵循CBDR原则，

---

① See Paris Agreement，13 Dec. 2015，art. 4.2（a）、art. 4.8、art. 4.9、art. 4.13.

还应当根据“不同国情”遵循 “棘齿锁定”（Ratchet）机制[①]要求的“只进不退”，以及尽“最大努力”的要求。具体而言，《巴黎协定》对各缔约方的承诺内容设置了两项约束性要求：一是各缔约方在不同国情下，减缓承诺内容应当尽“最大努力”；二是因不同国情，减缓承诺内容遵循只进不退的“棘齿锁定”动态机制（以下将两项约束性要求简称为“最大努力”和“只进不退”)。“只进不退”和“最大努力”是否达成是以“不同国情”因素为限定基础的。随着各缔约方政治、经济和社会的演变，这种新的因素代表了发达国家和发展中国家之间最初的区别性要求，也指明了区别性要求不断进化的本质（Maljean Dubois S，2016）。

### （二）约束性要求的具体内容

“只进不退”和“最大努力”在承诺制度的运行过程中得到了充分体现，并同时作为对约束承诺内容的要求。《巴黎协定》第 4.3 条提到“不同国情”主要是为了防止机械地遵循 CBDR 原则，拉大发达国家和发展中国家减缓努力的差距，故以“不同国情”作为动态标准，督促各缔约方在制定区别性减缓义务时，强调各国不同国情以及随着国情的发展，各国应当不断地尽“最大努力”，“只进不退”地加强减缓力度，从而达到总体气候目标。也就是说，各缔约方自我区别的减缓承诺应当根据 CBDR 原则确定具体目标、额度、减排方式、减排范围等，同时还需根据各缔约方“不同国情”遵循“只进不退”和“最大努力”两项要求。

一是“最大努力”约束性要求。为了保证各国五年为一期的 NDC 能累积达到协定设定的总目标，“最大努力”反映了各缔约方努力的水平，也反映了各缔约方努力的差异，努力在公平和效率之间取得平衡，使得每个缔约方随着时间的推移逐步作出最大努力。协定 4.3 条提供了一个强有力的工具，类似于

---

①《巴黎协定》确立的“棘齿锁定”（Ratchet）是针对各国提出的行动目标建立的从 2023 年开始每 5 年对各国行动的效果进行定期评估的约束机制。

“尽职义务”，要求各国政府根据所涉风险和其能力采取相应行动。[①]据此，缔约方承诺内容应当体现出尽“最大努力”采取一切适当措施，逐步实现协定的目标，将全球气温的上升保持在2℃以下。“最大努力”是对各国不同的责任、能力和国情作出的反应，同时旨在使最大努力与总体目标相匹配，从而将有效性和公平性结合起来。

二是“只进不退”约束性要求。《巴黎协定》规定所有各方的努力将随着时间的推移而取得进展，遵循“只进不退”的标准，意味着每一项新的努力都将超越以往。这与协定的另一个中心有关：定期准备连续的国家自主贡献，根据实现《协定》第14条所界定的全球盘点目标的进展情况进行集体评估。

“最大努力”和“只进不退”都反映并响应了缔约方的国家责任、能力和国情，允许随着时间的推移出现更加多样化的差异。这使得基于“尽职义务”的行为标准成为一个连续统一体，根据这一连续统一体，各方需要定期通过反复的过程，重新审视其行动和支持，并根据CBDR原则的规定，以及不同的国家“国情”，评估其是否尽了最大努力和是否处在前进方向。这将鼓励在区别方面出现前所未有的活力，既保留发达国家的承诺，又允许发展中国家承担更大的责任（Christina Voigt，2016）。

## 五、“承诺—审查保障—再承诺”的运行特点

各缔约方的“承诺—审查保障—再承诺”的内容体现出“动态进步”的自我区别运行特点。承担减缓义务的区别性表现在：各缔约方的国家自主贡献根据其排放贡献、能力和国情，将之对应于几种目标类型之一。发达国家应当选择的减缓目标类型是全经济绝对减缓目标；发展中国家应当选择的是相对减排目标类型（根据国情和能力选择一项）：提高减排效果，相对减排，随着社会经济的发展，其能力提高后，也可以选择全经济绝对减缓目标；最不发达国家和小岛屿发展中

① ILA Study Group on Due Diligence in International Law——First Report，Duncan French（Chair）and Tim Stephens（Rapporteur），7 March 2014.

国家应当选择的是（根据国情和能力选择一项）：可编制和通报反映他们特殊情况的关于温室气体低排放发展的战略、计划和行动，随着社会经济的发展，其能力提高后可选择提高减排效果，或者相对减排，或者全经济绝对减缓目标。

根据对承诺内容的两项约束性要求可知，约束性要求体现在随着变化的“不同国情”上，不管是发达国家还是发展中国家，后续国家自主贡献都将超越以前的国家自主贡献，从而满足“只进不退”及每一次的承诺都应当尽“最大努力”的“动态进步”的特性。这种基于参数的减缓措施的确定带来了更为多样的差异化（Christina Voigt，2016）。区别性减缓承诺的约束性要求体现的动态进步特点可以通过图 3.3 直观体现。不同要素可以表示为坐标系中的轴，以便在任何给定时间点公平地确定各方的贡献。减缓的实体规则的差异化基础是由各方排放贡献、能力和国情组成的一组参数（纵轴）；减缓目标是另一组参数（横轴），分为：温室气体低排放发展的战略、计划和行动①，提高减排效果，相对减排，全经济绝对减缓目标。坐标图中的主体分为三类：发达国家、发展中国家、最不发达国家和小岛屿发展中国家。缔约方根据不同参数，呈现出“动态进步”的自我区别运行方式。

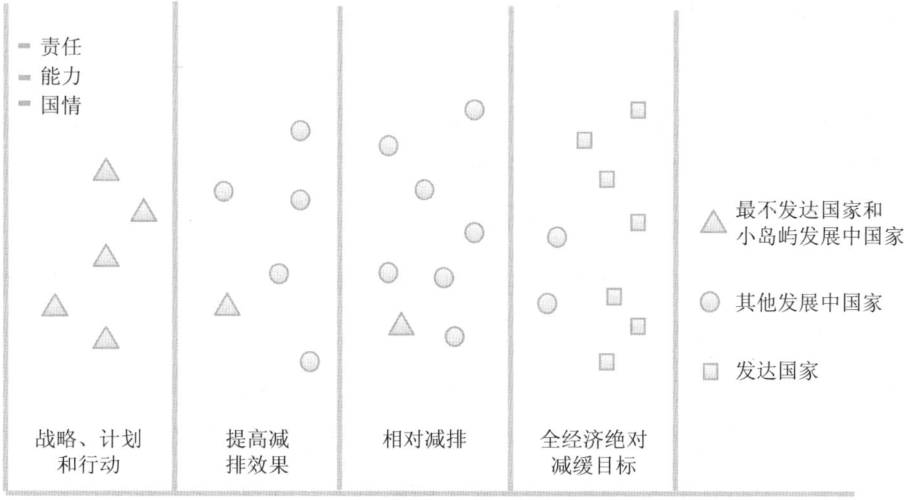


图 3.3 区别性减缓承诺的动态进步特点

① 根据《巴黎协定》4.6 条可知，此参数只适用于最不发达国家和小岛屿发展中国家缔约国。

区别性减缓义务的承诺内容以及约束性要求共同提供了必要的灵活性和进步性，以捕捉缔约方不断变化的现实，旨在有效应对气候挑战。各缔约方根据“最大努力”和“只进不退”的要求定期确定和调整贡献方式和额度，每一缔约方就有别于其他任何国家。[①]两项约束性要求也是制约缔约方自主确定区别义务的重要标准，确保 CBDR 原则的发展方向朝着 UNFCCC 总目标前进。

## 第三节 《巴黎协定》承诺制度实施现状

### 一、各缔约方自主贡献报告

2012 年 COP18/CMP8 多哈会议开启德班平台的单轨制谈判轨道，结束了长久以来的双轨制谈判。2013 年，COP19/CMP9 华沙会议决定坚定地将“自下而上”的方法作为起点。在此之前，那些赞成京都模式“自上而下”的规定性协议的国家与赞成哥本哈根风格的“自下而上”的促进协议的国家之间的争论一直非常激烈。华沙会议首次提出了“国家自主贡献”的概念，并遵循哥本哈根提出的“自下而上”的方法，由缔约方自行决定其努力的程度，自行彰显“雄心”。“国家自主贡献”是指各缔约方根据自己对于公平原则和 CBDR 原则的理解，向国际社会自主确定其自行承担的减缓义务、支持义务（主要针对发达国家）和适应义务。华沙会议邀请缔约方在 2015 年编制并提交一次“预期的国家自主贡献”（Intended Nationally Determined Contributions，INDC）。“预期的国家自主贡献”相当于是随后达成的《巴黎协定》“国家自主贡献”制度的首次预演。

2015 年 12 月 12 日《巴黎协定》缔结，协定明确了国际减缓的总目标，但未向各缔约方分配减缓的具体任务和时间表。为了体现减排义务履行应当遵循 CBDR 原则，同时化解发达国家和发展中国家对于“区别”认定的冲突，增加了灵活性的安排，即采取国家自主贡献制度作为各缔约方在应对气候变化过程中的

---

① See Paris Agreement，13 Dec. 2015，art. 4.3.

减排义务和国际承诺。

## 二、各缔约方自主贡献报告主要内容

### （一）各缔约方自主贡献报告提交状况

回顾历史，在通往哥本哈根的道路上，面临的重要挑战是如何超越 UNFCCC 的附件制度。哥本哈根协议和坎昆协议创造性地选择了在 2020 年前适用国家自主贡献制度。在华沙的 COP19 之后，国际共识的趋势越来越清晰：2020 年后的气候治理也将采用自下而上的、各缔约方自主报送国家自主贡献的方式。COP19 同意邀请所有缔约方启动或加强国内为其"预期的国家自主贡献"作出的准备。2015 年《巴黎协定》将国家自主贡献作为基本制度吸引了国际社会的广泛参与。国家自主贡献虽然不是条约的正式组成部分，但它们将记录在由 UNFCCC 秘书处维持的公共登记册中。当某一个国家批准《巴黎协定》时，"预期的国家自主贡献"会自动转换为"国家自主贡献"，所以对目前各缔约方提交的"预期的国家自主贡献"和"国家自主贡献"，我们以下都以"国家自主贡献"代指。每一缔约方都有义务准备、交流和保持其打算实现的连续的国家决定的贡献。缔约方应采取国内减缓措施，以实现这些贡献的目标。国家自主贡献符合国家主权的定义，是得到国际社会普遍参与的关键：截至 2019 年 10 月，共有 197 个国家向联合国气候变化框架公约秘书处报送 165 份国家自主贡献，覆盖了世界排放量的 98%以上，其中提出具体减缓承诺目标的国家 72 个，覆盖了世界排放量的 83.1%。[①]

各缔约方提供的国家自主贡献形式各不相同。例如，欧盟（EU）的国家自主贡献包含在一份五页的文件中，其中包括"到 2030 年，与 20 世纪 90 年代相比，温室气体排放量至少减少 40%的约束性目标"的声明，美国的国家自主贡献有类似的要素，并列出了与其实施相关的一些"国内法律、法规和措施"。相比之下，

① 数据来源：WRI. CAIT climate data explorer，INDC dashboard [EB/OL]. 2019 [2019-10-31]. http：//cait.wri.org/indc/#/.

中国提交了一份 14 页的中文原始文件，还有一份非官方的翻译。该文件列出了四个主要的减缓目标：二氧化碳达到峰值排放、二氧化碳强度降低、能源多样化和森林蓄积量增加，并详细说明了涉及部门或分部门目标的多项“政策和措施”。印度的 38 页通报还包括定性目标（例如，提出并进一步传播健康和可持续的生活方式）以及量化目标（例如，关于温室气体强度和非化石电力装机容量、基于燃料的能源资源）。

## （二）各缔约方自主贡献报告主要内容

根据各缔约方提交的国家自主贡献文本，总结出各国国家自主贡献主要是依据以下框架书写（见图 3.4），当然并非所有缔约方国家自主贡献都包括以下框架的所有内容，如欧盟和美国等发达国家和地区的国家自主贡献没有阐述对发展中国家的支持内容；发达国家缔约方没有述及“损失和损害”的具体内容，有些发展中国家没有提及“市场机制”内容等。

以下主要论述各缔约方提交的国家自主贡献文本中区别性减缓义务、区别性支持义务的主要内容，还附带介绍适应义务和市场机制的相关内容。在此基础上，分析 CBDR 原则在国家自主贡献制度中的实现状况，梳理 CBDR 原则在实现过程中可能存在的问题。

### 1. 减缓内容

国家自主贡献基本内容除了包括各缔约方减缓义务的具体内容以外，还应当涵盖 1/CP.21 号决定第 27 段相关内容，“缔约方通报本国国家自主贡献信息除其他外可酌情包括：参照点（酌情包括基准年）的可量化信息、实施时限和/或时期、范围和覆盖面、规划进程、假设和方法学方针，包括用于估计和核算认为温室气体排放量和清除量（酌情）的假设和方法学方针，并说明缔约方何以认为其国家自主贡献就本国国情而言公平而有力度，以及该国家自主贡献如何能为实现 UNFCCC 第二条规定的目标做出贡献”。

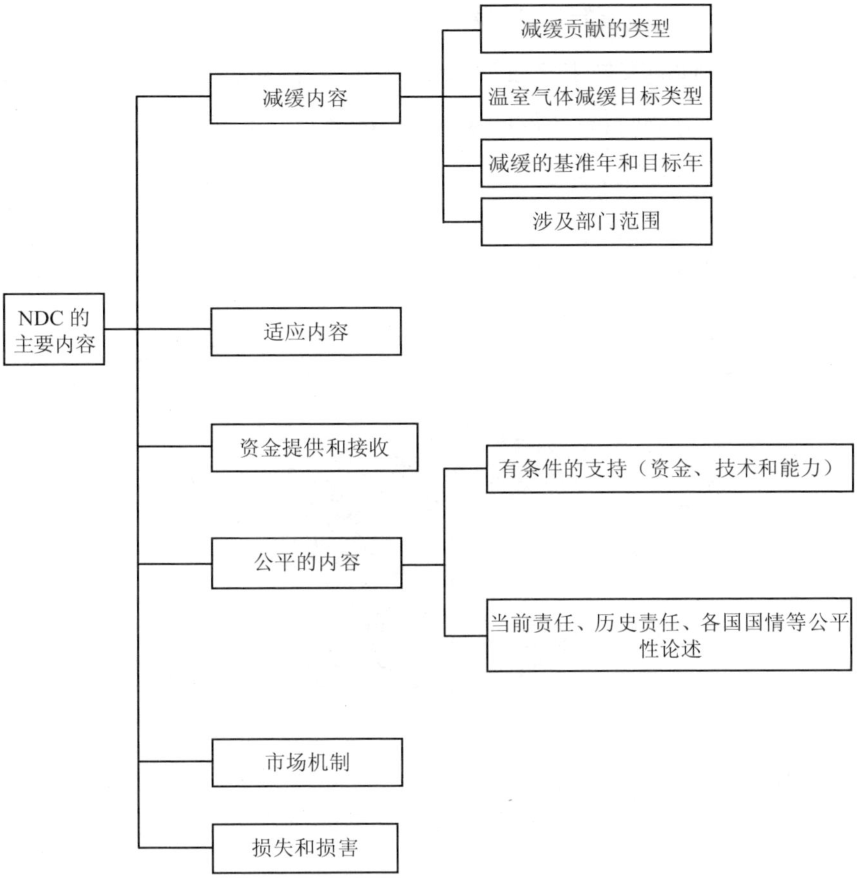


**图 3.4　各缔约方提交的国家自主贡献主要内容框架**

（1）减缓的类型

几乎每个国家都提交了一个国家自主贡献，其中大部分都是在 COP21 之前，一些是在“气候公约”网站上公布之后。国家自主贡献要求各缔约方提交有关减缓气候变化的承诺，许多国家自主贡献涉及各缔约方境内温室气体排放的主要来源和汇。各缔约方提交的国家自主贡献中，有 138 个国家是仅以温室气体（GHG）为减缓目标，占比 70%；20 个国家提交温室气体和非温室气体的混合目标，占比 10%；15 个国家提交非温室气体目标，占比 8%；22 个国家提交行动目标，占比

11%。该统计数据反映温室气体的减缓是《巴黎协定》的核心内容。①见图 3.5。

非温室气体目标的类型主要包括：可再生能源目标（占比 29.9%）、能源效率目标（占比 0.5%）、林业目标（占比 4.5%）、多个非温室气体目标（占比 10.2%）、不适用（占比 53.8%）和没有提交（占比 1%）。②

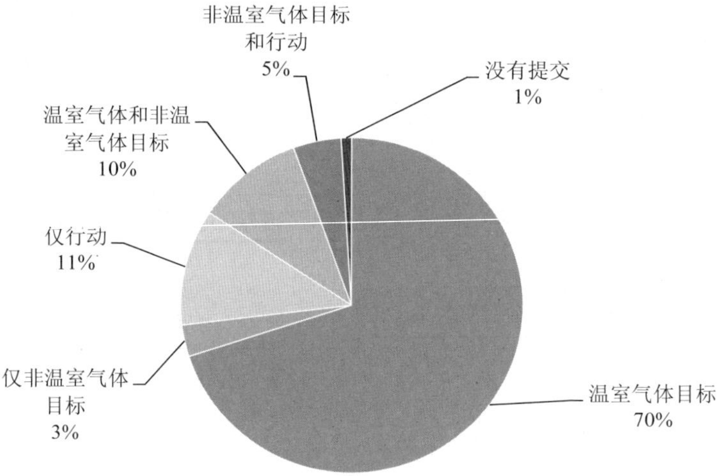


图 3.5 减缓的类型

（2）温室气体减缓目标的区别

大约不到 50%的国家自主贡献包含量化的减缓目标，占提交承诺的国家所覆盖的全球排放量的 83.1%。③其确定的减缓目标可以表示为绝对目标、基准年或“一切照旧”情景的相对目标，或者表示为温室气体或人均强度目标，其他国家自主贡献包含非减排量化目标，例如简单描述相关减缓的政策和行动。有的国家自主

① 数据来源：WRI. CAIT climate data explorer，INDC dashboard [EB/OL]. 2019 [2019-10-31]. http：//cait.wri.org/indc/#/.

② 数据来源：WRI. CAIT climate data explorer，INDC dashboard [EB/OL]. 2019 [2019-10-31]. http：//cait.wri.org/indc/#/.

③ 数据来源：WRI. CAIT climate data explorer，INDC dashboard [EB/OL]. 2019 [2019-10-31]. http：//cait.wri.org/indc/#/

贡献定义了一个独特的总体减缓目标，而其他目标则包含若干子目标，例如峰值和二氧化碳强度。有的国家自主贡献还描述了为实现这一目标缔约方正在考虑的具体步骤。总之，目标可能是以各种方式进行设立。然而，鉴于《巴黎协定》的目标和宗旨以及国家自主贡献参与“全球应对气候变化”的功能，今后连续国家自主贡献的“目标”应该被理解为每个连续的国家自主贡献承诺的总体贡献，我们在这种连续的贡献中可以判断出贡献是否遵循“只进不退”的要求，以及结合其他因素判断缔约方是否尽了“最大努力”。按照发达国家、最不发达国家和小岛屿发展中国家、其他发展中国家的分类，不同类型缔约方提交的国家自主贡献将温室气体减缓目标分为：绝对目标、相对目标、强度目标、达峰目标和行动目标五类。根据《巴黎协定》第 4.4 条①和第 4.6 条②可知，发达国家减缓目标类型应该是全经济绝对减缓目标，随着时间的推移，这个目标还要持动态性进步的趋势。我们以美国、欧盟（28 国）、日本和俄罗斯的减缓目标为例：美国 2025 年相对 2005 年减缓 26%～28%，2050 年相对 2005 年减缓 83%；欧盟 2030 年相对 1990 年至少减缓 40%，2050 年相对 1990 年减缓 80%～95%；日本 2030 年相对 2013 年减缓 26%，2050 年相对 1990 年减缓 80%；俄罗斯 2030 年相对 1990 年减缓 25%～30%，2050 年相对 1990 年减缓 50%。根据协定，规定其他发展中国家减缓目标类型可以根据不同国情和不同能力选择以下类型中的一项：绝对目标、相对目标、强度目标、达峰目标。我们以“基础四国”为例：巴西设立了相对基础年的绝对减排目标，2030 年相对 2005 年减缓 37%～43%；南非是明确的排放控制目标，2025 年到 2030 年排放量控制在 398～614Mt $CO_2$-eq；印度是排放强度减缓目标，2030 年单位 GDP 排放强度相对 2005 年下降 33%～35%；中国设定的是排放强度减缓目标和峰值目标，2030 年前后实现碳峰值，2030 年单位 GDP 碳强度相对 2005 年降低 60%～65%。协定规定，最不发达国家和小岛屿发展中国家可以根据不同

① 《巴黎协定》第 4.4 条规定，发达国家应率先实现全经济范围的绝对减缓目标，并鼓励发展中国家随着时间的推移实现全经济范围的目标。

② 《巴黎协定》第 4.6 条给予最不发达国家和小岛屿发展中国家力度更大的区别，其自主贡献的内容可以只是该缔约国温室气体低排放发展的战略、计划和行动。

国情和不同能力选择以下其中一项或多项：绝对目标、相对目标、强度目标、达峰目标和行动目标，即发达国家减缓目标只能为绝对减排；其他发展中国家的减缓目标除了行动目标外，均能选择；最不发达国家和小岛屿发展中国家五个目标形式均能选择。见图 3.6。

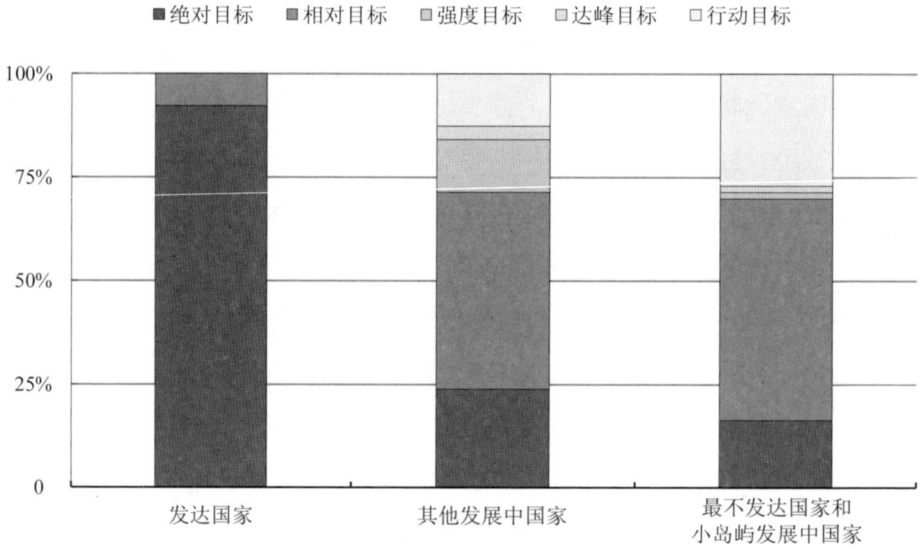


**图 3.6 减排温室气体的目标类型**

通过图 3.6 可知，首先，从三类国家减缓目标类型的选择看，除部分其他发展中国家未按照《巴黎协定》规范确定减排的行为目标，其余国家均遵守协定确定了各国减缓目标的类别形式，其中，“附件一国家”除土耳其[①]外，均实施绝对减缓目标；最不发达国家和小岛屿发展中国家根据各国情况，五种目标模式都适用。其次，减缓目标类型中相对目标[②]是其他发展中国家及最不发达

① 土耳其属于 UNFCCC 的“附件一国家”，其多次提出退出发达国家类别，所以在提交国家自主贡献时，其以发展中国家自居。

② 相对目标指通过没有实施减排政策的情景模拟、提出到达目标年份相对于照常排放（BAU）情景下的温室气体减排量或百分比。

国家和小岛屿发展中国家选择最多的类型，占其他发展中国家国家自主贡献的48%，占最不发达国家和小岛屿发展中国家国家自主贡献的54%。同时最不发达国家和小岛屿发展中国家适用行动目标的比例最高，达到该类型国家减缓目标类型的27%。

一些缔约方的国家自主贡献不仅确定目标及其方式，还承诺了“实现”国家自主贡献文本中提交的减缓义务，而不是《巴黎协定》规定的“实施”，其承诺高于《巴黎协定》的规范要求。例如，美国承诺“在2025年将其温室气体排放量降低至2005年水平的26%～28%，并尽最大努力减少28%的排放量”。[①]中国承诺“在2030年左右达到二氧化碳排放峰值，并尽早达到峰值”。[②]欧盟的国家自主贡献包括“实现到2030年与20世纪90年代相比，温室气体排放量至少减少40%的约束性目标”的声明。以上承诺超出了《巴黎协定》确定的“实施”减缓目标的规定范围，此类承诺是否具有约束力，目前还没有明确的定论。

（3）减缓的基准年和目标年

《巴黎协定》缔约方对温室气体减排的基准年的制定偏差较大，123个国家没有确定减缓的基准年，44个国家将1990年作为基准年，12个国家将2005年作为基准年（见图3.7）。[③]减缓基准年各异，将会造成统计各缔约方减缓额度的难度加大。《巴黎协定》各缔约方减缓的目标年设置并不统一（见图3.8），最为普遍的是将目标年设为2030年，占比66%；有缔约方将目标年设为2025年、2035年，2025和2030年混合适用，还有12%的缔约方没有确定目标年。[④]

① Intended Nationally Determined Contribution of the United States（2015） at 3（emphasis added）.

② China，Enhanced Actions on Climate Change：China's Intended Nationally Determined Contributions（30 June 2015）at 5（emphasis added）.

③ 数据来源：WRI. CAIT climate data explorer，INDC dashboard [EB/OL]. 2019 [2019-10-31]. http：//cait.wri.org/indc/#/.

④ 数据来源：WRI. CAIT climate data explorer，INDC dashboard [EB/OL]. 2019 [2019-10-31]. http：//cait.wri.org/indc/#/.

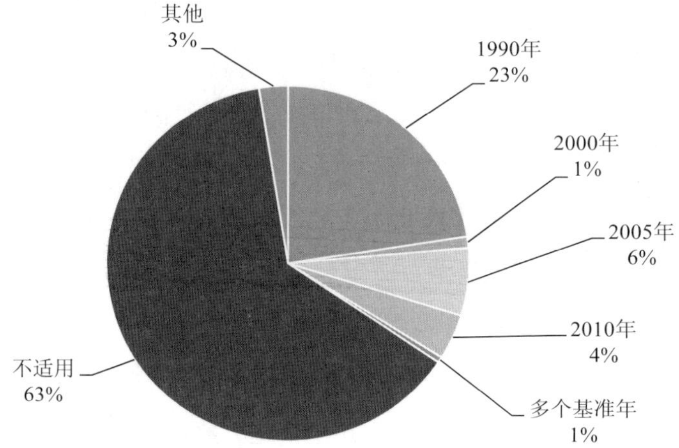


图 3.7　减排的基准年

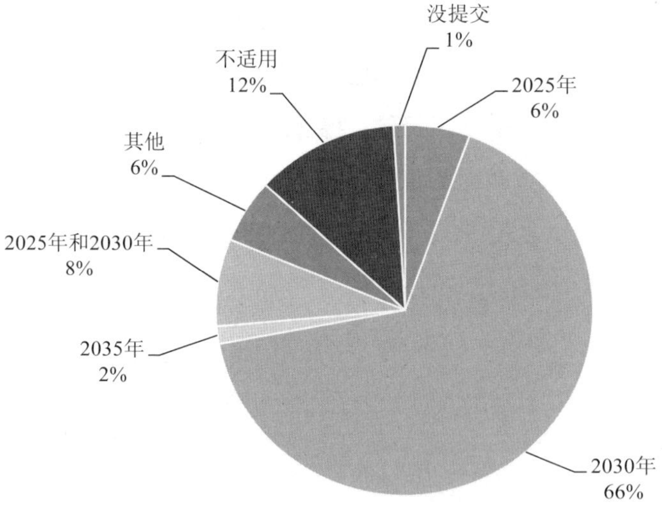


图 3.8　减缓的目标年

（4）涉及部门范围

各缔约方国家自主贡献中包括了各经济部门的信息。参考 IPCC 指导手册将经济部门分为能源部门、工业部门、农业和土地利用部门、废弃物处理和其他部门。此外，土地利用、土地利用变化和林业（Land Use，Land Use Change and Forestry，LULUCF）也会影响陆地的汇，起到减缓作用。根据统计，197 个国家中，87 个缔约方的减缓涉及所有部门，包括 LULUCF，占比为 44.2%；79 个缔约方涉及部分部门，占比 40.1%；16 个缔约方涉及除 LULUCF 以外的所有部门，占比为 8%等。[①]见图 3.9。

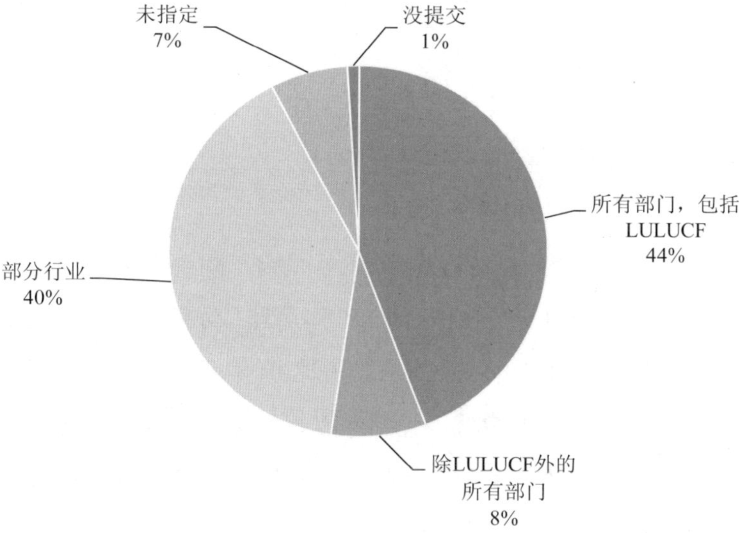


图 3.9 减缓涉及部门

（5）当前责任、历史责任、各国国情等公平性论述分析

多数国家自主贡献文本中有独立章节或段落对提出的国家自主贡献的公平性

① 数据来源：WRI. CAIT climate data explorer， INDC dashboard [EB/OL]. 2019 [2019-10-31]. http：//cait.wri.org/indc/#/.

进行论述，当前责任、历史责任、环境与发展、不同国情 4 个因素被频繁提及。其中，有 104 份国家自主贡献提到应根据当前责任承担排放责任，但是除 3 份国家自主贡献未明确指出当前排放全球占比外，其余各国均称本国排放的全球占比极小，无须承担大量的减缓责任；目前，没有排放量大国主动提出承担当前排放责任。与此同时，有 20 份国家自主贡献提出历史责任，除 1 份外均表示该国只承担极少数或无须承担历史责任。超过 25%的缔约方提出应考虑本国经济发展现状以及国家特殊国情（如人口、已达到的可持续性水平等）提出相适应的国家自主贡献目标。总体而言，对于不同国情的缔约方，发展水平较差的国家更倾向于对公平性加以阐述，以较少责任和义务论证国家减缓目标提出的合理性；而发展水平较好的国家倾向于回避公平性阐述（陈艺丹等，2018）。

2．支持的内容

本部分所述的支持包括发达国家向发展中国家进行减缓资金、适应资金、技术转让和能力建设方面的支持。

（1）关于资金的提供和接收内容

根据《巴黎协定》可知，资金需求主要是为了保证发展中国家完成国家自主贡献提出的减缓和适应目标。由图 3.10 可知，151 份发展中国家提交的国家自主贡献中，138 份提出了明确的资金需求，占比 91%。其中，84 份国家自主贡献提出了具体的资金数额，占比 56%，包括印度、印度尼西亚等经济体量较大的发展中国家，也包括最不发达国家和小岛屿发展中国家等受气候变化影响最大的国家（洪祎君等，2018）。由图 3.11 可知，发达国家（暂以“附件一国家”为范围）中除土耳其外其他均没有在其国家自主贡献中提到资金支持的内容。图 3.10 和图 3.11 形成鲜明对比，发展中国家面对国家自主贡献中承诺的减缓和适应的压力，需要发达国家资金支持，然而，发达国家在国家自主贡献中均未作出对发展中国家支持的承诺。其中土耳其在国家自主贡献中关于资金的内容主要是希望作为接收方得到支持，而非作为支持方提供支持。综上，在资金提供和接收方面，发达国家和发展中国家的供应意向和接收意向是呈矛盾状态的，这为今后《巴黎协定》

的实施埋下了阻碍的因子。[①]

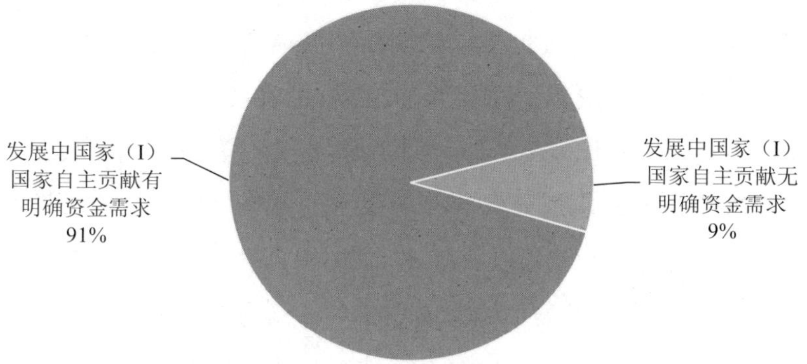


图 3.10 发展中国家国家自主贡献资金需求

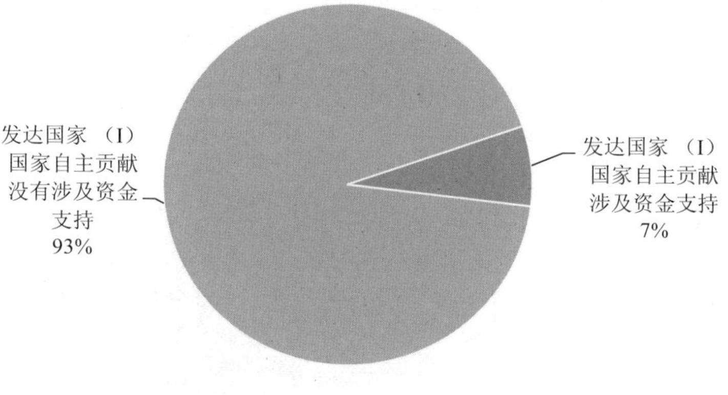


图 3.11 发达国家国家自主贡献资金支持

（2）发展中国家实施国家自主贡献是否以发达国家支持为条件

基于提交的 151 份发展中国家的国家自主贡献，根据发展中国家实施国家自主贡献是否需要国际资金、能力建设以及技术支持等为前置条件，可将国家

① 对于国家自主贡献的范围和内容，发达国家和发展中国家分歧明显，发达国家认为国家自主贡献的范围不包括支持内容，所以，在国家自主贡献中未列明相关支持的内容。但是，不可否认的是，发达国家对于支持的雄心和幅度都小于发展中国家的实际需要。

自主贡献分为完全有条件、部分有条件和无条件和没有提及四类，见图 3.12。完全有条件是指仅在提供支持的情况下才会实现承诺的贡献；部分有条件是指部分贡献将通过自己的努力实现，但全面实施需要外部支持；无条件是不表示需要提供支持来实现，或者不提及支持。151 个发展中国家中，3 个国家提出无条件国家自主贡献，占比 2%；55 个国家提出完全有条件国家自主贡献，占比 36%；另有 70 个国家提出部分有条件国家自主贡献，占比 46%；其余 23 个发展中国家并没有在文件中说明有条件还是无条件，占比 15%（洪祎君等，2018）。由图 3.12 可知，82%的发展中国家希望国内减缓行为以得到发达国家支持作为完全和部分条件，以此使得发展中国家减缓和适应更加雄心勃勃，实施力度更大。但是，反观发达国家，在国家自主贡献报告中没有一个发达国家阐述能力建设支持方面的内容，也没有一个发达国家阐述技术转让、减缓资金和适应资金的支持内容（Pauw P et al，2019）。见图 3.13。

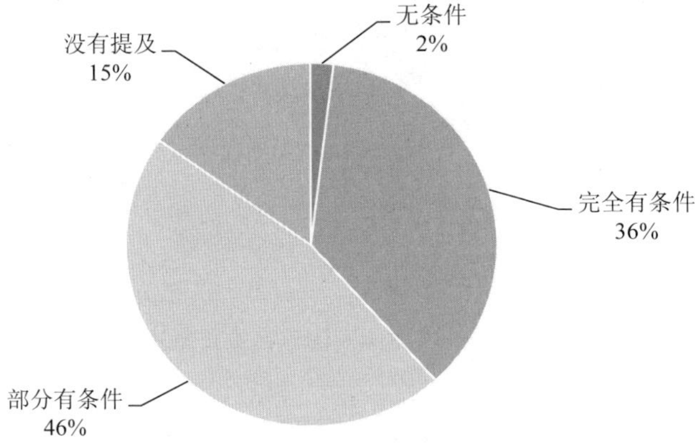


图 3.12　发展中国家实施国家自主贡献是否以发达国家支持为条件

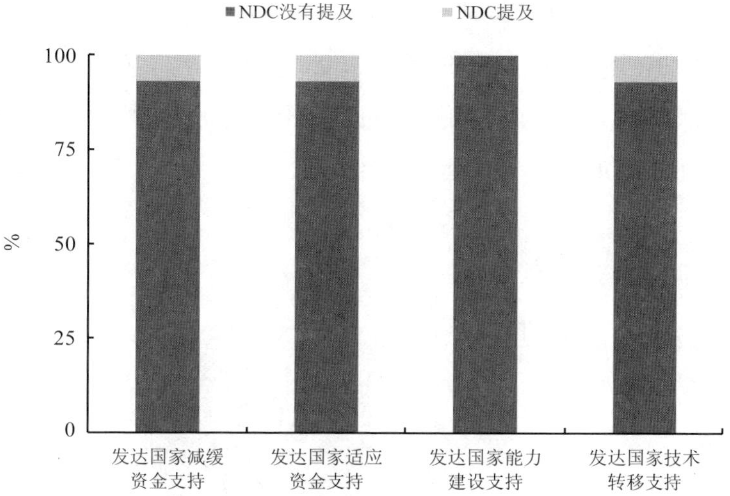


图 3.13 发达国家国家自主贡献支持的内容

### 3. 适应的内容

在国家自主贡献中只包括减缓内容的缔约方有 49 个，既包括减缓又包括适应内容的有 145 个。[①]超过 70%的国家自主贡献，几乎涵盖所有立场相似的发展中国家，以及 90%的最不发达国家和小岛屿发展中国家，均以不同形式表达适应内容，例如，对影响的评估，对目标和愿景的陈述，对措施或行动的描述，或对适应成本和限制的评估。发达国家中，只有 1 个国家提出了适应目标，伞形集团国家没有一个提出适应目标。发展中国家和发达国家在国家自主贡献中阐述的适应内容反映了发展中国家要比发达国家在应对气候变化方面更具有脆弱性，更需要关注和支持。而发达国家认为适应并不是其国家应对气候变化的主要内容。

### 4. 市场机制

关于是否“计划使用国际市场机制”方面，197 个国家中，有 101 个表示计划使用或者可能使用，占比 51%；47 个明确表示不会使用，占比 24%；剩下的是没有指定是否适用和没有提交的，详见图 3.14。关于“国际市场机制：是否提及以及如何购买

① 数据来源：WRI. CAIT climate data explorer，INDC dashboard [EB/OL]. 2019. [2019-10-31]. http://cait.wri.org/indc/#/

和获取”的统计，33 个国家提到了该主题，占比 16.8%；115 个国家没有指定，占比 58.4%；47 个国家没有计划使用国际市场机制，占比 23.9%，详见图 3.15。就国际气候制度建设方面来看，关于如何使用市场机制在国家之间交易排放信用的规则的谈判从 2018 年卡托维兹 COP25，一直延续到 2019 年 12 月的 COP25，目前仍然没有达成一致。

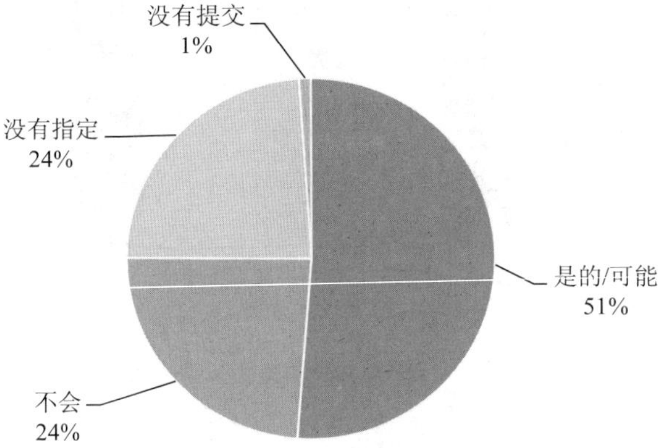


图 3.14 计划使用国际市场机制

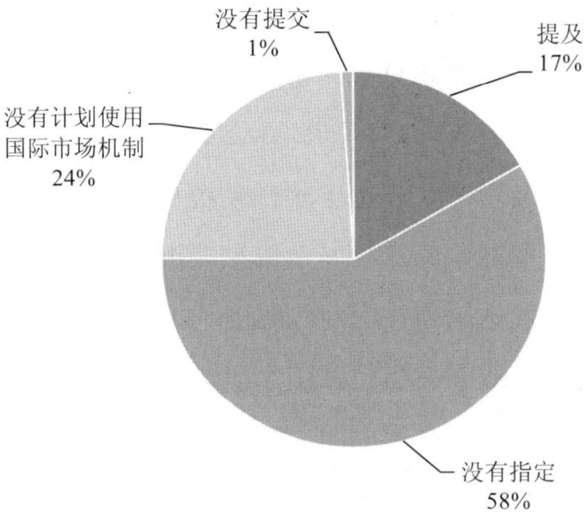


图 3.15 是否提及市场机制以及如何购买和获取

# 第四节 《巴黎协定》承诺制度之困境

通过分析各缔约方截至2019年10月向UNFCCC秘书处报送的165份国家自主贡献文本可知，发达国家和发展中国家在CBDR原则体现的各项区别义务实施方面还存在很多错位现象，这些错位造成CBDR原则在实现过程中出现偏差，最终影响实现效果。此类错位表现在区别性减缓义务方面，发达国家和发展中国家确定的减缓义务高于《巴黎协定》规定的义务；还有部分发展中国家提交的减缓义务目标低于协定规定的义务。在区别性支持义务方面，发达国家和发展中国家对支持义务的履行是否纳入国家自主贡献承诺认识不一；发展中国家实施减缓义务是否以支持义务的履行为条件也存在争议。

## 一、承诺中区别性减缓义务的不平衡性

国家自主贡献文本的分析显示，有些缔约方在国家自主贡献中做出高于《巴黎协定》规定的义务承诺，如欧盟和美国在其国家自主贡献中作出的关于"实现"减缓目标的承诺。因为根据《巴黎协定》第4.2（b）规定，缔约方应"实施"各项措施，力求有效达到其在国家自主贡献中承诺的减缓目标，但是对于减缓目标是否"实现"，没有作法律约束性规定。对于缔约方减缓义务的承诺高于《巴黎协定》规定的义务时，会引发怎样的法律效果，《巴黎协定》没有给出明确的答复。

国家自主贡献文本还体现出缔约方减缓承诺会作出低于《巴黎协定》规定的义务规则，低于协定规定的义务内容主要体现在，部分非最不发达国家和小岛屿发展中国家的发展中国家选择了行为目标作为减缓目标，而根据协定4.4条和4.6条的规定，发展中国家应继续加强减缓努力，鼓励逐步实现全经济绝对减排或限排目标，只有最不发达国家和小岛屿发展中国家可以将行动目标作为其国际承诺的类型。因此，目前出现的此类实施问题，引发了这样一个问题：各缔约方减缓的目标作为国家自主贡献最为核心的内容，发达国家、发展中国家、最不发达国

家和小岛屿发展中国家的承诺设定的减缓目标如果低于《巴黎协定》相应规定时，该国家自主贡献法律效果如何？《巴黎协定》对各缔约方减缓目标类型的确定做出了规范：以“应该”的形式要求发达国家努力实现全经济绝对减缓目标；以“应该”的形式要求发展中国家继续提高减缓努力，并“鼓励”发展中国家逐步实现全经济绝对减排或限排目标；对最不发达国家和小岛屿发展中国家给予特殊照顾，“可以”通报减排的战略计划和行动。

## 二、承诺中约束性要求履行的困难性

《巴黎协定》突出的特点是对各缔约方承诺的区别性减缓义务没有明确的承诺标准，协定规定各缔约方应当根据其不同国情，在体现公平的前提下自我确定区别性减缓义务的内容，体现出自主性特点。但是，协定没有对怎样识别或归类“不同国情”、其分类标准和国情指标有哪些给出明确规定。发达国家和发展中国家对“公平”的认识始终未达成共识，协定要求各国自我评估其自主贡献的公平性，这无疑是一种主观的做法。各国的国家自主贡献文本中体现出发展水平较差的国家更倾向于对公平性加以阐述，以较少责任和较低义务论证国家减缓目标提出的合理性；而发展水平较好的国家倾向于回避公平性阐述。所以，为了保证各缔约方承诺的区别性减缓义务最终实现，协定为区别性减缓义务设定了各缔约方根据“不同国情”遵循“只进不退”和“最大努力”两项要求的约束，体现了努力向前的动态性特征。这两项要求是CBDR原则实施的约束性要求，也代表了发达国家和发展中国之间在CBDR原则贯彻落实方面的妥协。就目前而言，“只进不退”和“最大努力”两项约束性要求的满足存在困难，原因分析如下。

首先，对于“只进不退”的核算和可比性存在困难。要判断进退，首先应当进行有效核算，但是目前各缔约方提交的国家自主贡献标准不一，缺乏可比性和统一的核算标准，造成“进”“退”判断困难。通过对各国国家自主贡献文本的整体分析可以看出，各缔约方，特别是发达国家和发展中国家提交的国家自主贡献具有很强的不一致性。各缔约方提交的有区别的减缓内容主要包括：减缓贡献的类型、减缓目标、减缓的基准年和目标年、涉及的部门范围等信息。各缔约方确立了不同的贡献类型，包括温室气体减缓目标、温室气体和非温室气体减缓目标、非温室气体等减排类型；发达国家、其他发展中国家、最不发达国家和小岛屿发展中国家分别选择、确定了不同的减缓目标，如绝对目标、相对目标、强度目标、达峰目标和行动目标；各缔约方确定的减缓目标的基准年和目标年不具有统一性，减缓涉及的经济部门各国也不尽相同。以上不一致造成各缔约方减缓的具体额度难以确定，减缓的努力不具有可比性，从而带来以下问题：一是难以在定期的全球盘点中确定距离《巴黎协定》第二条目标的差距，国际层面难以制定统一的减缓部署和规划；二是各缔约方的国家自主贡献缺乏可比性，难以在统一标准下评估各缔约方努力的力度，从而容易造成各缔约方丧失积极减排的信心和决心。

其次，“最大努力”的衡量和评估是一大制度难点。即使具有明确的减缓目标类型，其并不会自动转化为“最大努力”的削减目标。例如，根据气候行动跟踪机构（2019 年）的数据，俄罗斯的绝对减缓目标“严重不足”，难以体现“最大努力”的要求，因为根据其国情，其无须从目前的减缓水平上再减少温室气体排放；摩洛哥一如既往地雄心勃勃，因为其国情与全球暖化限制在 1.5°C 是兼容的。①

## 三、承诺中区别性支持义务履行的不确定性

支持义务一直是气候变化谈判中最有争议的问题之一。2009 年，《哥本哈根协议》第 8 条规定，在 2010—2012 年提供 300 亿美元，2020 年以后，发达国家应当每年筹集不低于 1 000 亿美元的资金用于解决发展中国家的减排需求。②这是发达国家首次在国际气候谈判中承诺明确的资金支持数额，但是就资金在发达国家中如何分配以及资金的具体来源，均未给出明确的说明。《巴黎协定》保留了

---

① WRI. CAIT climate data explorer， INDC dashboard [EB/OL]. 2019. [2019-10-31]. http：//cait.wri.org/indc/#/

② UNFCCC. Copenhagen Accord [R/OL]. 2009 [2017-05-05]. http：//unfccc.int/resource/docs/2009/cop15/eng/l07.pdf.

1 000 亿美元资金支持的要求。经合组织关于 1 000 亿美元路线图显示发达国家对发展中国家支持的气候资金每年为 500 亿～600 亿美元，低于发达国家的以上承诺。事实证明，截至 2019 年 12 月，发达国家尚未完全满足发展中国家在资金、技术和能力建设方面提供更多支持的呼吁，造成发展中国家很难实现其经济的绿色发展和对气候变化的适应能力。

根据国家自主贡献文本的分析，发达国家和发展中国家的供应意向和接收意向呈矛盾状态。提交国家自主贡献的发展中国家中，91%的国家提出了明确的资金需求，其中 56%的发展中国家还提出了明确的资金数额。但是，提交的国家自主贡献文本中没有一个发达国家在其国家自主贡献中承诺减缓资金和适应资金、技术转让和能力建设支持方面的内容，反而是部分“其他缔约方”发展中国家作为提供方在国家自主贡献中承诺了相关支持，如巴西、智利和巴拿马等“其他缔约方”发展中国家说明了提供资金支持的情况。同样，没有一个发达国家描述为能力建设提供支持，反而有三个“其他缔约方”发展中国家说明了这一点，这与《巴黎协定》第 11.3 条是不符的。该条规定：各方应合作提高发展中国家的能力，发达国家应加强对发展中国家能力建设行动的支持。最后，发达国家均未声明将在其国家自主贡献中提供技术转让，而四个“其他缔约方”发展中国家承诺将提供技术转让。因此，发达国家和发展中国家缔约方的国家自主贡献在提供和接收支持方面的自主区别是错位和不一致的。国家自主贡献文本分析显示，82%的发展中国家认为国内减缓行为是以得到发达国家支持为完全和部分条件，以此使得发展中国家减缓和适应更加雄心勃勃，实施力度更大，甚至有的发展中国家在国家自主贡献承诺中明确提出本国履行减缓义务需要以发达国家的支持为先决条件。减缓义务是否以支持义务的履行为条件？缔约方的减缓承诺明确要求以支持为条件的，该承诺的法律效力如何？都是需要解答的问题。

## 第五节 《巴黎协定》承诺制度困境之原因

区别性减缓义务和支持义务实施过程中出现的错位现象，会造成CBDR原则的实施难度加大，所以研究实施错位的产生原因以及引发结果是非常有意义的。《巴黎协定》将“承诺—审查保障—再承诺”程序规则体系作为CBDR原则的实现路径。CBDR原则的贯彻落实，根本在于区别性的减缓义务和支持义务能够在“承诺—审查保障—再承诺”路径中有效运行。国家自主贡献承诺是实现路径的起点和核心，《巴黎协定》规则中对国家自主贡献承诺的区别要求与国家自主贡献的自我区别之间的不一致，可能导致一些国家拒绝不断更新国家自主贡献，拒绝使国家自主贡献更具雄心和不断进步。因为他们认为其他国家的国家自主贡献并没有同样的雄心勃勃。这很可能使得2020年及以后不断更新国家自主贡献的过程困难重重。如果各国谨慎或不愿意随着时间的推移而增加努力和雄心，则《巴黎协定》的长期目标很有可能难以达到（Pauw P et al.，2019）。

### 一、承诺的法律地位不明

《巴黎协定》就各缔约方作出的“承诺”法律地位没有明确的规定，还存在一定的质疑，如各缔约方作出的承诺内容是否必须“实现”，如果没有实现是否应当承担责任？还是缔约方只要 “努力实施”承诺即履行了义务，不要求承诺结果的“实现”？

《巴黎协定》确定了集体目标，并寻求建立实现这些目标的国际承诺。然而，与《京都议定书》和其他多边环境协定不同，《巴黎协定》确定各缔约方减缓承诺的国家自主贡献没有被记录在条约的机构或附件中，而是通过提交国家自主贡献的方式将其登记在UNFCCC秘书处维护的公共登记册中，由此产生了对承诺国家自主贡献法律地位的讨论。关于判断承诺国家自主贡献法律地位的核心条款是《巴黎协定》第4.2（b）条，其规定“缔约方应当采取国内减缓措施，以实现此类贡献的目标”。有学者认为，该条所载的这项义务属于“缔约方”（Parties），而不是属于“每一方”（Each Party）。根据定义，国际义务是由国家承担的，作为一个复数的 Parties 集团是没有承担国际义务资格的，如果该条款表明“缔约方”（Parties）作为一个集团持有的集体义务，那么它就不是一种法律义务（Daniel Bodansky，2016）。也有学者认为该条款将实施国家自主贡献的义务纳入《巴黎协定》，并明确了国家自主贡献的法律效力（Klein，et al，2017）。“应该”（shall）一词表示义务性规范，在协定的范围内，该义务应被解释为国际法义务。所以，目前对承诺的法律地位没有形成统一的认识。

同时，区别性减缓规则的软义务性质不利于承诺向 UNFCCC 最终目标靠拢，也不利于 CBDR 原则的实现。国家自主贡献中对承诺的限制性规则是软性和非约束性的，这是两大阵营开展广泛全球气候合作的前提。然而，几十年来困扰气候谈判的义务分担背后的正义问题没有消失，而是以不同形式出现，例如，缔约方在制定国家自主贡献时，会以其认定的“公平”确定自主承担的区别性减缓义务，还会考虑其他缔约方的承诺内容。但是各缔约方基于的“公平”认知不同，CBDR 原则中区别性的衡量标准不同，所以 CBDR 原则的实现尺度在各缔约方之间未形成统一，每一轮国家自主贡献的提交和更新等又会再次引发实现 CBDR 原则的内部矛盾。软义务规则在《巴黎协定》关于减缓区别性义务的关键条款中的使用引起了人们对其有效性的严重关切，从这个意义上说，这是《巴黎协定》的一个潜在弱点，其是否能够满足《巴黎协定》总体目标的要求还是个未知数。

具体而言，各缔约方提交有区别的国家自主贡献并努力实现，是区别性减缓义务的实施方式。虽然，提交国家自主贡献的行为是强制性的，然而，《巴黎协定》允许各种各样的国家自主贡献在其精度水平上有所不同。发达国家可以采用全经济范围的减缓目标，但是这一要求对发达国家不具有强制约束力，只是“鼓励”发展中国家随着时间的推移采用此类目标。鉴于这些义务规范的软性，发达国家和发展中国家都可以要求遵守非全经济范围的减缓目标，例如，降低单位能源生产温室气体排放量的目标。令人担忧的是，即使达到了此类目标，它们是否构成实际减缓效果尚不清楚。而且，各国可能还会使用不同的方法计算基准。这种不包含对缔约方的直接和可执行的义务的软义务规则只是提出了有抱负的目标，而不能保证目标的实现。

## 二、区别性支持义务的实现路径不清

支持义务是联合国气候谈判的一个核心和长期的方面，也是改善公平和雄心的关键工具（De Coninck H C，2015）。《巴黎协定》在支持义务与发展中国家减缓行动的有效性和雄心程度之间建立了牢固的联系（Voigt C et al.，2016）。《巴黎协定》认识到有效执行该协议需要支持义务的履行（第 3 条）；增强对发展中国家的支持，有助于加大他们的行为力度（第 4.5 条）。发达国家扩大资金支持的目的应是“在适应和减缓之间取得平衡”，并考虑到发展中国家的需求（第 9.4 条）。《巴黎协定》认识到支持义务增加了全球应对气候变化的雄心，但是，在具体实施过程中，区别性支持义务出现了普遍的错位现象，主要原因是发达国家和发展中国对支持义务是否应当像减缓义务一样纳入国家自主贡献承诺路径，以及支持义务是否应当作为减缓义务实施的前提仍然存在很大争议，这将严重影响支持义务的有效实施。

### （一）区别性支持义务未明确纳入承诺制度

COP19 时期，国家自主贡献要求缔约方以有助于“明确、透明和可理解”自主贡献的方式，酌情提供关于参考点的可量化信息，如时间框架、实施期限、范围和覆盖范围、规划过程、假设和方式以及该缔约方如何认为其国家自主贡献是公平和雄心勃勃的、符合国情的，以及它如何有助于实现 UNFCCC 的目标。[①]这些贡献是针对 UNFCCC 的“最终目标”，即“将大气中的温室气体浓度稳定在一

① UNFCCC Decision 1/CP.19（23 Nov. 2013）para. 2（b）.

个能够防止对气候系统造成危险的人为干扰的水平上”[①]。因此，根据 COP19 的宗旨，国家自主贡献最重要的作用和范围是针对缔约方减缓义务的承诺。对于区别性的支持义务是否纳入承诺制度，目前条约没有明确规定，发达国家和发展中国家缔约方对此持明显的冲突立场。

### （二）支持义务未纳入“承诺—审查保障—再承诺”实现路径的弊端

《巴黎协定》细致和“量体裁衣”式地平衡了发展中国家增加的减缓义务与发达国家增加的支持义务。《巴黎协定》明确将减缓义务纳入国家自主贡献制度体系中，其实现遵循“承诺—审查保障—再承诺”的路径。而支持义务是否纳入国家自主贡献还存在很大争议，支持义务的实施主要体现在“审查保障”环节中。“承诺—审查保障—再承诺”的实现逻辑无法在减缓义务和支持义务中同步适用。目前，“审查保障”制度中透明度制度体系是支撑支持义务履行的核心制度，根据第 9.7 条和第 13.10 条规定的提交两年期透明度报告（第一份报告应在 2024 年年底前提交），还包括《巴黎协定》第 9.5 条中提出的事前气候融资通报。与减缓义务“承诺—审查保障—再承诺”的实现路径相比，支持义务“审查保障”的审查路径存在一系列的问题，不利于支持义务的实施。首先，虽然事前气候融资通报属于事前信息，其在一定程度上履行了类似于国家自主贡献的相关职能，发达国家通过事前气候融资报告（第 9.5 条）事先提供关于其计划支持的资料，可能会改善发展中国家国家自主贡献的实施情况，但这并没有说清这种支持是否专门用于国家自主贡献的实施，如果未达到，谁应该承担责任，所以这和纳入国家自主贡献实施的效果不同。其次，第 9.7 条和第 13.10 条所述的“透明度框架”报告属于事后信息，与事前信息相比有着不同的目的，即表明捐助国是否兑现了承诺的支持义务。此外，如果发展中国家在国家自主贡献中考虑增加自己的雄心，那么发达国家也可以在国家自主贡献中表示他们计划提供的支持，毋庸置疑，可以为发展中国家提供重要的保证，

① UNFCCC，9 May 1992，art. 2. See decision 1/CP.19，n. 15 above，para. 2（b）.

激发其雄心和信心，支持他们执行国家自主贡献。最后，国家自主贡献提供 5 年而不是每 2 年一次的履行支持义务的资料，还可以加强资金支持的中期可预测性。

支持义务未纳入“承诺—审查保障—再承诺”的制度体系，很难保证发达国家提供充分和必要的支持以激发发展中国家充分的减缓雄心，会导致接收国拒绝提高其国家自主贡献的雄心，以及在 UNFCCC 框架谈判中增加了国家集团之间的紧张关系。

### （三）支持义务和减缓义务是否成立条件关系不明

136 个发展中国家表示，他们的国家自主贡献实施至少依赖于一种国际支持。这意味着如果他们没有得到这种支持，就不能追究他们未能实施国家自主贡献的责任（Pauw P et al.，2019）。更具体地说，根据第 13 条的“透明度框架”报告国家自主贡献的执行情况和成就时，他们可以指出和说明自己获得支持和履行承诺的情况。对于发达国家未满足发展中国家作为有条件的支持义务的，也不能追究提供国际支持的发达国家的责任。换言之，发展中国家附条件的国家自主贡献因为条件未达到而得不到执行，在目前《巴黎协定》的制度层面看是无人负责的。发展中国家未能实施或实现其有条件的国家自主贡献的后果可能只会造成发达国家和发展中国家之间的相互指责。

## 三、约束性要求的标准制度不完善

首先，作为承诺制度的约束性要求之一，“只进不退”的具体落实有赖于全球盘点制度的细化。因为目前全球盘点制度还欠缺统一的实施标准，以及与其他制度的有效衔接，所以导致“只进不退”的约束性要求难以有效实现。其次，“最大努力”的审查核实主要通过透明度框架制度的实施得以有效落实，使各缔约方的“努力”和举措真实暴露在“阳光”里，通过该制度能够达到对缔约方是否尽到“最大努力”作出“责任性”判断。但是，现有透明度框架制度缺乏对各项“努力”

信息的收集和审查，更无法对其进行责任性判断，所以，目前透明度框架制度很难判断各国的承诺是否尽了“最大努力”。综上所述，承诺的两项约束性要求的实现有赖于“全球盘点”和“行动和支持透明度框架”制度的完善。此处不再详述，下章具体分析。

所以说，在国家自主贡献的气候行动的新逻辑下，不能期望《巴黎协定》解决气候问题，它只是提供了一个支持性的框架，在其框架内，希望各国和其他行动者能够达到所要求的减排（Falkner R，2016）。

# 第四章

# 《巴黎协定》共同但有区别责任原则实现路径之审查保障制度

《巴黎协定》对 CBDR 原则的实施采取“承诺—审查保障—再承诺”的实现路径，第三章我们论述了承诺制度，现在我们转向审查保障制度。承诺国家自主贡献是否能够有效落实，首先应当受国际审查机制的约束（Falkner R，2016）。适当的审查保障要素可以补充自下而上的国家自主贡献，以帮助弥合目前《巴黎协定》所有关键领域中存在的重大雄心缺口（Doelle M，2018）。

# 第一节 《巴黎协定》审查保障制度概述

## 一、《巴黎协定》审查保障制度的含义

审查保障制度是保障区别性义务实施的核心，是保障承诺落实的工具，由一系列程序义务规则构成。审查保障制度作为保障区别性减缓义务和支持义务实施，以及“最大努力”“只进不退”两项约束性要求是否履行的重要程序性途径，通过跟踪各缔约方的实施情况，作出责任性和有效性判断。审查保障制度的理想功能是通过跟踪审查对各缔约国承诺及相关程序规则是否实施作出责任性判断，对各缔约国承诺履行进行有效性审查。审查保障制度有利于增加发达国家和发展中国家之间的信任，增强发达国家和发展中国家履行减缓和支持义务的雄心。审查保障制度体现在“行动和支持透明度框架”和“全球盘点”制度中。

《巴黎协定》第十三条通过适用于行动（减缓和适应）和支持两方面的“行动和支持透明度框架”（以下简称透明度框架）提供实施审查。建立透明度框架是以建立互相信任并促进有效实施为目的的，其要求每一缔约方都必须“定期”提供在国家自主贡献方面所取得的进展及提供的支持等报告，并接受审查。透明度框架中的审查是为了判断缔约国区别性减缓义务的履行是否尽了“最大努力”，支持义务是否有效实施。

《巴黎协定》第十四条规定的“应在2023年进行第一次全球盘点”，其目的是将短期的气候行为与长期目标联系起来，审核《巴黎协定》的实施情况，旨在“评估实现本协定宗旨和长期目标的集体进展”（Van Asselt H et al.，2016）。全球盘点的审查是为了评估不同阶段减缓目标和结果是否遵循“只进不退”的约束性要求，支持的总量和需求是否总体平衡。

2018年12月，卡托维兹COP24进一步定义了《巴黎协定》的程序规则，使其更具可实施性和可操作性，特别是如何随着时间的推移提高雄心，使自我选择

的行动成为现实。会议出台了《巴黎协定》实施细则，又被称作《巴黎规则手册》，其主要目标是具体贯彻执行《巴黎协定》（吕江，2019）。《巴黎规则手册》对审查保障制度做了详细规定，包括：《行动和支持透明度框架的方法、程序和指南》（以下简称 MPGs）和关于全球盘点的《第十四条和第 1/CP21 号决定第 99—101 段有关的事项》。

## 二、《巴黎协定》审查保障制度的理论基础

国际法学者蔡斯认为，应以“管理学派”取代认为遵守依赖于强制力保障的“强制执行学派”，该学派认为在条约中也要引入强制执行措施来提高遵约率的观点是一种“简单但并不正确的国内法律体系类比”的方法（Chayes A et al.，1998）。对违反条约进行经济或军事的强制制裁不是遵约的首要机制。因为制裁的政治和经济成本过高，在改变国家行为上收效甚微，所以很难作为实践中有效的威慑手段。就国际法实践来说，并不是具有强制执行力的遵约机制要比不具有强制执行力的遵约机制的条约能够得到更好的遵守，《京都议定书》的实施现状就是很好的例子。于是他们摒弃了国际法律义务必须依赖强制性制裁为保障的观点，认为国家有遵守国际条约义务的倾向。国家倾向于遵约，部分源于条约产生了法律规则，而规则本身具有普遍的遵守义务。遵约并非因为条约中含有违反的惩罚措施，而是在没有报复威胁时也存在遵守法律规则的义务（唐颖侠，2009）。

“管理学派”的保障理论在国际环境法中有所发展。以国际组织和国内行政机构为执行主体的执行模式开始盛行。国际环境条约中的“报告机制”要求缔约方应将履行条约而采取的措施以及实施效果等定期向条约全体成员或组织提供。这些执行模式是整个国际环境法履行机制的一部分。与传统的强制执行方式不同，新的执行方式将国际环境法的目标进行量化，不依赖于一次性地强制成员实施，而是强调对条约实施的各个环节积极介入，对实施过程进行全盘管理，从实施的最初环节一直到最后，随时对成员方可能发生的违反行为进行纠正，从而起到保障条约实施的作用。世界银行副总裁依布拉希姆·沙哈塔在分析国际环境条约的

实施时指出，这种方式是一种“组织程度较低的执行方式”。非强制性保障实施措施将重点放在国家的自愿遵守上，也是遵守机制的发展（潘德勇，2012）。在此理论背景下，《巴黎协定》CBDR原则的实施规则中，“透明度框架”“全球盘点”制度的安排是一种管理路径的保障机制，设立了“报告”“透明度”“审查”等程序性管理手段，保障条约能够有效实施。

## 三、《巴黎协定》审查保障制度的作用

### （一）保障承诺制度的有效实施

为了保证各缔约方提交的国家自主贡献承诺中减缓和支持义务的实际落实，需要具透明度的、全球盘点中的审查环节来保障各缔约方阶段性完成区别性自主承诺，并最终实现《巴黎协定》的目标。各国自主通过主观“公平性”认定，并以此确定各国减缓承诺，出于各国自身经济发展利益的考虑，很有可能部分国家会将矛盾的天平偏向于国内经济发展，损伤国际气候合作关系中各国间的信任和减缓的雄心。审查保障制度主要通过施加同伴压力、增加信任和增加雄心的方式，保障承诺的实施。审查保障制度可以通过建立对各方的贡献和实施努力的共同理解以及基础信息、数据和假设来增强各方之间的透明度和信任。审查还可以通过提供反馈和交换意见、方法的机会，鼓励相互比较，鼓励争先，通过其他各方的额外互惠行动来增加雄心。“透明度框架”将真正以足够清晰和可靠的方式提供信息，以避免使无法实施与其国家自主贡献中传达的减缓目标一致的减缓政策的国家陷入窘境。在定期的审查会议上，《巴黎协定》的缔约各方将能够确定哪些国家兑现了其先前减缓和支持承诺，以及是否符合“只进不退”和“最大努力”的标准。正式的审查程序将为“点名和羞辱”策略的制定创造时机，对那些未达到国际期望的国家产生作用（Falkner R，2016）。鉴于减缓承诺将由各方独立确定，并且无法通过履约机制强制执行，因此国际审查产生的同伴压力将是缔约方增强其承诺信心的主要多边工具。在理想情况下，缔约方将使用审查机制来表达雄心，

并劝阻落后者提高自己的博弈，希望成功实施自主承诺，创造一个加强信任和合作的积极螺旋。全球治理将审查保障制度与同伴压力相结合并不罕见。正如 Ian Johnstone（1990）所主张的那样，这种方法基于这样的观点：“国家关心他们的行为的集体判断，因为他们对相互遵守和将来与他人合作感兴趣”。“点名和羞辱”策略在全球治理中从国际劳工组织到人权机构和企业社会责任机构都有运用（Hafner-Burton E M，2008）。通常这种机制，是在正式的遵约和执法机制不可用或无法奏效的情况下，被视为一种后备机制，国际气候领域正属于此类。

### （二）保障两项约束性要求的达成

审查保障制度用以保障每一阶段的国家自主贡献承诺受到“最大努力”和“只进不退”的约束，保障后续的每一次承诺都能向着 UNFCCC 共同目标的方向行进。“最大努力”的判断需要各缔约方披露和公开一系列国内实施的气候减缓政策和措施，并以此为基础，通过已经公布的可比性标准和指标判断缔约方是否尽了“最大努力”，这种减缓信息的披露和公开依托于透明度框架制度的有效实施。“只进不退”的判断需要结合全球盘点制度，通过盘点掌握本次各缔约方实际履行的国家自主贡献是否高于上一次实际履行的国家自主贡献，同时，为下一次国家自主贡献确定了入门门槛。

### （三）保障 CBDR 原则在程序规则中的实现

审查保障制度在设置之初，各个国家集团开始就审查保障制度中如何体现 CBDR 原则争论不休。发展中国家寄希望于将发达国家和发展中国家的区别义务内置于审查保障制度的程序性制度中。审查保障制度作为程序性制度落实 CBDR 原则是公平性的体现。只有共同在透明度、全球盘点中充分考虑公平才能够带来更公平的结果，从而实现更大的集体雄心，增加信任，使得各缔约方做出更大的努力（Winkler H，2019）。发达国家和发展中国家的出发点在其机构和技术能力以及履行国际义务的经验方面有较大差距，例如，有许多客观的制约因素阻碍了发展中国家承担更频繁和雄心勃勃的国际报告和审查义务等程序规则（Tian W et al.，2018）。所以，在透明度框架中内置了对发展中国家的“灵活性”设置，在全球盘点中对“公平”的适用都是为保障 CBDR 原则在程序规则中的实现。

## 第二节 《巴黎协定》的“行动和支持透明度框架”

### 一、“行动和支持透明度框架”审查保障内容

《巴黎协定》建立了一个强有力的透明度框架，对所有各方提出了广泛的信息要求，并要求对减缓和支持方面的信息进行密切审查保障。该框架是一个适用于所有缔约方的框架，尽管针对缔约方的不同能力内置了“灵活性”。在巴黎会议召开之前以及在会议结束之前，许多发展中国家主张实行和发达国家不同的分岔制度，对发达国家和发展中国家提出不同的透明度要求。但最终在伞形集团和欧盟的坚持下，《巴黎协定》建立了一个适用于所有缔约方的框架——透明度框架。

透明度框架设立的目的是确保在实现缔约方国家自主贡献和适应行动方面取得明确信息和跟踪进展，并明确说明缔约方提供和接受的支持。为达到此目的，要求所有缔约方每两年提供：温室气体排放量和清除量的国家清单报告；跟踪实施和实现减缓贡献进展情况所需的信息；与气候影响和适应有关的信息。发达国家必须提供资料，说明它们向发展中国家提供的资金、技术和能力建设支持，发展中国家将提供它们所需要和得到的支持的信息。值得注意的是，对缔约方提出的信息要求在法律性质上有等级。与减缓措施有关的信息要求是适用于所有各方的强制性个体义务（“各方应”，each Party shall）。与支持有关的信息要求是发达国家的强制性集体义务（“发达国家缔约方应”，developed country Parties shall）和发展中国家的建议（“发展中国家缔约方应”，developing country Parties should）。与适应有关的信息要求是建议（“每一方都应该”，each Party should），并允许双方自行决定（“视情况而定”）。

所有缔约方提交的与减缓措施有关的信息和发达国家缔约方提交的与提供支持有关的信息将接受技术专家审查（TER）。此审查将审议向缔约方提供的支持及其贡献的执行情况，以及他们提供的关于透明度框架的共同模式、程序和指导方针的信息的一致性。此外，预计每一缔约方都将参加一个参与促进性多边审议（FMCP），涉及其在支持、实施和实现减缓措施方面的努力。TER 和 FMCP 均以现有透明度安排的要素为基础。透明度框架见表 4.1。

**表 4.1 透明度框架**

| | |
|---|---|
| 审查范围 | a．减缓、适应行动<br>b．资金、技术转让和能力建设的支持 |
| 区别性 | 根据国家能力，包括报告的范围、频率和详细程度，以及审查范围和进行国内审查，为需要的发展中国家提供灵活性。最不发达国家和小岛屿发展中国家的特殊情况得到承认；除最不发达国家和小岛屿发展中国家外，所有缔约方都应每两年报告一次，这些国家和小岛屿发展中国家可自行决定。发展中国家应得到执行“透明度框架”的支持 |
| 与现有安排的关系 | 建立并加强 UNFCCC，包括国际评估和审查/国际协商和分析（IAR/ICA）的透明度安排。报告的频率和质量应至少与 UNFCCC 相同。增强“透明度框架”将取代 IAR/ICA |
| 与其他审查流程的关系 | 流程应通知全球盘点 |
| 原则 | 以促进性、非侵入性、非惩罚性的方式执行，尊重国家主权，避免给各方造成不应有的负担。报告要求，国家报告包括：（一）温室气体排放量和清除量的国家清单报告。（二）跟踪实施和实现国家自主贡献进展情况所需的信息。发达国家应列入所提供支持的资料；发展中国家应列入所需和所收到支持的资料 |
| 审查过程 | 所有报告均由技术专家审查（TER），同时对与支持（第 9 条）和 NDC 的实施和实现有关的努力进行促进性的多边审议（FMCP）。TER 将考虑所提供的支持以及 NDC 的实施和成就；确定需要改进的领域；审查所提供信息的一致性。对能力较低国家的审查将包括协助查明能力建设需要，并需要特别注意发展中国家缔约方的能力和情况 |
| 审查标准 | 透明度、准确性、完整性、一致性和可比性 |

## 二、“行动和支持透明度框架”的保障作用

审查保障制度中保障实施的核心支柱是透明度框架，透明度框架使国内减缓和支持行为具有国际可比性。透明是使国际承诺可信和可靠的关键条件（Falkner R，2016）。透明度框架可以起到公开缔约方在履行承诺国家自主贡献确定的减缓义务和支持义务的具体措施，公开行为有助于对缔约方的作为或者不作为行为确认“责任性”，有助于让各国对自己的作为或者不作为承担责任。一定程度而言，透明度框架的保障监督作用主要体现在各缔约方在CBDR原则实现过程中，对其行为进行“责任性”判断。

### （一）CBDR原则实现路径中的“责任性”判断内容

为保障CBDR原则实现，透明度框架针对以下三方面义务的履行承担“责任性”判断的任务：一是判断各缔约方的“承诺”是否在其国内实施。各国提交的承诺中已经明确了各国的区别性减缓义务，所以国家自主贡献的履行即是减缓义务的履行。二是判断每五年定期的“承诺”是否满足“最大努力”和“只进不退”的约束性要求。三是判断发达国家向发展中国家应当履行的支持义务是否履行。

### （二）CBDR原则实现路径中的责任分类

问责制[①]是一个独立的程序工具，能够对减缓和支持义务进行问责对《巴黎协定》下程序性框架的成功至关重要（Huggins et al.，2016）。CBDR原则的实现不仅要求对已经履行的义务是否与其承诺相一致进行事后问责判断，还要特别针对《巴黎协定》提出的“最大努力”和“只进不退”的要求，为了促进缔约方相互信任和增加雄心，促进对未来作出的“承诺”进行问责（Campbell-Durufle C，2018）。所以，透明度框架的保障方式分为事后责任和事前责任。根据CBDR原则的实现路径“承诺—审查保障—再承诺”（见图4.1）分析如下。

① Gupta等认为“责任性”是问责制的重要组成部分。

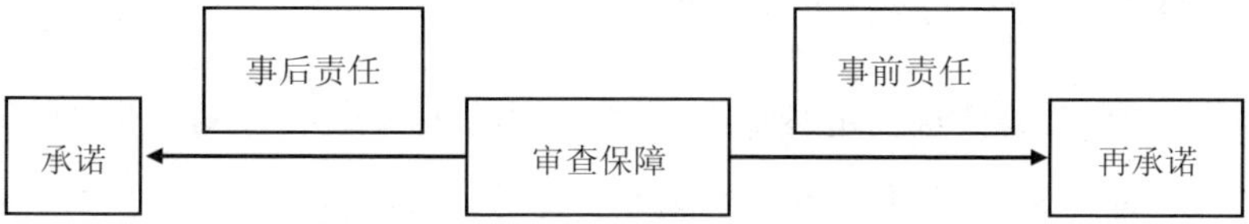


图 4.1 CBDR 原则的实现路径

事后责任。“承诺”后的“审查保障”主要是为了确定事后责任。事后责任的对象是各缔约方承诺国家自主贡献的履行。承诺的履行判断标准是各缔约方是否在国内开展以其国际承诺为目标的国内转化行为，如与减缓有关的各项减缓政策和措施的构建和实施。各缔约方通过一系列透明度报告，并接受审查，从细节中反映是否努力的事实，以此作为“承诺”是否履行的判断标准。另外，支持义务的实施也主要涉及事后责任。虽然目前支持义务的实施未明确纳入承诺制度体系，但是，支持义务的履行需要接受透明度框架的约束，针对已经发生的支持义务履行进行审查，所以也属于事后责任。

事前责任。从“审查保障”到“再承诺”体现的是确定事前责任。事前责任的主要对象是减缓目标的公平性问题以及“最大努力”和“只进不退”两项约束性要求的达成。在气候变化等预防治理领域，人们对确定事前责任的需求日益增加，并面临一系列与之相关的具体挑战，不仅是对现有义务，而且对未来的预期行动，追究应对气候变化领域事前责任发挥了作用（Gupta A et al.，2019）。特别是从《行动和支持的透明度框架的方法、程序和指南》（MPGs）的内容可知，审查保障制度应该具有前瞻性，提高事前的责任感，对尚未采取的行动承担责任（van Asselt H et al.，2018）。确定事前责任保证各缔约方减缓目标的公平性，促进各国之间的相互信任；同时，保障“再承诺”满足“最大努力”和“只进不退”的雄心要求。

## （三）确认“责任性”的三项要素

有学者认为，“责任性”是有权对行使权力的主体采取行动的理由，还要求行使权力的主体对其采取行动的正当性以公共名义予以说明（Newell P，2008）。根据 Gupta 等（2011）的观点，“责任性”可以细化为三个要素：关系、标准、判断。具体而言：关系，即商定由谁负责和向谁负责；标准，即商定应负责的履行标准（对什么负责）；判断，商定评估是否符合标准的程序。将“责任性”进一步分解，有助于在任何特定情况下，通过识别一组相关的透明度要素进一步确定“责任性”。本章分析重点是对责任的确定，该责任最终导致对遵守或不遵守的判断，而不包括对如何执行和制裁的分析。见图 4.2。

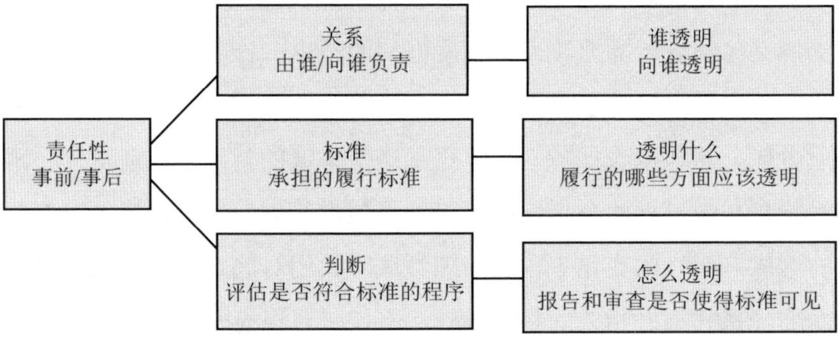


图 4.2 责任性的确定

### 1. 关系

随着 UNFCCC 框架下透明度的不断增强，发达国家和发展中国家之间的区别性体系逐步巩固为一个共同体系（Tian W et al.，2018）。特别是鉴于“附件一国家”报告排放趋势和执行情况的能力已经足够先进，与透明度有关的活动和 UNFCCC 下的辩论重点正在日益转向发展中国家的透明度和加强透明度的手段（Gupta A et al.，2019）。透明度制度关系主体的发展呈现出从差异性到统一性的趋势。"关系"这一关键因素关系到透明度是否达到要求以及如何能够进一步加强区别义务实施过程中的"责任性"认定。

UNFCCC 的背景是国家对国家的问责，因此，这里的关键问题是谁，即哪些国家应承担责任。这个问题是 UNFCCC 框架下"共同但有区别"概念的核心。发达国家和发展中国家的差别待遇一直是多边气候政治的成败问题（Rajamani L，2013）。它是关于气候的历史和持续责任及分担的根本分歧所在。在区分发达国家和发展中国家的问题上，这些冲突涉及谁必须做什么，谁必须对什么透明。UNFCCC 与《京都议定书》下的透明度安排一直有所区别。例如，虽然所有国家都必须提交国家信息通报，但最不发达国家和小岛屿发展中国家的报告要求和时间安排更加灵活。此外，在缔约方国家清单的提交方面，对发展中国家缔约方的要求和时间是不同的，而且更加灵活。技术审查程序只适用于发达国家缔约方。在《京都议定书》的透明度安排中，差别最为明显，详细的报告和审查要求只适用于"附件一缔约方"。随后的《坎昆协定》分别建立了两个透明度制度，"评估和审查"（IAR）适用于发达国家，"协商和分析"（ICA）适用于发展中国家。虽然，IAR 比 ICA 具有更严格和更强的外部监督，但是，IAR/ICA 系统体现了在透明度安排方面朝着更大的趋同方向发展，特别是与《京都议定书》相比，它也对发展中国家采取的国内措施进行了某种形式的国际审查。

《巴黎协定》进一步确认了统一性趋势。《巴黎协定》的透明度制度在主体方面不再区分任何发达国家和发展中国家之间的区别程序，而是采用适用于所有国家的统一透明度框架。

2. 标准

在多边气候制度的背景下，透明度安排适用的标准是指 UNFCCC 框架下各国的承诺，包括气候减缓、适应和支持等方面，这种承诺超出了具体的减缓目标，还包括广泛的气候行动和支持。《巴黎协定》透明度安排阐明了评估缔约方行动和支持所依据的各种标准。根据《巴黎协定》及 MPGs 的规定，我们将标准分为履行国家自主贡献的标准（减缓义务的标准）、支持义务的标准、"只进不退"和"最大努力”实施的标准。

第一，国家自主贡献的标准就是根据实施或实现国家自主贡献的义务性质不同而形成的行为义务标准和结果义务标准①。《巴黎协定》的透明度框架规定缔约方应当定期报告“两年度透明度报告”（BTR），其中要求每一缔约方报告“关于温室气体的人为源排放量和汇清除量的国家清单报告”和“跟踪根据第 4 条实施和实现其国家自主贡献所取得的进展所必需的信息”。②根据以上报告内容确定国家自主贡献是否达到标准。违反行为义务是通过证据证明缔约方的行为不符合规则所要求的相关义务来确定的。违反结果义务的行为仅通过证据表明所承诺的事情没有达到或完成。例如，“附件一国家”缔约方是否遵守其排放限制和减少承诺是通过将承诺期的排放量与该承诺进行比较而确定的。一旦完成了温室气体排放核算的烦琐工作，是否遵守结果义务也就非常明确了。相反，确定违反行为义务，要求根据行为方在相关时间可获得的手段和信息，对行为方采取的措施进行评估判断。因此，评估对行为义务的遵守情况往往比结果义务更难。为了确定《巴黎协定》的缔约方是否遵守本条约第 4.2（b）规定的行为义务，人们将需要对该国采取和实施的措施以及该国在通过和实施上述措施时可获得的信息和资源进行详细和全面的审查。与减缓气候变化有关的行为义务意味着各种行动，严格的排放核算将变得不那么重要，关键问题是国家是否实施了与其国家自主贡献目标所暗示的一样严格的努力（Benoit M，2018）。

第二，区别性支持义务的标准不明。虽然《巴黎协定》要求发达国家缔约方提供“应”（shall）向发展中国家提供支持的信息，③发展中国家“应该”（should）提供有关已获得的支持和未满足的支持需求的信息。④但是，由于支持并未纳入国家自主贡献承诺体系，UNFCCC 框架下也还没有商定气候融资报告制度的具体内容，所以，关于区别性支持义务的标准目前尚不明确。也就是说，要对支持进行

---

① 结果义务有可能来源于构成单方声明的缔约国承诺，因为其承诺内容表示自愿接受结果义务约束的情况。

② Paris Agreement，art. 13（7）.

③ Paris Agreement，art. 13（9）.

④ Paris Agreement，art. 13（10）.

审查，缺乏问责的标准。

第三，《巴黎协定》对限制区别性减缓义务的“只进不退”和“最大努力”两项约束性标准实施均是以软义务规则确立，透明度框架制度没有确立明确的标准作为判断实施和问责的依据。首先，程序保障制度不寻求提供有关缔约方“最大努力”的信息。尽管《巴黎协定》中的相关“决定”为需要各方雄心的信息提供了基本指导，但这仅体现在文字上，透明度框架没有对应的制度予以保障。①同样，透明度安排几乎没有体现出“只进不退”。尽管《巴黎协定》中包含的新的五年全球盘点将“评估达成该协定的目的和其长期目标的集体进展”（第 14.1 条），但尚不清楚增强透明度框架将如何进入这个过程。其次，透明度安排并不试图揭示有关各方认定的“公平性”的信息。《京都议定书》和《坎昆协议》中的透明度安排都没有关注缔约方所承担的目标（或承诺）是否可以被视为公平。虽然《巴黎协定》并没有改变这种现状，但值得注意的是，缔约方被要求说明为什么他们认为各自的国家自主贡献是公平的。虽然这表明，关于缔约方“公平性”的讨论并不超出国际气候制度的可行范围，但透明度安排本身避免透露这一核心问题的细节信息。

综上所述，透明度框架使之可见的气候标准主要涉及对当前国家排放量的监测和数据生成，以及实施/实现承诺方面的进展，而没有关于衡量“只进不退”“最大努力”和“公平性”的相关标准。由于“只进不退”“最大努力”和“公平性”不是缔约方承担责任的标准，因此也不要求透明度制度安排协助确定“责任性”（Gupta A et al.，2019）。由此可知，透明度的事前问责由于缺乏相应标准而难以实现。同样，由于标准的缺乏，事后问责中也只能落实减缓行动的问责，而对支持义务的履行无法问责。

### 3．判断

继上文讨论的透明度安排的“谁透明”和“透明什么”之后，我们转向判断阶段，并考虑缔约方提交相关“报告”和接受“审查保障”过程在实践中如何运作。

① Paris Agreement，Decision 1/CP.21，paragraph 27.

就“报告”而言，发达国家和发展中国家的“报告”内容可能会存在实质性差异，难以保障作为客观“判断”的依据。因为发达国家缔约方已经在UNFCCC、《京都议定书》和《坎昆协议》下开展相关工作多年，其提交减缓有关的报告通常被认为是有能力和充分的。而对发展中国家来说，定期和全面的报告所面临的挑战可能与缺乏财政资源、技术水平或国内报告体系不健全的基础现状有关。所以，《巴黎协定》将透明度建设的核心聚焦在实施对发展中国家透明度能力建设的环节上。尽管发展中国家的能力限制是现实和紧迫的，但报告不足可能与能力以外的因素有关，例如一个缔约方不情愿按照统一的透明度安排接受国际报告。因为，对于许多发展中国家来说，一方面，透明度中的报告和审查义务不仅与技术和人力资源能力有关，而且还与在共同但有区别的责任范围内分担不同的负担有关，这是公平分担的基础；另一方面，虽然《巴黎协定》规定了发达国家和发展中国家不同的减缓目标类型，发展中国家还是担心一个共同的透明度框架可能会对进一步统一减缓承诺造成压力。事实上，监测排放量是国际上采取进一步减缓行动的第一步和先决条件，发达国家和发展中国家透明度安排的逐渐统一可能是为更统一的减缓行动做的铺垫和基础。由于《巴黎协定》对发达国家和发展中国家减缓的区别责任没有落实到实体义务中，使得区别无法在现有协定制度下有效落实，所以，在审查保障制度设置之初，各个国家集团就开始就审查保障制度中如何体现 CBDR 原则反复争论，并寄希望于将发达国家和发展中国家的区别义务转移并内置于审查保障程序性制度中，也就是上文提到的：透明度是区别性无法在实体制度上落实的另一种程序制度的安排。于是也就有了《巴黎协定》和 MPGs 中在透明度制度中内置“灵活性”的安排。但是，透明度框架制度中“灵活性”安排都属于“非实质性”区别，无法满足发达国家和发展中国家区别性的真正落实。所以，透明度制度中“报告”程序的有效落实不仅仅是能力建设的问题，根本上还是对区别性需求在程序制度中的延续。

就“审查保障”而言，UNFCCC 的国际审查进程，无论是由技术专家进行，还是涉及国家间多边评估进程，都倾向于避免对履约标准是否得到满足进行问责。它们的运作方式基本上避免了个人“点名和羞辱”，甚至避免了对报道内容或质量的总体政治判断。[①]UNFCCC 授权对国家信息通报进行深入的专家审查，这些审查并不包括对所采取措施的政治评估（Yamin F et al.，2004）。此外，他们在 UNFCCC 范围内的政治考虑也很少。这些技术审评的结果已提交履行机构审议，但没有要求有关缔约方采取后续行动，履行机构内部对其内容几乎没有辩论。虽然要求专家以个人身份行使职能，但技术专家审查实际上是进行政治谈判的场所。专家组表面上是独立的，但他们通常是参与本国报道的政府官员。他们也“有兴趣不要对其他国家过于严厉，或不要在审查期间曝光国家信息通报或清单中的问题，这可能导致他们的本国报告也收到类似处理”（Zahar A，2014）。

《巴黎协定》更是明确技术专家审评将以“促进性、非侵入性、非惩罚性和尊重国家主权的方式”进行，并避免对缔约方造成不当负担。[②]MPGs 中就明确了技术专家评审组不得进行的几类行为，包括：a.作出政治判断；b.评审缔约方国家自主贡献的充分性和适当性；c.审评缔约方国内行动的充分性；d.审评缔约方所提供支持的充分性；e.对于依能力需要灵活性的发展中国家缔约方，审评其适用灵活性的决定。[③]这意味着，报告和审查安排并没有达到进一步确定责任性所需的环节：一种判断。

## （四）透明度框架的“责任性”判断结果

通过分析“责任性”的关系、标准和判断过程，陆续揭示了区别性义务及两项约束性要求在实施环节难以确认“责任性”的原因：事后责任主要体现在对区别性支持义务和国家自主贡献履行义务的“责任性”判断上，根据上文分

① Ibid.

② Paris Agreement，art. 13.3.

③ 参见《透明度框架的方法、程序和指南》（MPGs）附件第 149 段。

析可知，区别性支持义务因为标准不明无法确定“责任性”；国家自主贡献履行义务虽然有明确的标准，但在判断阶段，透明度报告和审查保障制度安排并没有对“责任性”起到判断作用，所以同样难以达到问责效果。事前责任体现在对区别性减缓义务履行的两项约束性要求实施的“责任性”判断上，但是以上两项内容的实施均因为没有确立明确的标准作为判断“责任性”依据，所以难以进行事前问责。

## 三、“行动和支持透明度框架”内置“灵活性”的作用

在透明度框架中内置对发展中国家提供的区别于发达国家的“灵活性”安排，在一定程度上反映了 CBDR 原则能否实现的争议主题。由于《巴黎协定》中各缔约方减缓区别的责任没有落实到实体义务中，发展中国家希望将发达国家和发展中国家的区别义务内置于审查保障制度的程序性制度中，于是出现了透明度框架的“灵活性”安排。该设置是否能够解决区别义务的实体制度欠缺的 CBDR 原则实施困境？以下通过分析《巴黎协定》关于“灵活性”的安排，以及 MPGs 对“灵活性”作出的具体的规定做进一步分析。见表 4.2。

表 4.2　透明度框架中的“灵活性”安排

| | | |
|---|---|---|
| 《巴黎协定》 | 适用主体 | 第 13（3）条：强调透明度安排有必要考虑“最不发达国家和小岛屿发展中国家的特殊情况” |
| | | 第 13（2）条：将“向那些需要透明框架的发展中国家缔约方提供执行透明度框架的灵活性” |
| | 适用的大体范围 | 《巴黎协定》的决定（Decision 1/CP.21）第 89 段：灵活性可能与报告的范围、频率和详细程度有关 |
| | 能力建设 | 《巴黎协定》的决定（Decision 1/CP.21）第 84 段：为了支持发展中国家缔约方满足更高的透明度要求，决定建立一个“透明度能力建设计划” |

续表

| | | |
|---|---|---|
| 《透明度框架的方法、程序和指南》（MPGs） | 灵活性的适用主体 | MPGs 附件第 6 段：灵活性需求应由发展中国家来确定。MPGs 附件第 6 段：MPGs 排除了对此国家决定行为的任何审查：禁止 TER 对其进行审查。MPGs 附件第 189 段：灵活性不在 FMCP 范围内 |
| | 灵活性适用的条件 | 1. MPGs 附件第 6 段：当事方必须明确指出需要灵活性的规定。<br>2. MPGs 附件第 6 段：必须“简明扼要地阐明能力约束，从而证明需要灵活性”。<br>3. MPGs 附件第 6 段：必须“提供自我确定的估计时间框架以改善与这些限制有关的事项”。<br>技术专家审查（TER）必须验证这些正式程序要求已得到满足（第 146 段），尽管它不能审查理由或时限（第 149 段） |
| | 灵活性的范围限制性情形 | 1. 对于评估缔约方实现其国家自主贡献减缓目标的进展所必需的报告要求没有灵活性。允许报告的频率没有灵活性（第 59-103 段）。MPGs 确认了除最不发达国家和小岛屿发展中国家以外的所有国家的两年期报告原则。<br>2. 适用对象的限制：一个发展中国家决定其在报告各种温室气体方面的需求灵活性，但仍必须报告三种主要的温室气体（$CO_2$、$CH_4$ 和 $N_2O$）以及其国家自主贡献中包含的任何其他气体（第 48 段）。其他规定“鼓励”这些国家决定其需要灵活性以完全遵守相关要求（参见第 29，34，35，85，92，159 段）。<br>3. 国家温室气体清单的技术审查灵活性限制：由于全面开发的“可计量、可报告、可核查”（MRV）系统可能给发展中国家带来的挑战。审查和监督流程的灵活性仅限于所选择的技术专家审核类型（集中而不是国内）以及 TER 和 FMCP 的时间表（第 192 段） |
| | 灵活性的时限规定 | 1. 发展中国家一方是提供“可自行确定的改进预估时间”，但并没有明确要求该方遵守或限制这些时限。原则上，该国家可以尽可能延长对灵活性的需求（第 6 段）。<br>2. 并认识到“促进随着时间的推移，改善报告和透明度的重要性”，发展中国家缔约方必须避免主张与他们已经在之前的报告中报告的部分，再次要求相关的灵活性需求（第 3 段、第 92 段） |

从灵活性适用主体而言，灵活性只适用于发展中国家缔约方。《巴黎协定》和MPGs均未定义“发展中国家缔约方”，但任何以前遵循发达国家（即附件一）缔约方报告要求的国家，都应按照进步原则，避免要求在透明框架下的灵活性（Mayer B，2019）。所以，目前可以判断的是，在《巴黎协定》没有作出明确界定之前，发展中国家缔约方的范围对应的是UNFCCC的“非附件一国家”。

对于减缓共同义务履行的灵活性适用范围的分析，可以得出结论：灵活性适用的范围极为有限，主要涉及的内容均是“非实质性”义务，对主要的“实质性”义务均作出不具有灵活性的限制或者对其灵活性作出了明确限制。例如从上表中可知，实质性义务“实现国家自主贡献减缓目标的进展”没有灵活性；以及对国家温室气体清单的主要报告范围的灵活性作出明确限制；对于技术审查的灵活性也作出了严格限制。

从整个气候制度的发展看，发达国家和发展中国家之间在区别性问题上争论不休的谈判也重新出现在“谁应该透明”的问题上。透明度进一步反映了在实体规则方面发达国家和发展中国之间区别性需求未得到有效落实的困境，作为程序保障规则的透明度是这种区别性需求在程序制度中的延续。即使“灵活性”中“非实质性”区别制度得到落实，同样难以满足对CBDR原则的实质性落实的需求。

## 第三节 《巴黎协定》的“全球盘点”制度

### 一、全球盘点的审查保障制度内容

《巴黎协定》第14条和《巴黎规则手册》中《第十四条和第1/CP21号决定第99-101段有关的事项》对全球盘点作了主要阐述。全球盘点将短期的气候行为与长期目标联系起来，其目的是审核《巴黎协定》的执行情况，并评估实现共同商定目标的集体进展。全球盘点强化了5年为一周期的节奏，它将后续国家自主贡献周期的评估阶段和议程设定阶段联系起来。它汇总了各个国家的评估，以便在全球范围内得出结论，这些结论将为下一轮国家自主贡献提供各自的国家气候政策议程（Hermwille L et al.，2019）。全球盘点是独一无二的多边审查保障机制，区别于其他审查保障制度，旨在审查个体国家进展，将“根据公平和现有最佳科学”全面评估实现共同目标的集体进展。

全球盘点分三个阶段：信息收集、技术评估和结果考虑。一是信息收集阶段。包括来自非国家利害关系主体的提交，以及关于权益和有关损失和损害的信息。二是技术评估阶段。包括一个技术对话，它评估减缓、适应和支持各领域的集体进展，并酌情考虑与损失和损害有关的问题。全球盘点将总结缔约方在采取增强减缓行动方面所面临的机遇和挑战，以及在适应中吸取的经验教训和良好做法。三是结果考虑阶段。结果考虑将在高级别活动上提出。缔约方可以利用这些结果、建议和关键政治信息，更新和加强其行动和支持，并改善国际合作。第一次盘点将于 2023 年进行。国际社会认为有必要更早地进行总结，以指导各缔约方，特别是指导“承诺”缔约方更新和修订其下一期的“再承诺”。因此，2018 年缔约方召开了一次“促进性对话”，评估缔约方为实现《巴黎协定》确定的长期减缓目标已经做的集体努力，并将此评估结果告知各缔约方，为各缔约方报送下一次的国家自主贡献做准备和参考。表 4.3 梳理了全球盘点的主要内容。

表 4.3 全球盘点主要内容

| | |
|---|---|
| 审查范围 | 协议的实施，以评估实现协议目的和长期目标的集体进展，包括减缓、适应、实施手段和支持，并酌情考虑与损失和损害有关的问题 |
| 审查原则 | 综合性和便利性；根据公平性和现有的最佳科学评估集体进展 |
| 频率 | 每 5 年 1 次（从 2023 年起），除非 CMA 另有决定 |
| 信息收集 | （1）关于国家自主贡献总体影响的信息；（2）适应通报；（3）关于动员和提供支持的信息；（4）IPCC 的最新报告；（5）附属机构的报告 |

续表

| | |
|---|---|
| 与其他审查程序的关系 | 通过“透明度框架”进行盘点 |
| 结果考虑 | 应告知缔约方更新和加强“国家确定”的行动和支持，并加强国际合作 |
| 《巴黎规则手册》内容 | 每 5 年，各国将评估他们在实现巴黎目标方面的集体进展。这个过程只会评估国际上的集体进展，并明确排除针对特定国家的建议 |

## 二、全球盘点制度的作用

全球盘点以审查和评估在实现长期目标方面取得的集体进展发挥保障作用。如果没有审查和评估就无法衡量各国“只进不退”和“最大努力”的实施效果是否足够。《第十四条事项》为全球盘点提供了足够稳健的规则：它将审查国际社会的集体努力，同时考虑公平性和现有的最佳科学，盘点结果将在缔约方会议的决定中体现出来。缔约方可以针对长期目标，根据全球评估修订下一次的承诺（Doelle M，2018）。从而在“承诺”和“再承诺”环节发挥促进雄心的作用，即全球盘点主要涵盖了这两个方面的任务：一是适用于缔约方当前贡献的执行；二是适用于促进对未来拟议贡献的雄心。全球盘点正是《巴黎协定》这一“雄心勃勃机制”的核心（Rajamani L，2016）。但是，现有全球盘点制度是否能够达到以上作用，我们还需要做进一步的分析。《巴黎协定》将全球盘点设想为一项“全面和促进性”的工作，从而加强了这样一个概念，即全球盘点不仅涉及减缓，还涉及支持，它是一个促进性的工具，而不是一个追责性的工具。

（1）全球盘点难以完成对区别性支持义务的评估。《巴黎协定》实施评估的基础是特定的“目标”，比如减缓的实施评估主要是各国承诺额度的汇总，并衡量与协定第 2 条设定的“长期目标”之间的差距。但是支持义务没有纳入“承诺”制度，因此发达国家缺乏明确的支持目标作为评估参照，这为支持进度评估引入了不确定性因素。

（2）盘点只被授权考虑（consider）“集体”进展，从而使个别国家免受对其行动进行适当性评估的风险。同时，盘点的结果必须“以国家决定的方式”由缔约方自主考虑更新和加强其行动和支持。[①]这是一项谨慎平衡的规定。一方面，它将评估结果与更新缔约方贡献的过程联系起来，从而产生了强烈的期望，即缔约方将根据评估结果加强其行动的雄心。[②]另一方面，它强调了“再承诺”“由国家决定”，而非国际强制性安排，从而解决了各缔约方对加强行动和丧失自主权的“只进不退”和“最大努力”的关切。所以说，全球盘点难以针对个别缔约方以直接的方式对区别性的两项约束性标准的达成进行具体评估。

（3）全球盘点需要“根据公平和现有的最佳科学”评估集体进展。[③]列入“公平”考虑是几个发展中国家艰苦谈判的结果，特别是非洲集团。长期以来，发展中国家一直坚持考虑缔约方的历史责任、当前能力和发展需要，以便为国家承诺设定期望值。目前尚不清楚在气候制度中如何界定“公平”，也不清楚如何将因“公平”而产出的区别性纳入全球盘点过程。然而，将“公平”纳入全球盘点，就为区别性的分担责任问题进行对话打开了大门。

目前，《巴黎协定》规定透明度审查的相关信息提供给全球盘点，但尚不清楚“透明度框架”生成的国家报告和审查将如何为全球盘点提供信息。当“透明度框架”审查结果表明缔约方行为与承诺存在明显的不一致情况时，是否能够触发促进实施和遵守机制的运行，也就是说，“透明度框架”是否能够成为促进实施和遵守机制的触发器，目前还没有明确答案。全球盘点强调集体进展表明，不会单独追究个别国家的行动责任，全球盘点的结果也不能发挥启动促进实施和遵守机制的作用。

---

① Paris Agreement art 14（3）.

② Paris Agreement art 4（9）.

③ Paris Agreement art 14（1）.

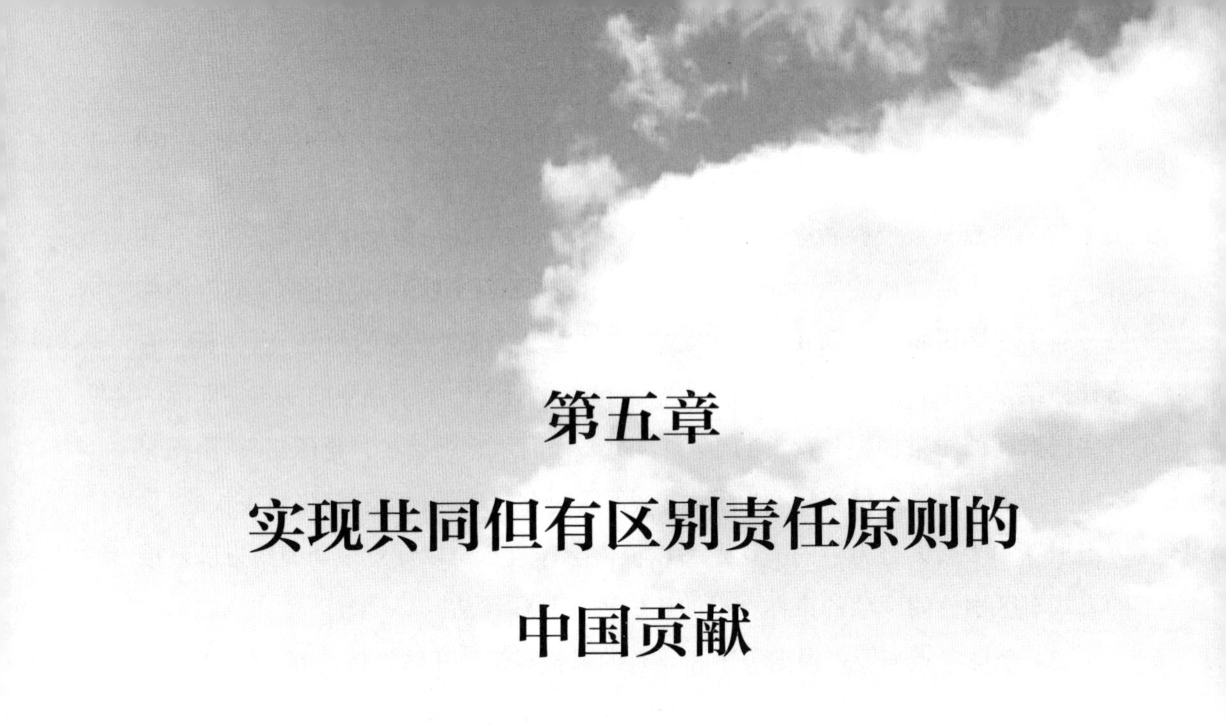

# 第五章 实现共同但有区别责任原则的中国贡献

《巴黎协定》生效后，UNFCCC 缔约方会议中，作为最大的发展中国家，中国积极协调各方合作，斡旋调解，反复沟通立场，为推动《巴黎协定》的贯彻落实作出了突出贡献，展现了负责任、有担当的大国风范。中国不仅提出“人类命运共同体”理念，坚持共商共享共建的全球治理观，为全球气候治理提供了理论支持，还通过完善国内立法、政策等手段，切实采取各项措施应对气候变化。高效有序的中国行动给国际社会展现了应对气候变化的中国决心，也为全球气候治理贡献了中国方案。

# 第一节　中国自主贡献承诺履行状况

## 一、中国承诺目标

### （一）减缓方面

2015 年 6 月 30 日，我国向联合国气候变化框架公约缔约方大会秘书处提交了《强化应对气候变化行动——中国国家计划自主贡献》，承诺：中国将不断通过提高森林植被面积、开展产业节能方案等措施实现 2020 年单位国内生产总值二氧化碳排放量相比 2005 年下降 40%～45%，并确定 2030 年自主行动目标即二氧化碳排放量尽早达峰；相比 2005 年，单位国内生产总值二氧化碳排放量下降 60%～65%；国内非化石能源消费比重达到 20%左右；森林积蓄量比 2020 年目标高出 4 亿 $m^3$。[①]我国采取的是单位 GDP 能耗指标，降低单位 GDP 能耗说明一国对能源的依赖程度降低，同时也反映该国的能源利用率提高。更重要的是，单位 GDP 能耗指标一般涉及我国三大产业的能耗情况。除此之外，我国按照地域和产业区域实施分类的气候区域政策，比如对城市化集中区域实施碳排放强度控制，而对中小城镇区域实施严格产业目录、限制新上高碳项目。因此，我国提出的减排目标总体是明确的，也体现了经济范围内减缓措施的努力，符合《巴黎协定》全体缔约方自主贡献的法律标准。

### （二）适应和支持方面

我国从运输、水资源管理、林业、公共卫生、气象评估、规划设计和应急机制这七个方面提高对气候变化的适应要求，体现了国家驱动的要求；深入开展全

---

①《强化应对气候变化行动——中国国家计划自主贡献》，2015 年 6 月 30 日，http：//www.gov.cn/xinwen/2015-06/30/content_2887330.htm。

民义务植树活动，加强低碳生活和消费的全民教育，推进全民低碳消费理念，体现了全民参与的要求。此外，我国国家自主贡献还从科技、资金和政策、温室气体核算体系以及开展国际合作等方面，共同促进全球绿色低碳环保转型，推动发达国家履行《巴黎协定》支持标准，促进南北合作，体现了国际合作和行动一致的要求。①

## 二、承诺履行状况

一直以来，我国认为各缔约国应当坚持 CBDR 原则，并在考虑各国国情的前提下全面落实国家自主贡献承诺，将其履行状况作为有效实施《巴黎协定》的互信基础和重要条件。为此，我国制定并落实《国家应对气候变化规划（2014—2020年）》，加快建立绿色生产和消费的法律制度和政策导向，建立健全绿色低碳循环发展的经济体系，设立国有自然资产管理和自然生态监管机构，构建以政府为主导、企业为主体、社会组织和公众共同参与的环境气候治理体系，积极落实减排承诺，强化气候适应。高度重视能源转型对应对气候变化的重要作用，积极推动能源发展转型，提出推动能源消费革命、供给革命、技术革命、体制革命、全方位加强国际合作的能源安全新战略，为气候变化减缓和适应做出积极贡献。

（1）将碳排放强度下降。森林覆盖率和蓄积量等目标作为约束性指标，纳入国民经济和社会发展五年规划并分解到地方落实。近年来，我国碳排放强度持续下降。截至 2018 年年底，碳排放强度比 2005 年累计下降 45.8%，基本扭转了温室气体排放快速增长的局面。森林覆盖率达 22.96%，森林蓄积量比 2005 年增加 45.6 亿 $m^3$。2016—2018 年，我国单位 GDP 能耗累计降低 11.35%，节约能源约 5.4 亿 t 标准煤，为落实“十三五”控制温室气体排放目标和 2030 年国家自主贡献奠定了坚实基础。②

---

① 同上。

②《联合国气候行动峰会：中方的立场和行动》，2019 年 9 月 17 日，http：//www.mee.gov.cn/ywgz/ydqhbh/syqhbh/201909/t20190917_734045.shtml。

（2）坚持能源清洁低碳的发展方向。大力发展可再生能源，坚持节约优先，落实“十三五”能耗总量和碳排放强度“双控”制度，推动清洁能源装备制造技术不断升级。2018 年，清洁能源消费比重约 22.1%，比 2012 年提高 7.6 个百分点。全国可再生能源发电装机突破 7.28 亿 kW，其中水电、风电、光伏发电装机分别达到 3.52 亿 kW、1.84 亿 kW、1.74 亿 kW。煤炭消费比重约 59%，比 2012 年下降 9.5 个百分点。非化石能源发电装机占比约 40%，发电量占比接近 30%。单位 GDP 能耗较 2012 年累计下降 23%，全国 6 000 kW 及以上火电机组供电煤耗每千瓦时 308 g 标准煤，比 2012 年下降 17 g 标准煤。截至 2018 年，累计退出煤炭产能 8 亿 t 以上。近年来，累计关停高污染、高能耗的小火电机组 1.1 亿 kW 以上。

（3）推行碳排放权交易。作为控制温室气体排放的重要政策，积极促进低碳发展，开展碳排放权交易试点探索实践。截至 2019 年 6 月，7 个碳排放权交易试点地区配额累计成交量约 3.3 亿 t 二氧化碳当量，累计成交额约 71 亿元人民币。试点地区重点排放单位整体履约率保持较高水平，试点范围内碳排放总量和碳强度保持双降趋势。中国将继续为全球气候融资作出力所能及的贡献，并继续推进全国碳排放权交易市场建设，加强同各方在碳市场建设政策规则、配额管理、能力建设等方面的交流合作。

（4）积极引导和促进更多资金投向气候行动。积极深化与世界银行、亚洲开发银行等多边机构的务实合作，并推动亚洲基础设施投资银行、丝路基金、中资银行等机构开展气候投融资活动，帮助共建“一带一路”参与国家实现应对气候变化和发展的双赢。我国通过建立南南合作基金为最不发达国家、小岛屿国家提供帮助和支持，已经达到了《巴黎协定》对发达国家国家自主贡献的支持标准。

除此之外，我国高度重视工业转型对应对气候变化的积极作用，明确了工业领域应对气候变化的思路、目标和任务，大力推动工业绿色低碳转型发展。2016—2018 年，全国规模以上企业单位工业增加值能耗累计下降超过 13%，实现节能量约 4 亿 t 标准煤，减排二氧化碳约 10 亿 t。我国积极加强应对气候变化的地方行动，开展低碳省市试点。根据各地发展阶段、资源禀赋、生态环保等因素，分类确定各省碳强度下降目标，并建立相应体制机制，确保目标落实。我国积极开展低碳工业园区、低碳城（镇）、低碳社区试点工作，推动实施近零碳排放区示范工程，探索低碳发展路径等工作。

## 第二节　推动人类命运共同体引领下的国际气候法治

### 一、人类命运共同体思想

人类命运共同体是指“每个民族、每个国家的前途命运都紧紧联系在一起，应该风雨同舟，荣辱与共，努力把我们生于斯、长于斯的这个星球建成一个和睦的大家庭，把世界各国人民对美好生活的向往变成现实”（习近平，2017）。习近平在 2015 年 9 月 28 日第 70 届联合国大会一般性辩论时的讲话和 2017 年 1 月 18 日在联合国日内瓦总部的演讲，系统地阐述了构建人类命运共同体的时代背景、重大意义、丰富内涵和实现路径，深刻回答了“建设一个什么样的世界，怎样建设这个世界”的问题。中共十九大把推动构建人类命运共同体作为新时代坚持和发展中国特色社会主义的基本方略之一，并写入党章。至此，“人类命运共同体”已从一个理念发展为具有丰富内涵、完整体系的思想。①

在国际气候治理领域，由于全球气候问题的特殊性，每个国家都不能独善其身，应对气候变化问题是最能体现人类命运共同体的国际问题。通过不断强化人类命运共同体意识，继续推动人类命运共同体的规则构建，打造全球气候治理的命运共同体（李慧明，2020）。2015 年，习近平系统阐述打造人类命运共同体理念时，把“构筑尊崇自然、绿色发展的生态体系”作为构筑人类命运共同体的五大支柱之一。2018 年，习近平出席全国生态环境保护大会并发表重要讲话，提出“推动和引导建立公平合理、合作共赢的全球气候治理体系，彰显我国负责任大国

① “人类命运共同体与国际法”课题组《人类命运共同体的国际法构建》，载于《武大国际法评论》2019 年第 01 期，第 5-32 页。

形象，推动建立人类命运共同体。”[①]2018 年卡托维兹大会前，习近平在二十国集团领导人布宜诺斯艾利斯峰会上号召各方继续本着构建人类命运共同体的责任感，为应对气候变化国际合作提供政治推动力，为大会取得成功提供关键指引。我国顺应时代号召，全面参与全球气候治理，贡献中国方案。目前，我国牵头“基于自然的解决方案”（NBS）领域工作深度参与联合国气候行动峰会，并发布《联合国气候行动峰会：中方的立场和行动》。我国积极推动南南合作，积极为其他发展中国家提供力所能及的帮助，截至 2019 年 3 月，我国已经与 30 多个发展中国家签署了南南合作谅解备忘录。我国还进一步通过“一带一路”倡仪和亚洲基础设施投资银行，继续为全球气候治理贡献力量。

## 二、人类命运共同体的法律地位

首先，人类命运共同体代表人类共同向往的美好愿景。人类命运共同体是指引各国政府和人民为此奋斗的长远目标，需要一代又一代人接力长跑。其次，人类命运共同体是处理国际关系和深化全球治理的一套政策主张和行动倡议。构建人类命运共同体意味着努力构建不冲突不对抗、相互尊重、合作共赢的新型大国关系，倡导绿色、低碳、循环、可持续的生产生活方式等。这些是指引各国政府应对全球性挑战的方略和指南，需要各国间的互信、谅解与合作。这部分内容是现代国际关系理论的创新发展，是人类命运共同体思想的精髓。再次，人类命运共同体是基于条约和习惯法的国际法义务。互相尊重主权和领土完整，禁止在国际关系中非法使用武力，不得干涉他国内政，和平解决国际争端，促进国际合作等，是构建人类命运共同体的法律基础和基本法律遵循，对世界各国具有法律拘束力，需要各国严格遵守。推进构建人类命运共同体与实现国际法治有着内在的必然联系（张晓君，2018）。联合国宪章及 1970 年《关于各国依联合国宪章建立友好关系及合作的国际法原则宣言》、2005 年《世界首脑会议成果文件》等宪章

① 新华社《习近平出席全国生态环境保护大会并发表重要讲话》，载于新华网 2018 年 5 月 19 日，http：//www.xinhuanet.com/photo/2018-05/19/c_1122857688.htm。

性国际法文件所包含的国际法基本原则，是现行国际秩序和国际法体系不可或缺的，也是人类命运共同体思想的重要组成部分。

2018 年 3 月，十三届全国人大一次会议首次对《中华人民共和国宪法》中有关外交政策的内容进行了充实和完善。宪法序言第 12 自然段在“坚持独立自主的对外政策，坚持互相尊重主权和领土完整……”的基础上，增加了“坚持和平发展道路”“坚持互利共赢开放战略”和“推动构建人类命运共同体”三项重要内容。我国将以上三项内容载入国家根本大法，是党的十八大以来习近平新时代中国特色社会主义思想指导下外交理论和实践创新的主要成果的理论总结，成为新时代中国特色大国外交宗旨和总目标的最高法律宣示。

## 三、推动人类命运共同体引领下的国际气候法治发展

法治化是推动全球治理体制变革、构建世界新秩序的必然要求，建设国际法治和全球法治是推进全球治理现代化和世界秩序法治化的必由之路（张文显，2017）。人类命运共同体以推动国际关系法治化为目标，国际法治是法治理念的国际实施，是构建人类命运共同体的实现路径（谢海霞，2018）。人类命运共同体是国际法治的中国表达。国际法治的中国表达是指中国如何在国际事务的法治化进程中发表自身的观点、阐述自身的立场、呈现自己的主张、说明自己的实践、显示自身的存在、体现自身的参与（何志鹏，2015）。

### （一）掌控构建 CBDR 原则的规则体系的“剩余权利”

全面参与全球气候治理，通过有效运用《巴黎协定》各项机制，掌控构建 CBDR 原则的规则体系化的“剩余权利”。“剩余权利”的观点来源于“不完全契约理论”，该理论是指基于缔约双方难以完全预见履约期内所发生的重要事件，且当重要事件发生争议时，第三方亦无法强制执行的事实，而进行的理论分析和治理机制的设计，其主要理论贡献是美国经济学家哈特、格罗斯曼和莫尔三位学者提出的。由于生产配置对于“世界的状态”的依赖关系在事前是难以预测并描述清楚的，

且某些事前投资可能因为它们过于复杂以至于难以描述，或是因为它们所代表的一方的努力决策是无法证实的，从而难以写入合同中，同时，考虑到所有不可预测事件的长期合同成本是高昂的，所以，合同明确规定的权益之外有着很大的剩余控制权，一般情况下，被掌握更多信息优势的一方所掌握，剩余控制权的分配是重要的核心问题（周雪光，2014）。哈特将“不完全契约理论”与“产权理论”联系起来，认为由于合同的不完全性，将产生特定权利和剩余权利，前者是指能在合同中明确确定的权利，后者是指不能明确界定的权利。当存在交易成本或不对称信息而有碍于事后重新谈判时，掌握剩余控制权就非常重要，它将影响到事后剩余的规模和分配（吕江，2014）。UNFCCC 领域，由于各缔约国各自利益严重分化，《巴黎协定》是一项未能详尽所有气候治理规则的国际协议，特别是 CBDR 原则指导下可操作的规则体系还很不完备，在此现状下，我国应当积极全面参与全球气候治理，掌控国际气候治理领域《巴黎协定》下的剩余权利。主要包括：明确 CBDR 原则实现形式、路径中各缔约国“承诺”制度的可操作性的规则构建；明确透明度框架的“审查保障”功能中对“承诺”实施的责任性判断制度设计；推动“审查保障”各项制度的衔接设计；增强条约的强制性保障力度；等等。

## （二）明确发展中国家和发达国家区别性基础

《巴黎协定》凸显了将有能力的发展中国家缔约方，主要是指中国、印度、南非、巴西、墨西哥、智利等为代表的国家，逐步统一到 UNFCCC 中发达国家的减缓和支持义务体系中。但是，有能力的发展中国家缔约方和发达国家具有显著区别的“不同国情”。发达国家各项发展指标仍然处于世界前列。我们将发达国家（以“附件一国家”为基础）的国内生产总值（GDP）、人类发展指数（HDI）[①]、人均 GDP 的排名情况进行比较。UNFCCC“附件一国家”除欧盟外一共 40 个国家，其中 24 个国

---

① HDI 是由联合国开发计划署（UNDP）在《1990 年人文发展报告》中提出的用以衡量联合国各成员国经济社会发展水平的指标，是对传统 GNP 指标挑战的结果。HDI 由三个指标构成：预期寿命、成人识字率和人均 GDP 的对数。

家占据 GDP 最高的 50 个国家之列；除了乌克兰和摩洛哥，其余“附件一国家”均进入 HDI 排行前 60 名。除了乌克兰和摩洛哥、白俄罗斯，其余“附件一国家”均进入人均 GDP 排名前 60 名。自 21 世纪初以来，随着发展中国家中一些大国成为世界增长的主要动力，发达国家开始不断呼吁限制或者废除 CBDR 原则，其理由主要是认为中国、印度等发展中国家已经有足够能力和弹性承担应对气候变化造成的负担。的确，自 20 世纪 90 年代初以来，世界发生了很大变化。中国、印度、南非、巴西、墨西哥、智利等发展中国家的 GDP 排名逐渐靠前。以 2018 年为例，以上国家排名次序分别为第 2、第 7、第 32、第 42、第 15、第 9。但是，就发展中国家整体情况而言，其占全球经济份额仍保持基本不变。据统计，1974 年，发展中国家在全球 GDP 中所占的份额为 30%，根据世界银行的估计，2018 年增长到 31%。[①]虽然此类国家整体 GDP 排名进步，但是，其 HDI、人均 GDP 无一例外均未进入两项指标的前 60 名。如 2018 年中国的 HDI、人均 GDP 的排名分别为第 86 名和 73 名；印度为第 130 名和第 119 名；南非是第 113 名和第 89 名。与此同时，人类发展水平低的国家的 HDI 从 1990 年的 0.352 增加到 2018 年的 0.507，但人类发展水平高的国家的 HDI 也从同期 0.568 显著增加到 0.750。[②]此类发展中国家与发达国家的地位完全不同，在人均 GDP 方面仍然存在显著差异。数据清楚表明，2018 年，美国公民的收入为 62 606 国际元，几乎是印度（7 874 国际元）的 8 倍、南非（13 675 国际元）的 4.6 倍、巴西（16 154 国家元）的 3.9 倍、中国（18 110 国际元）的 3.5 倍。[③]日本、欧洲的人均 GDP 也是远远高于此类发展中国家。因此，此类发展中国家仍然是发展中国家的根本特征没有变化，既没有理由庆祝过去几十年中发展中国家的发展，也没有理由认为发达国家和有能力的发展中国家缔约方之间的差距将大大减少，从而使得二者之间的区别变得多余。

---

① World Bank，World Development Indicators（Table 4.2 - Structure of out put）（2019）.

② UNDP，Human Development Report 2019（UNDP，2019）.

③ 数据来源：国际货币基金组织（2018）。

# 第三节　推动《巴黎协定》共同但有区别责任原则的规则体系化

## 一、明确缔约国承诺的法律地位

CBDR 原则的义务规则中区别性减缓义务和区别性支持义务的实施都围绕承诺制度运行，区别义务是否能够有效实施，各缔约国提交的承诺国家自主贡献的法律地位是核心问题。如果承诺国家自主贡献作为《巴黎协定》的基本运作形式缺乏明确法律地位，必然导致《巴黎协定》整体陷入无休止的政治谈判中，当然不是说具有一定约束力就能约束各缔约国积极履行减缓和支持义务，但是有助于在明确方向的前提下继续推进各项义务的实施。以下通过理论分析阐明国家自主贡献法律地位的来源：一方面来自《巴黎协定》，另一方面来自作为单方声明的承诺。

### （一）明确各缔约国履行“承诺”的行为义务性质

#### 1.“承诺”的履行是一项国际法义务

《巴黎协定》规定各缔约国提交的国家自主贡献将登记在 UNFCCC 秘书处维护的公共登记册中。虽然国际条约对外部文件赋予法律效力的情况并不少见，例如联合国安理会决议、国际贸易协定下的让步时间表，UNFCCC 和《巴黎协定》也是如此，授权其缔约方大会制定与国家清单和透明度有关义务的具体内容和方式。《巴黎协定》的承诺是否具有这样的法律效力取决于《巴黎协定》的规定，但是，这些规定协定中并没有明确，我们可以根据协定的目的和宗旨，从蕴含于协定条款的普通含义下进行解释。

“承诺”制度的实施分为两种形式：一是履行“承诺”的相关程序性义务；二是“承诺”实体内容的实施。“承诺”的程序性义务主要是指《巴黎协定》要求每一个缔约方应当履行的一系列程序规则，包括提交国家自主贡献报告等。“承诺”实体内容的实施方面，由于国家自主贡献的法律效力在协定中没有明确说明，从

《巴黎协定》文本上看，其 4.2（b）条规定“缔约方（Parties）应当（shall）采取国内减缓措施，以实现此类贡献的目标”。虽然主体表述采用了复数形式，但是正如克莱恩（2017）所指出的那样，本条款所载的义务单独适用于每一方缔约国。该解释得到以下事实的证实：《巴黎协定》中的其他“应当”（shall）条款明确规定了适用于各方的法律义务，如程序性义务，也有以复数形式强加于“缔约方”（Parties）的。该条款将实施国家自主贡献的义务纳入《巴黎协定》，并明确了实施国家自主贡献属于国际法义务。

### 2. 履行“承诺”的行为义务性质

（1）结果义务和行为义务的二分法

结果义务和行为义务的二分法来源于罗马法，并在法国义务法中占据中心地位（Benoit M，2018）。结果义务理解为实现特定结果的义务；行为义务是指只要义务人“努力”实施了指定的行为，就算履行了义务，而不论该行为所达到的结果。行为义务典型的例子是医生救死扶伤义务，只要医生尽职按照医疗规范采取措施治疗病人，即视为履行了义务，即使没有发生好的结果，也不能追究医生的医疗责任。对于结果义务，义务人的行为必须达到某种结果才算履行了义务，如果结果没有发生，行为人就需要承担相应责任。行为义务强调努力实施，结果义务重视实现目标结果。

在国际气候领域，行为义务比结果义务有更大的优势。因为结果义务是基于行为能够实现结果的假设，所以，向行为人施加其无法履行的义务，达不到任何目的和效果。相比之下，行为义务假定虽然行为人对期望的结果有一定的控制力，但外因也起到关键作用，行为人无法控制的外部因素可能使实现结果比创造义务时更加困难和成本更高。当外因明显干扰结果的实现时，行为义务就集中在行为人可以承诺的唯一事情上：尽最大努力。这种外因如：《京都议定书》通过后，很少有人能够预测，东欧排放密集型产业的崩溃将给国际社会带来大量在碳市场上的廉价信贷（Sebastian et al.，1999）。很少有人能预见到 2009 年的全球经济危机使“附件一缔约方”更容易履行其承诺（Peters G P et al.，2012）。同样，从现在到 2030 年或 2050 年，各种不可预见的情况可能会促进或阻碍国家自主贡献的实施。可再生能源的大规模部署或许将实现规模经济，并引发一种自给自足的投资趋势。或者，全球经济的快速增长可能使各国难以实现其目标。具体国家的努力将受到国际能源市场的阻碍或便利，例如，可负担得起的天然气的供应，使得工业生产从依靠煤炭向天然气的转变，可能有助于国家自主贡献的有效实施。当一个国家自主贡献确定了某一年（如2030年或2050年）的量化目标时，其实现将取决于该年发生的多种事情。

（2）UNFCCC和《京都议定书》实施"承诺"的义务性质

UNFCCC及其随后的协议要求各国连续作出承诺，限制和减少其温室气体排放。这些承诺在每项协议中都有不同的框架，UNFCCC确立了开放性的行为义务；《京都议定书》确定了结果义务，《巴黎协定》又恢复了行为义务，并将其与一个具体目标联系起来，该目标是根据缔约国连续的NDC确定的。在UNFCCC中，对适用于所有缔约方的承诺与仅适用于发达国家缔约方的承诺进行了区分。根据UNFCCC第4.1（b）条，所有缔约方承诺"制定、实施、公布和定期更新……包含减缓气候变化措施的计划"。[①]此外，据其第4.2（a）条，发达国家承诺"采取……政策并采取相应措施减缓气候变化"，[②]这两项规定包括程序规则（"制定""公布"和"更新"计划的义务以及"采纳……政策"）以及实体规则（"实施"计划和"采取……措施"的义务与其政策相对应）。后者的义务与努力有关，而不是结果，它们也属于行为义务（Voigt C，2008）。然而，UNFCCC没有定义任何特定的基准来评估是否已做出足够的努力。随后，《京都议定书》第3.1条规定了发达国家"确保"其2008年至2012年的年平均温室气体排放量不超过附件B所列的配量：量化的排放限制或减少承诺。[③]《京都议定书》第3.1条规定的减缓承诺为结果义务，这种理解与"量化的限制或减少排放"承诺的具体性质有关。量化指标可用于评估各国在实施方面所做的努力，但这些指标通常旨在促进对结果的评估。通过关于问责制的复杂技术规则旨在建立一种基于结果而非"努力"评估遵约的"客观"

① UNFCCC art. 4.1（b）.

② UNFCCC art.4.2（a）.

③ Kyoto Protocol（adopted 11 December 1997，entered into force 16 February 2005） 2303 UNTS 162，art. 3.1.

方式，遵守这一承诺基本上是对缔约国报告排放量的回顾性比较。

（3）《巴黎协定》实施“承诺”的义务性质

《巴黎协定》以不同的术语界定了各方的义务。撇开所有程序规则，第4.2（b）是《巴黎协定》中关于国家自主贡献的核心实体规则条款。第4.2条（b）规定：“缔约方（Parties）应（shall）采取国内减缓措施，以实现这种贡献的目标。”该条款虽然只有一句话，但是却规定了减缓方面国家自主贡献的核心实施内容。该义务类型应当属于行为义务，而非结果义务。该条要求各缔约国应当实施（implement）自行确定的贡献目标的义务，而对是否实现（achieve）国家自主贡献的具体承诺内容不作具有法律效力的约束。因为，要求缔约方“实现”其国家自主贡献的选择是不可能的，这将使国家自主贡献获得与《京都议定书》排放目标相同的法律地位，而许多国家已经拒绝了这一目标，其中包括以美国为首的发达国家，还有力求积极发展的发展中国家。所以《巴黎协定》着重于义务的实施，而非结果的实现。第4.2条（b）逗号之前，前半句重申了缔约方在UNFCCC第4.1（b）和4.2（a）条下“采取国内减缓措施”的现有义务，但在逗号之后添加了“旨在实现其国家自主贡献的目标”，这样做使得国内减缓措施和各缔约国的国家自主贡献之间实现了联系。与UNFCCC下设立的开放的行为义务相比，《巴黎协定》创造了针对特定目标的行为义务，即各方在其国家自主贡献下的客观目标。《巴黎协定》行为义务更具体，可能比UNFCCC下的模糊承诺更有效（Pauw P et al.，2019）。

行为义务区别于结果义务，结果义务强调结果的实现，如果没有实现相应结果就应当承担法律责任。行为义务是努力实施的义务，行为人只要能够证明不断尽职努力，即判定履行了义务，即使没有达到目标，也无须承担法律责任。《巴黎协定》中承诺国家自主贡献履行的义务属于行为义务，强调行为人尽最大努力实现指定目标，就认为其履行了义务，不管目标是否实现，即行为义务集中在行为人可以承诺的唯一事情上：尽最大努力。也就是说，发达国家和发展中国家对自行确定的“区别”性减排目标，有义务努力实现，在国家自主贡献和透明度制度体系下，应当明确说明“努力”的力度和效果，以此来判定其是否满足行为义务的履行标准。所以说，行为义务的履行和“最大努力”的落实是相辅相成的。只要切实履行行为义务，约束国家自主贡献的“最大努力”也可以同时得到满足。目前《巴黎协定》就怎样履行行为义务，怎样才算尽到“最大努力”都没有相应的标准和规范。但是，该问题已经引发了相关研究议程，民间社会已开发了若干工具。

## （二）单方声明国家自主贡献的法律效力

### 1. 作为法律渊源的单方声明

在国际法上，单边法律行为（Unillateral Act）是指仅仅一个或者几个国际法主体作为一方意欲产生法律效果而作出的，且国际法依其意欲赋予其法律效果的意思表示。一方的意思表示产生法律效果，意味着作出意思表示的一方由于作出意思表示就与有关的他方成立、变更或消灭国际法上的权利义务关系，因而也就在两方间产生国际法上的行为规则（李浩培，2006）。单边法律行为是特殊国际法的渊源。单边法律行为可以分为两类：（1）附属于条约缔结程序的单边法律行为，如保留、批准、加入、通知退出或终止条约；（2）独立的单边法律行为。后者还可以分为下列五种：①许诺；②承认；③抗议；④放弃；⑤通知。独立的单边法律行为作为国际法的渊源，在《国际法院规约》第 38 条中并无规定。它的效力根据主要是保护一方对他方意思表示信赖的一般法律原则（或称为善意原则），从而它是国际法的第二位渊源（李浩培，2006）。

单边许诺（Unilateral Promise）是独立的单边法律行为的一种，也能产生国际法上的权利义务关系。20 世纪 70 年代，“核试验案”①后，国家单方行为才真正得到了国际法院的承认，并在很多案件中作为判例依据（赵一洋，2010）。1966—1972 年，法国政府在南太平洋穆鲁罗阿基地进行了多次大气层核试验。1973 年，

① Nuclear Tests（Australia v. France），I.C.J. Reports 1974，p. 253，at para. 43. See also Case concerning Military and Paramilitary Activities in and against Nicaragua（Nicaragua v. United States of America），Judgment of 27 June 1986，I.C.J. Reports 1986，p. 132，at para. 261，and Case concerning the Frontier Dispute（Burkina Faso v. Republic of Mali），I.C.J. Reports 1986，p. 573，at para. 39.

法国又进行了一系列新的核试验。澳大利亚政府认为法国核试验已对澳大利亚居民造成了辐射量的增加，因此要求法国停止在太平洋中的大气层核试验。由于要求被拒绝，澳大利亚在同年 5 月向国际法院起诉法国，请求该院宣告任何进一步的大气层核武器试验都是不符合国际法的，并且禁止法国进行这种试验。法国认为法院对该案并无管辖权，拒绝出庭，并请求注销该案。法院驳回法国的请求，对该案开展了书面和口头审理程序，并于同年 6 月裁定实施保全措施，命令法国政府于判决前不得进行造成辐射性微尘沉降在澳大利亚领土上的核试验。在诉讼进行期间，法国于 1973 年和 1974 年继续在穆鲁罗阿进行了大气层核试验。但是，自 1974 年 6 月起至 10 月止，法国政府曾 6 次公开表示此后不再进行大气层核试验，其中两次是法国总统分别在公报中和记者招待会上作出的，一次是法国外交部长在联合国大会上作出的，两次是法国国防部长分别在电视访问和记者招待会上作出的，另一次是法国驻新西兰大使在其致新西兰外交部的照会中作出的。1974 年 12 月 12 日，法院作出判决，认为从法国政府 1974 年中的 6 次公开表示，特别是从法国总统作为法国国家元首所作出的对整个国际社会的公开表示，以及就作出表示时的具体情况予以总体考察，可以断定法国政府意在单边承担不再进行大气层核试验的义务；这种单边承担义务的单边法律行为是具有法律效力的，不能武断地撤回。

法院判决中关于单边许诺的法律意义的论证阐明：以单边行为的方式作出且涉及法律或事实情况的一些宣言可以有产生法律义务的效果，这是大家承认的。这种性质的宣言常有很明确的客体。当作出宣言的国家有意按照宣言的字句拘束自己时，就赋予其所采取的立场以法律义务的性质，该国从此以后就在法律上必须以其宣言作为行为准则。这种性质的义务，即使是在国际谈判的范围以外公开表示和意欲受其拘束的，也有必须遵行的效果。在这种情况下，为了使宣言生效，既无须报答的交换物，也无须其他国家的接受，甚至无须答复或反应，因为这些是与该国所作出的法律行为的严格单边性不符的。当然，并不是任何单边行为都引起义务，但是一个国家可以决定对某一问题采取某一立场而有受其拘束的意思，这种意思是应当由对该行为进行解释来确定的。当国家作出限制其将来行动自由的宣言时，应当予以限制的解释。就方式而言，这不是国际法规定的严格或特殊规则的领域，不论一个宣言是口头的还是书面的，并无实质上的区别，因为在一些特定情况下作出的宣言，无须书面记录也可以在国际上构成义务，所以方式不是决定性的。不论这些义务的渊源是什么，支配法律义务产生和履行的基本原则之一是善意的原则。相互信赖是国际合作的一个必须具有的条件，特别是这种合作在很多领域内越来越必不可少的时代，正如"条约必须遵守"这个规则一样，由于单边宣言所承担的义务的拘束性建立在善意的基础上，所以，具有利害关系的国家可以重视单边宣言并予以信赖，他们有理由要求这样产生的义务得到遵守。

**2. 国家自主贡献能够作为单方声明创设法律义务**

独立单边法律行为的有效要件：第一，它必须是一个国际法主体在其权利能力和行为能力的范围内作出的。第二，单边法律行为必须由有权对外代表该国际法主体的机关作出。例如，一国的元首或外交部长显然有权代表该国对外作出意思表示，从而其意思表示应归属于该国，并在一定条件下构成该国的单边法律行为。但是，一国的内务部长却不能被认为有权代表该国对外作出意思表示而拘束该国。第三，单边法律行为的客体和目的必须是合法的，如果违反国际法上强行法规则，单边法律行为是无效的。第四，构成单边法律行为的意思表示必须足够明确，借以使对方了解其确有产生国际法上权利、义务的意思。第五，构成单边法律行为的意思表示必须告知对方。意欲作出单边法律行为的一个国际法主体如果不将它的意思表示告知他方，不能认为已作出了单边法律行为。这种告知并不要求一定的方式，书面或口头告知都是合法的。独立的单边法律行为无须对方国际法主体接受，因为一个独立的单边法律行为如果得到对方接受，就失去其单边性而成为双边法律行为，即双边条约（李浩培，2006）。

特定国家自主贡献符合单边法律行为的有效要件：一是做出国家自主贡献的国家和组织都是在其权利能力和行为能力的范围内作出许诺。主权国家的权利能力和行为能力并无明确限制；欧盟等区域一体化组织作出的许诺应当遵循其创立条约的限制，并根据《巴黎协定》第4.17、第4.18条规定和各国共同承担责任。二是各国国家自主贡献的目标是在向UNFCCC秘书处正式通报之前宣布的，并随后通过高级政府官员的一系列口头和书面声明重申。三是国家自主贡献具有当然的合法性。四是以明确和具体的方式说明国家自主贡献。《巴黎协定》一再鼓励缔约方以便于明确、透明和便于理解的方式传达国家自主贡献。特别是，缔约方大会建议在参考点上纳入“可量化的信息……，时间框架和/或实施周期，范围和覆盖范围，规划过程，假设和方法”，这些要素将确保国家自主贡献的减缓目标的实现能够客观地验证。UNFCCC秘书处的综合报告指出，大多数缔约方明确处理了缔约方大会就减缓行动提出的信息要素。①相反，国家自主贡献在适应或支持方面的规定很少以明确和具体的方式说明。五是虽然国家自主贡献不是《巴黎协定》的正式组成部分，但是，国家自主贡献记录在由公约秘书处维持的公共登记册中，并于2019年12月在CAM.2中确定了一套约束国家自主贡献的规范程序——《国家自主贡献运行和使用公共登记册的方式和程序》。国家自主贡献向国际社会公开，并可查阅。综上五点所述，满足以上要件的国家自主贡献可以构成单边法律行为的构成要件，属于单方许诺，创造了国际法律义务，但是，不是所有国家自主贡献都能构成单边法律行为。

各缔约方认识到，如果所有国家合作减缓气候变化，每个国家都会变得更好。国家将其国家自主贡献告知UNFCCC秘书处，将让其他人相信他将寻求实施其国家自主贡献所载的减缓气候变化承诺，从而鼓励其他国家采取类似措施。如果不出意外，善意应该指示缔约方履行他们通过其国家自主贡献所做出的承诺，并且其他缔约方依靠这些承诺来确定自己的行为。当一个国家直接或间接地获得国际支持时，这种情况最为明显，旨在支持其减缓行动以响应国家自主贡献中包含的有条件减缓承诺。在核试验案中，国际法院的结论是，公开传播“意图实现”结果意味着受约束的意图，特别是考虑到这种传播是在充分了解其他国家对结果感

① UNFCCC, Synthesis report on the aggregate effect of the intended nationally determined contributions, FCCC/CP/2015/7（30 Oct. 2015）para. 8.

兴趣的情况下进行的。在这种情况下，法国政府公开宣布停止进行大气层核试验的意图，虽然并没有明确宣布有意受这一宣言的约束。国际法院认为，由于声明表示其有意终止这些试验的意图，法国必然会认为其他国家可能会注意到这些声明并依赖它们的有效性。法院得出结论认为，通过对其“意图”的一系列单方面声明，法国承担了停止其核试验的义务。

### 3．创制的法律义务范围

就法律义务的范围而言，与减缓目标有关的是国家自主贡献最有可能产生义务。大多数国家自主贡献都包含一个明确而具体的减缓目标声明，这些减缓目标是为其他国家准备和向其他国家传达的，以便在确定自己的行为时可以依赖。国家自主贡献有时以明确和具体的方式描述了为实现减缓目标所设想的措施。当然还有一些国家明确表示，他们的国家自主贡献不能“将他们与任何具体部门的减缓义务或行动联系起来”[①]，对此类国家自主贡献不能视为单边承诺。

气候变化适应目标的声明通常与第三国没有多大关系，因为一个国家的适应行动的成功通常与其他国家的适应行动无关。当适应目标旨在实现跨界利益时，例如在保护跨界水体或保护跨国生态系统方面，可能会产生义务。即便如此，该条款仍需要以明确和具体的条款表达，以反映创设义务的意图。国家自主贡献的适应规定很少涉及适应的跨界方面，即使在这些方面也适用，通常以模糊的方式编写。而且一些缔约方明确排除其国家自主贡献的适应部分可能创造国际法律义务。所以，国家自主贡献适应目标的声明一般不作为单边许诺。

国际支持是一个可以轻易纳入明确和具体规定的领域。然而到目前为止，潜在的捐助国一直不愿在其国家自主贡献中作出关于资金的支持、技术转让或能力建设的任何明确或具体规定。有些缔约方完全避免在他们的国家自主贡献（例如欧盟和美国）中提及支持，而其他缔约方只包括非常模糊的条款（如日本）。然而，

---

① India’s Intended Nationally Determined Contribution：Working Towards Climate Justice（1 Oct. 2015），available at http：//www4.unfccc.int/Submissions/INDC/Published%20Documents/India/1/INDIA%20INDC%20TO%20UN FCCC.pdf，at 30（India’s INDC）.

随着国家自主贡献的调整和更新，政治权衡可能很快导致捐助国更明确地承诺向参与减缓行动的发展中国家提供支持。根据以上分析可以判断出，目前可能作为单边许诺的主要体系在区别性减缓义务中，适应义务还未能作为单边承诺。期待国际支持义务能够随着发展逐步纳入单边承诺。

综上所述，承诺国家自主贡献的法律效力来源于《巴黎协定》规定的国际法律义务和各缔约国的单方许诺，所以承诺国家自主贡献体现出受到双重约束的特性。如果缔约方提出高出协定规定的义务水平的承诺，如欧盟提出“实现”而不只是“实施”国家自主贡献的义务目标，那么使得承诺受到结果义务的约束；再如发展中国家在国家自主贡献中明确作出国际支持承诺的，即使《巴黎协定》没有规定发展中国家承担国际支持义务，其法律效力也应当根据将承诺视为单边许诺来确定。高承诺的缔约方应当受其高承诺的法律约束。所以，欧盟等主体应当受到结果义务的单边许诺法律约束；承诺提供国际支持的发展中国家也应当履行承诺义务。如缔约国提出低于《巴黎协定》规定的义务水平的承诺，则不被认为其构成单边许诺，也不能被认为其构成新的较弱的国家法律义务。

## 二、承诺制度中纳入区别性支持义务的内容

### （一）“承诺”范围扩大的途径

2015 年，COP21 体现出扩大国家自主贡献范围的趋势，《巴黎协定》第三条规定：作为全球应对气候变化的国家自主贡献，所有缔约方均将保证并通报第四条、第七条、第九条、第十条、第十一条和第十三条所界定的有力度的努力，以期实现本协定第二条规定的目的。所有缔约方的努力将随着时间的推移而逐渐增加，同时认识到需要支持发展中国家缔约方有效执行本协定。[①]由此可知，《巴黎协定》确定的国家自主贡献比 COP19 确定的国家自主贡献的范围要扩大很多，除减缓和适应以外，增加了资金支持和国际合作等。但是，由于该条款是一项非义

① See Paris Agreement，13 Dec. 2015，art. 3.

务性条款，特别是在《巴黎协定》的后续条款中，没有进一步落实和细化国家自主贡献的具体范围，由此发达国家和发展中国家对国家自主贡献的主要范围难以达成统一。在国际实践中，发达国家仍然认为国家自主贡献只是以减缓为内容的各国提交的自主贡献，而发展中国家认为国家自主贡献还应当包括发达国家向发展中国家提供的支持信息、发达国家向发展中国家进行技术转让、能力建设支持等各方面内容。

对于国家自主贡献的具体内容和范围，《巴黎协定》并没有给出具体和明确的答案。但是，《巴黎协定》第 4.8 条授权 1/CP.21 决定和《巴黎协定》缔约方会议的 UNFCCC 缔约方会议（CMA）可以以“决定”的形式对国家自主贡献提供“清晰、透明和可理解”的必要信息作出进一步规范。直至 2018 年的卡托维兹 COP24 会议中，关于国家自主贡献内容和范围的讨论再次提上了日程，各缔约国立场差异很大（Sharma A et al.，2018）。第 4/CMA.1 作出的《与第 1/CP.21 决定减缓一节有关的进一步指导意见》仍然没有对国家自主贡献的内容作出扩大化规范，只是回顾了 1/CP.21 决定的第 27 段内容。该内容主要适用于缔约方首次提交的国家自主贡献，包括 2020 年前通过或更新的国家自主贡献，罗列了国家自主贡献应当酌情提供的信息，罗列信息仍然以减缓为中心。同时，在该意见第 8 条中论述到：关于为清晰、透明和可理解提供必要信息的指导意见不妨碍在国家自主贡献中列入减缓之外的内容，指出缔约方在提交国家自主贡献时可以提供其他信息，特别是按照《巴黎协定》第七条第十一款的规定，第七条第十款所述适应信息通报可纳入或结合第四条第二款所述国家自主贡献而提交。对于后续国家自主贡献的主要内容的范围是否继续扩大，该意见并没有给出明确答复。可以说，对《巴黎协定》扩大和细化国家自主贡献内容的授权，CMA 并未有效利用，但在其第 17 条中作出一项决定：在第十次会议（2027 年）上着手审查并在必要时更新有助于国家自主贡献清晰、透明和可理解的信息和关于缔约方国家自主贡献的指导意见，以期在第十一届会议（2028 年）上审议这一事项，并通过一项决定。由此可知，届时有望落实《巴黎协定》第三条阐述的扩大国家自主贡献范围的需求。

## （二）明确支持义务和减缓义务的条件关系

减缓义务和支持义务是实现 CBDR 原则中的两项义务，二者具有关联关系。关于发展中国家的减缓贡献是否以支持为条件，也是自 UNFCCC 以来一直不断争论的问题（Bodansky D et al.，2017）。关于减缓义务和支持义务条件关系的法律依据可以追溯到 UNFCCC 中。UNFCCC 中提出发达国家应当向发展中国家提供“新的和额外的”资金，以支持发展中国家编写 UNFCCC 的国家信息通报，以及执行应对气候变化的措施。[①]UNFCCC 关于支持的条款认识到，要实施 CBDR 原则不仅要在发达国家和发展中国家之间进行区分，而且要根据国家的情况注重区分的灵活性。因此，UNFCCC 呼吁发达国家协助特别脆弱的发展中国家承担适应费用，并“促进，便利和资助”技术获取并转让给“其他缔约方，特别是发展中国家缔约方”。[②]最后，UNFCCC 总结性规定，发展中国家履行公约的义务将取决于“发达国家对其提供资金支持和技术转让的有效执行”。[③]从字面上我们可以清楚理解为，对于发展中国家的公约履行是以得到发达国家的支持为条件的。在 2009 年的哥本哈根协议中，发达国家首次量化承诺，调动气候融资：到 2020 年，每年出资 1 000 亿美元，以支持发展中国家的减缓和适应实现透明情况下有意义的减排行动。从那时起，将气候融资规模扩大到每年 1 000 亿美元以及对资金流进行核算，一直是谈判的优先事项。所以，发展中国家鉴于以上谈判内容，将支持作为条件纳入国家自主贡献中。虽然《巴黎协定》没有对这种条件关系给出具体的规定，但是协定是在 UNFCCC 框架下，亦应当受到公约的指导，传承这种条件关系的约束。

由于发达国家和发展中国家就如何分担有区别的减缓义务仍然没有达成一致，发达国家提供的资金支持有利于促进发展中国家实现国家自主贡献的区别性减缓目标，也有助于 CBDR 原则的切实有效落实，以这种方式有条件承担义务的

① 参见 UNFCCC 第 4.3 条。

② 参见 UNFCCC 第 4.4 条和第 4.5 条。

③ 参见 UNFCCC 第 4.7 条。

效果是，赋予了发展中国家向发达国家施加压力的手段。如果发达国家想要发展中国家更积极地参与到对每个条约目标的维护当中去，他们就必须兑现发展中国家对于提供必要支持的承诺。

## 三、关于我国推动构建审查保障制度实施细则和衔接设计的建议

首先，我国应积极参与对“承诺—审查保障—再承诺”形式路径中国家自主贡献的范围、提供信息、核算、可持续发展机制、透明度框架制度和全球盘点等具体实施规则的进一步规范或构建。从《巴黎协定》及其“决定”的规定来看，国家自主贡献的范围、信息、核算、可持续发展机制、透明度框架以及全球盘点规则等方面的实施都有待进一步具体规则的出台。特别是在程序、模式和指南方面，目前还有许多内容处于空白和不易操作的状态，因此我国应积极参与到这些与国家自主贡献相关的机制构建中，从而稳妥地反映我国在气候变化和温室气体减排方面的国家核心利益。

其次，我国应明确透明度框架制度的问责功能。目前，透明度框架制度将核心放在重视发展中国家的能力建设方面，偏离了透明度框架制度确立的初衷，虽然发展中国家的能力限制和需求是真实的，但是提高透明度和增强信任的唯一障碍不应当是发展中国家与发达国家相匹配的能力，而应当是扩大透明度安排的范围，确定更加严格的标准，并在此基础上形成判断，从而承担责任。透明度安排如何在预期治理的背景下进一步承担事前责任，除了增加雄心和提高公平标准外，还有赖于和全球盘点制度的衔接。《巴黎协定》规定的全球盘点将从 2023 年起每 5 年开展 1 次，但其目的是在加强集体事前责任和潜在的集体雄心方面发挥关键作用，目前尚不清楚增强透明度框架的成果将如何纳入全球盘点，从而使这一问题成为进一步确立实施细则的重要问题。

再次，我国应将遵约机制与“审查保障”制度适当地结合。将遵约机制与透明度框架制度和全球盘点相结合，是设立合理的遵约机制“触发器”。但是从目前谈判结果来看，能否做到这一点还具有很大的不确定性。遵约机制可以从透明度

审查中获得支撑，其结论和建议对于全球盘点也至关重要。就遵约委员会如何通过解决一方履行协议中未经透明度审查的具有法律约束力的关键条款来补充和增加协议价值，以及如何解决对审查保障在透明度中发现的重大不一致，促进实施和遵守机制应该怎样衔接等问题，2019 年的 COP 会议并没有给出共识性结果（Zihua G et al.，2019）。遵约体系能否在《巴黎协定》下找到自己的位置，现在下定论还为时尚早，还需要进一步通过谈判实施细则逐渐确定。

最后，我国应积极应用《巴黎协定》缔约方会议“决定”的造法功能。根据《巴黎协定》第 4 条第 8-14 款的规定来看，《巴黎协定》缔约方会议（CMA）的“决定”将具有某种潜在的法律拘束力（梁晓菲，2019）。例如《巴黎协定》第 4.8 条授权 1/CP.21 决定和《巴黎协定》缔约方会议的 UNFCCC 缔约方会议（CMA）可以以“决定”的形式对 NDC 提供清晰、透明和可理解的必要信息作出进一步规范。因此，我国应高度重视 CMA“决定”的造法意义，加强对缔约方会议议事规则等程序性事项的构建，以期使我国在 CMA“决定”的产生方面掌握更多的主动权。

## 四、增强《巴黎协定》的强制性保障力度

《巴黎协定》建立了一个“促进实施和遵守”的机制。这个机制是一个以专家为基础的委员会，在本质上具有促进作用，并将以“透明、非对抗和非惩罚性”的方式发挥作用。《巴黎协定》没有规定缔约国未能实现国家自主贡献承诺目标的任何后果，它允许国家自主贡献承诺方面缺乏精确性，并且仅对非遵约提供了薄弱的规则条款。所有这些因素在《巴黎协定》的有效实施方面造成了严重的风险。虽然《巴黎协定》的透明度和其他审查条款是受欢迎的，但这些规定本身不能取代硬而精确的责任审查和承担方式，即一种有效的遵守保障机制（Lawrence P et al.，2017）。《巴黎协定》第 15 条促进实施和遵守作为审查保障程序存在很多的问题，目前难以起到有效的保障共同和区别义务实施的作用。

（1）扩大促进实施和遵守机制的受理范围。目前，2018 年出台的《巴黎协定》

实施细则《巴黎规则手册》中《第十五条第二款所述委员会有效运作的模式和程序》所规定的促进实施和遵守机制的受理范围过窄，主要分为以下四类：第一类，缔约方就自己的履约问题向委员会提起审查，委员会酌情审议，审查内容为“与缔约方实施或遵守《巴黎协定》规定有关的问题”。《巴黎协定》就具体问题的范围没有明确规定，可以包括具有约束力的义务和不具有约束力的义务，甚至包括个体和集体的承诺（Doelle M，2018）。也就是说，《巴黎协定》中关于国家自主贡献的履行义务、减缓义务及两项约束性标准的实施、支持义务的实施问题都有可能受到该机制的审查。但是，委员会启动审查的前提条件是缔约国就自己的问题向委员会提出审查要求。在国际多边舞台上，这种广阔的自由权经常面临着无法发挥作用的窘境，各缔约国难以申请委员会审查其自身 CBDR 原则实施的各项义务中的问题，并要求委员会作出责任判断，所以该条款目前很难发挥保障 CBDR 原则实施的作用。第二类，明确由委员会单方发起的是“缔约方未能提交国家自主贡献或所需提交的强制性报告或信息通报”或“未能参加多边进步考虑”两种情况，以上两项均是《巴黎协定》赋予法律效力的程序规则条款，并在促进实施和遵守机制中得到了相应制度保障。但是“提交”程序规则的履行并不能保障国家自主贡献的切实履行，国家自主贡献的实施保障有赖于各缔约国的行为义务履行，但是，“委员会不审议贡献、通报、信息和报告的内容”，此类行为义务并未纳入促进实施和遵守机制明确的适用范围内。第三类，关于透明度相关程序规则的实施受到委员会和缔约方同意审查的双重限制。规定促进实施和遵守机制适用的范围是透明度制度中大量的程序性行为，但是对于此类义务的保障，不仅需要委员会酌情考虑，还需要经过相关缔约国的同意。透明度相关义务是减缓和支持区别性义务实施的程序性保障义务，委员会和缔约方同意的双重不确定性，使得透明度相关程序规则很难得到审查。缺乏遵约保障的程序规则，很难发挥保障减缓和支持区别性义务实施的作用。第四类，委员会可以审查促进实施和遵守机制运作中的系统性问题。该内容主要为了保障促进实施和遵守机制的有效运行的内部审查范围。综上所述，国家自主贡献的区别性支持义务、减缓义务两项约束性标准相关实体规则履行的内容均没有纳入促进实施和遵守机制的受理范围，或者需要缔约方自行提出受理申请，这在实践中很难实现。

（2）加强促进实施和遵守机制与其他审查保障制度的衔接。适当地将遵约机制与透明度、全球盘点结合起来非常重要。但是目前这种衔接还存在很多问题，制度上还是空白，正如上文所述，还需要进一步商谈确立实施细则。

（3）增强不遵约措施的硬度。目前不遵约措施缺乏硬度，根据《第十五条第二款所述委员会有效运作的模式和程序》可知，不遵约的措施主要包括：和缔约方进行对话；协助缔约方与（资金、技术和能力）支持机构或者安排进行接触，以便查明潜在的挑战和解决办法；提出建议，并经过缔约方同意后，向相关机构通报建议；建议制定行动计划；事实性总结。以上措施缺乏硬度，很难发挥其应有的保障功能。关于增强不遵约措施的硬度可以借鉴《京都议定书》中的做法，增加惩罚性措施安排。

## 第四节　增强国内履约能力建设

《巴黎协定》开辟了全球气候治理新路径，各缔约国通过自我区别作出“承诺”，并通过“审查保障”促进实施。《巴黎协定》的有效实施取决于缔约国国内的有效实施。我国应当从切实推进应对气候变化立法、加强完善气候变化政策体系、提高国内科技水平等方面增强国内履约能力，为我国履行各项国际义务提供有力支撑，为下一阶段“最大努力”和“只进不退”的“再承诺”打下坚实基础。

### 一、切实推进应对气候变化立法工作

#### （一）应对气候变化的综合性立法

目前，我国还没有一部全面综合的应对气候变化的法律，《应对气候变化法》历经近十年的起草、论证、积累至今仍未出台，温室气体排放仍然无法在明确和

具体的法律框架内进行有效管控，应对气候变化工作主要依据政策、规章及规范性文件开展（田丹宇，2019）。学者们普遍认为，目前出台一部应对气候变化的专项法律为时过早。[①]所以，我国应对气候变化仍然处于立法缺失状态，温室气体无法纳入国内法治轨道进行有效控制。温室气体和大气污染物具有同根同源的物理特性（柴发合等，2015）。2016年《大气污染防治法》作出修订，第二条规定："防治大气污染，应当加强对燃煤、工业、机动车船、扬尘、农业等大气污染的综合防治，推行区域大气污染联合防治，对颗粒物、二氧化硫、氮氧化物、挥发性有机物、氨等大气污染物和温室气体实施协同控制。" 自此，我国通过立法方式确立了温室气体减排和大气污染防治协同控制的立法思路，将温室气体纳入现有的、成熟的大气污染防治法律体系中予以规范。"立法的缺失需要已有的单行法进行功能补位，《大气污染防治法》是最优选择"（姚莹，2014）。协同控制制度是我国通过立法的形式遵守《巴黎协定》做出的重要举措，对《巴黎协定》的国内法实施具有重要理论和实践价值。但是，目前协同控制制度只是停留在《大气污染防治法》的原则性规范中，没有具体可操作规范，就应对大气污染的行政管控手段和市场管控手段是否适用于温室气体减排，还有待于后续立法的完善和政策的出台。

加强我国大气污染防治和应对气候变化协同性立法的进一步开展。协同的方式主要有两类：一是大气污染防治法律制度直接协同管控温室气体排放；二是大气污染防治法律制度间接协同管控碳排放交易（刘晶，2019）。这也是直接管控和间接管控的两种形式。前者对大气污染物和特定范围内的温室气体通过"命令—控制"手段进行协同，称为直接协同控制；后者通过"命令—控制"手段对以"市场导向"为核心的碳排放权交易进行协同，称为间接协同控制。"法律可能

① 学者主要包括常纪文和李艳芳等，常纪文认为不应将温室气体作为污染物对待，结合国内外现状，我国不宜对温室气体进行命令性的管控手段，应当将其纳入环境经济政策中予以规范。常纪文《二氧化碳的排放控制与〈大气污染防治法的修订〉》，《法学杂志》，2009年第5期第 74页。李艳芳认为温室气体不属于污染物，不能纳入《大气污染防治法》管控，面对的困难包括：低碳经济理念无法体现、温室气体的减排内容远超出污染防治范围、温室气体比起大气污染物的排放来源更加广泛、两者管制要求的缓急程度不同等。李艳芳、张忠利《二氧化碳的法律定位及其排放规制立法路径选择》，《社会科学研究》，2015 年第 2期第33页。

透过对于市场、社会规范及结构的影响力，间接对最终管制对象产生管制效果”（LESSIG L，2000）。

直接协同控制制度。“命令—控制”管控手段充分体现了直接干预性。在《大气污染防治法》中此类“命令—控制”型管制制度主要包括“污染物排放总量控制制度”“大气环境质量制度”“污染物排放标准制度”。为了保证协同管控的实现，应当相应创建“碳排放总量控制制度”和标准制度，标准制度包括：“碳排放标准”和“能效标准”。温室气体减排核心制度是碳排放总量控制制度，碳排放总量控制制度应当以碳排放许可制度、碳排放标准制度为基础性制度。碳排放标准在逻辑上相当于大气污染物排放标准，但是在实施效力上不具有较强的法律效力。我国目前已经制定了甲烷的排放标准，建议相关部门尽快制定以二氧化碳为主的排放标准，并规定此类标准为推荐性标准，国家可以采取财政、税收等措施，激励企业生产和使用符合推荐性温室气体排放标准的设备或产品。当时机成熟后，此类推荐性标准可适时上升为强制性排放标准。能效标准“主要通过制定单位产值（产品）的能耗标准体现温室气体的强度。为使该标准能够有效落实，达到温室气体减排的目标，其应当满足三个条件，即技术可行性、经济可行性和环境有效性”（刘明明，2012）。

间接协同控制制度。碳排放权交易制度所依赖的“市场”并非自发形成的天然市场，而是在政府主导下创建的市场，二者的协同控制表现出充分的间接性。碳排放权交易制度根据监管内容分为碳排放行为的监管和碳排放配额交易的监管（陈惠珍，2016）。其中碳排放配额交易是平等的市场主体。关于碳排放配额的买卖活动，政府监管部门对该交易行为进行监管，主要包括配额交易的市场准入、交易秩序、市场退出等方面。这部分内容主要涉及市场交易的监管和价格调控，管制主体涉及发展改革委、金融、价格、财政等部门，与大气污染防治没有交集，无法协同。协同内容主要体现在对碳排放行为的法律监管过程中，对碳排放行为的法律监管主要通过“碳排放许可制度”和“碳排放核查制度”加以落实，此两项制度重点在于保障排放数据信息的真实性和准确性，为碳排放权交易市场的有效运行提供重要的信息内容。正如托马斯·思德纳所言："信息提供就其本身的权利而言就是一种政策工具。一般而言，所有政策都依赖于信息"（托马斯·思德纳，2005）。碳排放许可制度是对排放单位碳排放行为进行控制的重要手段，可以在排放权交易开始前就对排放单位进入排放权交易的能力、条件进行把关，保障其依法开展排放行为、测量并报告真实的排放数据信息。"碳排放许可制度可以为碳排放权的来源提供合法性确认"（陈惠珍，2016）。碳排放核查制度专门针对排放单位自行测量、报告的排放数据开展核查和监督，协助政府确定排放单位需要清缴的配额数量。碳排放核查再一次强化了对排放行为的监管，从而为碳排放配额交易提供真实、有效的排放信息，保障碳排放交易制度有效运行。需要注意的是，碳排放许可制度和碳排放核查制度既是直接协同控制，也是间接协同碳排放权交易的主要制度。

### （二）进一步建设应对气候变化制度体系

应对气候变化制度体系包括减缓性制度、适应性制度、保障性制度在内的各项制度。其中减缓性制度主要包括减排制度和增汇制度；适应性制度是指通过加强管理和调整人类活动，提高自然和人类的适应能力，减轻气候变化对自然生态系统和社会经济系统的不利影响。保障性制度是指保障以上减缓和适应措施良好实施的制度。

保障性制度主要包括战略规划制度、碳信息收集发布制度、碳排放统计核算制度、公众参与制度。战略规划制度是指将应对气候变化战略和规划的编制主体、主要内容和监督实施等事项法定化的制度，是整体应对气候变化做出的战略布局，规定出应对气候变化的指导思想、基本原则、重点领域和基本措施等重要事项的制度（廖建凯，2010）。碳信息收集发布制度是一项基础性制度，通过对碳信息的收集以及发布，帮助地方政府通过定性、定量分析作出碳决策，促进企业调整碳行为，影响公众的碳选择。为履行 UNFCCC、《京都议定书》、《巴黎协定》中关于定期更新、公布和提交关于温室气体的国家清单，该制度应当明确收集、发布的主体范围，信息收集和发布的内容、方式、程序，以及未履行义务要承担的法律责任等。定期公布低碳发展目标实现及政策行动进展情况，建立温室气体排放数据信息发布平台，建立应对气候变化公报制度。推动建立企业温室气体排放信息披露制度，鼓励企业主动公开温室气体排放信息。建立碳排放统计核算制度，加强温室气体排放的统计与核算，该制度建设的基础依赖于气候变化统计指标体系和温室气体排放统计制度。加强热力、电力、煤炭等重点领域温室气体排放因子计算与监测方法研究，完善重点行业企业温室气体温室气体排放核算指南。定期编制温室气体排放清单，建立重点企事业单位温室气体排放数据信息系统。完善温室气体排放计量和监测体系，推动重点排放单位健全能源消耗和温室气体排放台账记录。①推进公众参与制度。应对气候变化不再是政府主导的行政强制行为，而是需要政府、企业、公众共同合作、共同参与才能达成应有效果，加强三方主体的互动和互制作用。该制度旨在提高公众参与能力、拓宽参与途径、优化参与程序、完善参与责任等。

减缓性制度体系的设计应当遵循碳排放全过程控制原则，将减排制度再分为源头控制制度、过程控制制度、碳排放管理制度以及增汇制度，增汇制度作为收尾制度。简而言之，从源头上禁止或者限制碳排放的制度为源头控制制度。在碳排放过程中控制减排的制度称为过程控制制度。碳排放管理制度是为了达到减排效果，利于地方管理而制定的常规性、管理性制度。碳排放已经完成，通过生态系统吸收和消除碳影响的制度称为增汇制度。源头控制制度主要包括气候变化影响评价制度、碳排放总量控制制度、碳排放许可制度、碳排放申报制度、碳标准制度等；过程控制制度主要包括碳排放“三同时”制度、碳排放限期治理制度等；碳排放管理制度包括：碳排放监测制度、碳排放规划制度、碳排放计划统计制度等。增汇制度更多的是与环境法中生态资源保护法相协同，加强生态保护，增强农业碳汇、森林碳汇、渔业碳汇和湿地碳汇制度。

① 参见国务院印发《“十三五”控制温室气体排放工作方案》，国务院政府网站：http：//www.gov.cn/zhengce/content/2016-11/04/content_5128619.htm.

适应性制度体现了明显的地方特性，应根据各地方的资源禀赋、经济社会发展、文化习俗等地方特性来确定适合于该区域的适应性制度。适应性制度体系，可以根据适应气候变化的自然要素进行横向分类，主要包括：森林适应制度、农业资源适应制度、水资源适应制度、草原资源适应制度、沿海海域适应制度等；也可根据自然要素的适应性作用纵向分类为：气象灾害紧急预警制度、气候灾害应急救助制度、适应性基础设施建设制度、适应性技术研发制度、适应性自然保护区制度、适应性生态修复制度（王灿发，2014）。

## 二、逐步完善应对气候变化政策体系

政策先行是现阶段我国履行国际义务的核心方式。自 2015 年我国向联合国提交《强化应对气候变化行动：中国国家自主贡献》以来，我国陆续在各领域出台了相关主导性政策。我国国家自主贡献中提出我国实施国际义务的政策主要分为 15 类，包括：国家战略、区域战略、能源体系、产业体系、建筑交通、森林碳汇、生活方式、适应能力、低碳发展模式、科技支撑、资金和政策支持、碳市场、统计核算体系、社会参与、国际合作，从这 15 类政策领域进一步采取强化行动和措施。根据对我国实施国家自主贡献所起的推动作用的直接性和间接性，又可以进一步分为战略政策、直接政策和保障性政策 3 种类型（柴麒敏等，2019）。见表 5.1。

**表 5.1　我国国家自主贡献 15 类政策系统化分类**

| | 减缓 | 适应 |
|---|---|---|
| 战略政策 | （一）实施积极应对气候变化国家战略<br>（二）完善应对气候变化区域战略 | |
| 直接政策 | （三）构建低碳能源体系<br>（四）形成节能低碳的产业体系<br>（五）控制建筑和交通领域排放<br>（六）努力增加碳汇<br>（七）倡导低碳生活方式<br>（九）创新低碳发展模式<br>（十二）推进碳排放权交易市场政策 | （八）全面提高适应气候变化能力 |

续表

| | 减缓 | 适应 |
|---|---|---|
| 保障性政策 | （十）强化科技支撑<br>（十一）加大资金和政策支持<br>（十三）健全温室气体排放统计核算体系<br>（十四）完善社会参与机制<br>（十五）积极推进国际合作 | |

## （一）政策及其实施存在的问题

首先，政策覆盖不足。主要表现在两方面：一是时间覆盖不足。我国承诺国家自主贡献实施的时间节点为2030年，但是，到目前为止，我国相配套政策普遍以2020年为时间节点。有学者将配套的15类政策细化为62项具体政策，其中只有8项是以2030年为目标时间节点的（柴麒敏等，2019）。最为核心的中长期"战略政策"《"十三五"控制温室气体工作方案》、"直接政策"如《"十三五"节能减排综合性工作方案》等都无法满足2030年这个承诺时间节点要求。当然短期目标有助于提高目标达成的灵活性和政策调整的及时性，但是也容易造成对各部门和各行业主体的发展缺乏长期稳定预期，难以上马需要长期投入和回收成本的中长期低碳投资项目。二是对象覆盖不足。温室气体的部分排放领域未纳入政策范围，如对非营运交通没有确定具体目标，对农村住宅、农村建筑缺乏相关政策。

其次，政策实施方面的不足。主要表现为：一是政策实施不平衡。目前，气候变化政策主要针对节能减排和能源领域，如控制能源消费总量、控制化石能源消费、推动可再生能源发展、调整产业结构、发展循环经济淘汰落后产能等方面。我国强调生产侧的供给，缺乏消费侧的供给。对于需求侧、消费侧、与建筑交通等与消费密切相关的政策较少。二是政策手段单一。政策按管制手段不同分为"命令控制型"和"市场导向型"。我国长久以来以"命令控制型"政策为主导，"市场导向型"政策虽然逐步增多，但是仍然作为"命令控制型"的辅助政策存在。目前碳排放权交易的地方试点已经开展几年时间，全国统一的碳市场也已经开始逐步建设，但发挥作用有限。按照政府干预由高到低的程度，将气候政策工具的类型又可以分为强制型政策工具、混合型政策工具和自愿型政策工具三种（Howlett et al.，2003）。其中，强制型政策工具体现为法律规范、组织体系建设等；混合型政策工具主要通过经济市场、资金税费等手段对政策目标领域进行外部条件的支持；自愿型政策工具通过宣传教育、树立理念、舆论引导等间接方式发挥作用。目前，我国采用混合型政策数量最多，占政策总量的将近一半，强制型政策达到36.39%，自愿型政策达到15.74%，自愿型政策中宣传教育占绝大多数（郑石明等，2019）。我国应当重视自愿型政策工具的作用发挥，其作用在于提高公众对气候政策实施主体的信任，以及提高公众对气候变化的责任意识；自愿型政策的应用有利于将政府颁发政策并实施的成本大幅降低，取得效益优势；保证强制型政策的主导地位，作为自愿型政策实施的基础和支撑，其具有的容易确立、信息简单明确、避免谈判成本等优势可带来最大效率；坚持多种类政策工具均衡使用，提高协同效应。最终建立和不断完善具有中国特色的气候变化应对政策工具体系（郑石明等，2019）。

最后，政策范围交叉方面。在直接性的八类政策中，相关核心内容如碳排放总量和强度、能源消费总量和强度等方面的政策存在大量交叉重叠现象。关于市场工具的运用方面，启动了大量相互交叉的配套政策，例如排放权交易、用能权交易、绿色证书交易等政策。可再生能源方面，绿色证书和在电力行业中的抵消机制存在交叉，有可能会给双重补贴提供空间。

### （二）完善政策的相关建议

2015年至今，我国开创了应对气候变化的一套较为完备的政策体系框架，为了继续切实履行《巴黎协定》，应当针对已经搭建的政策体系继续深化政策的实施，弥补政策的不足，加强经实践检验的政策实施，做好政策的创新，以及政策之间的协调工作。

首先，在战略政策方面，目前应当做好“十四五”规划，将新时期新目标细化到各个领域。同时应当对2030年国际承诺的目标年涉及的“十五五”规范作出总体预测，做好承诺国家自主贡献的预留适当份额准备。保障在五年规划内减缓义务的内容层层分解落实。同时，切实编制《中国国家自主贡献进展报告》和《本世纪中叶长期温室气体低排放发展战略》，为下一阶段应对气候变化提供总体思路，并要求各领域开展气候变化规划编制，其中包括能源部门、自然资源部、气象部门、林草部门等。[①]

其次，针对重点行业和行之有效的政策应当加大政策实施力度。对于目前广泛实施的重点工业产品能耗限额标准，如常规燃煤发电机组单位产品能源消耗限额、机动车燃油经济性标准、强制性建筑节能标准等，应及时根据技术进步的情况和实施国家自主贡献的需求予以更新，制定更为严格的限额标准，从而提高政策力度。对于行之有效的政策应当加大实施力度，如对节能标识和补贴、淘汰落后产能、新增固定资产准入等。

再次，加快政策创新和协调。加大“市场导向型”政策工具。“没有固定的管控模式，也不存在独立的政策工具，市场导向型政策工具和传统的命令控制型政策工具都有自身发挥作用的空间。在特定情况下，哪一种政策更有效取决于环境问题本身的各种特点以及所处的具体社会、政治、经济环境”（保罗·R. 伯特尼等，2004）。考虑到我国发展中国家现状和经济发展的需要，现阶段，我国不应单一地选择命令控制型直接管控手段，在温室气体管控之初应当走向依靠市场机制的市场导向管控之路，由此需要深化碳定价机制政策的落实和实施。碳定价机制是广为国际社会应用的碳减排政策手段，也是实现2030年排放达峰目标将重点依托的政策选项（段宏波等，2018）。碳定价机制包括碳排放权交易和碳税两种制度类型。碳排放交易旨在建立碳市场，在总量控制的前提下，交易碳额度。我国建立国家碳市场旨在促进能源市场化改革和产业结构调整，将有利于我国履行“碳强度”和“非化石能源比重”的自主承诺，还将扭转经济增长对高碳排放的依赖，为未来我国履行减排承诺奠定基础（曾文革等，2017）。碳税是以价格调整为基础、

① 参见生态环境部2019年11月发布的《中国应对气候变化的政策与行动2019年度报告》。

通过市场调节微观企业确定碳排放额度的另一种管控方式。除此之外，还包括建立完善强制性政府绿色采购政策、鼓励拥有低碳能力和技术的企业走进基础设施和公用事业领域；完善气候投融资机制，做好创造气候友好型金融产品和服务方式（柴麒敏等，2019）。加强政策之间的协调，加强顶层设计，增加灵活性，及时调整，避免多重管理，避免政策冲突。

## 三、提升国内应对气候变化科技发展

强化科技支撑是实现国家自主贡献目标的核心内容（张雪艳等，2019）。2017年4月，科技部、环境保护部和中国气象局联合发布了《"十三五"应对气候变化科技创新专项规划》，提出了科学、技术、国际战略与管理和能力建设四方面的发展目标，明确了深化应对气候变化的基础研究、加快保障基础研究的数据与模式研发、建立气候变化影响评估技术体系、建立气候变化风险预估技术体系、推进减缓气候变化技术的研发和应用示范、推进适应气候变化技术的研发和应用示范、深化面向气候变化国际谈判的战略研究、深化面向国内绿色低碳转型的战略研究、加快基地和人才队伍建设、加强国际科技合作等10个任务方向，是"十三五"时期应对气候变化科技工作的行动指南。①

### （一）完善我国低碳技术发展激励

一是建立低碳技术发展规划制度。为增强行为主体具有从事低碳技术创新和低碳行为的内在动力，有效实现碳减排目标，确立低碳技术创新规划制度。低碳技术创新具有高沉没成本、高风险、强外溢性特点，造成低碳经济的科技创新积极性不足、动力不强（朱伯玉等，2013）。可以在国家和地区层面做好总体设计和安排，给市场明确信号，给予创新者中长期预期，以引导供给和需求，从而达到低碳技术创新的目的。其主要内容可以包括：技术的发展方向、指导思想和原则、

① 科学技术部，环境保护部，中国气象局：《"十三五"应对气候变化科技创新专项规划》，2017年2月19日发布，http：//www.most.gov.cn/.

发展目标、技术发展路线图、主要的政策措施等。低碳技术创新规划，不仅要从战略的角度提出促进低碳技术创新的思路和方法，还要从宏观角度统筹考虑和系统部署。对具有战略意义和核心价值的技术创新还应该制定专门的促进激励政策，开展专项促进。

二是健全激励低碳技术创新机制。我国目前在立法层面已经建立了一套低碳技术激励机制，主要围绕《节约能源法》《可再生能源法》《清洁生产促进法》《循环经济促进法》等，以及国务院及职能部门的法规和规章进行激励。以上法律规范都是从能源调整法和能源管理法角度展开，缺乏对减缓技术的直接支持和鼓励，应当对与减缓直接相关的技术开展创新激励，例如碳封存技术等。

三是平衡不同领域和区域的科技支撑水平。我国履行《巴黎协议》下国家自主贡献承诺对应对气候变化科技工作提出了更高要求，也带来了巨大的机遇。随着“十三五”我国科技体制改革的深入，国家和地方对应对气候变化科技的部署都出现了较大变化。据不完全统计，“十三五”应对气候变化，中央财政科技投入261.32亿元，显著高于“十二五”末期的138.59亿元投入。但应对气候变化各领域的布局不平衡现象依然突出，其中科学基础领域经费占比 5.83%，影响与适应领域经费占比 21.92%，减缓领域经费占比 72.16%，战略研究领域经费占比仅为0.09%，减缓领域一家独大的局面仍在继续甚至加强，对影响、适应及战略研究领域的支持力度不足。气候变化科技的资助渠道虽然得到优化和整合，但未单独设立气候变化重点专项，立项形式仍较分散，进一步整合优化潜力巨大。地方气候变化科技资源布局的差异较大，经济发展速度较快的江苏、上海、河南等重点支持减缓领域研发，福建、青海、甘肃等对影响适应领域投入较多（张雪艳等，2019）。

### （二）大力发展核心的低碳技术

应对气候变化，科学技术要先行。目前而言，需大力发展以下核心技术研究。一是应当加强碳封存技术的发展。碳封存是指通过长期存储或处理碳来减少二氧化碳排放。碳封存技术包括生物措施和物理措施。生物隔离发生在自然吸收和储存碳的植被环境中，如森林、牧场、草地等。物理措施是在煤或其他碳密集燃料燃烧时对其产生的碳捕获并存储起来。这些措施需要用巨大的工程项目来捕获、压缩并运输二氧化碳到一个储存地、创建地下地质存储容量或利用海洋来储存二氧化碳。用物理或工程类型的封存，在气候变化法中被称为碳捕获与封存（CCS）。目前关于 CCS 的法律与技术都处于初始阶段。科学的不确定性、潜在的不利环境影响、法律障碍、技术和财务困难以及与这些技术相关的花费等都限制了当前对 CCS 技术的利用。随着科学技术的发展，CCS 技术可以从源头上减少二氧化碳温室气体的产生，是应对气候变化的最有效和最直接的手段。二是增强可再生能源利用技术，通过技术进步带动可再生能源成本下降，增加经济优势。就我国资源禀赋而言，煤炭的主体能源地位短期内很难改变。借鉴国外能源利用转型策略，结合我国能源现状，可再生能源的利用是现阶段能源转型的重要发展趋势。我国幅员辽阔，风能、太阳能等可利用资源量十分庞大。中国气象局风能太阳能资源中心的数据显示，目前我国风能理论资源量为 120.8 亿 kW，太阳能水平面总辐射 1.68 万亿 kW，另外，水能资源理论蕴藏量约 7 亿 kW，生物质能年资源总量约 4.6 亿 t 标准煤，地热能年可采资源量约 26 亿 t 标准煤，海洋能技术可利用量约 9.8 亿 kW。丰富的资源为我国能源转型和能源供应安全提供了保障。近几年，我国可再生能源发展迅速，风能和太阳能从产能到装机总量都是世界第一，这离不开技术的巨大创新。随着可再生能源应用技术的快速发展，能源利用成本将进一步大幅降低，不仅可以提高我国利用可再生能源的积极性，促进能源转型，同时还可以增加国际竞争力，有利于进一步推动国际能源的进步转型。

### （三）建立有效国际技术合作与转让机制

气候变化是全球性环境问题，需要世界各国协同合作解决，在技术方面更是如此。各国应当从全球利益出发，以开放的态度，努力拓展双边、多边国际科技合作，通过充分发挥各方优势，共同分享技术、共享利益，形成共赢互补的技术分享和技术进步良好格局。

# 参考文献


岸根卓郎，1999. 环境论：人类最终的选择[M]. 南京：南京大学出版社.

爱迪•布朗•韦斯，2002. 理解国际环境协定的遵守：十三个似是而非的观念[M]. 北京：法律出版社.

安东尼奥•卡塞斯，2009. 国际法[M]. 北京：法律出版社.

E. 艾伦•范斯沃思，2004 美国合同法（第三版）[M]. 北京：中国政法大学出版社.

薄燕，2016.《巴黎协定》坚持的“共区原则”与国际气候治理机制的变迁[J]. 气候变化研究进展，12（3）：8.

薄燕，2013.“共同但有区别的责任”原则与中国环境外交话语[J]. 复旦国际关系评论，1：26.

薄燕，高翔，2014. 原则与规则：全球气候变化治理机制的变迁[J]. 世界经济与政治，（2）：18.

[英]伊恩•布朗利，2003. 国际公法原理[M]. 北京：法律出版社.

边永民，2007. 论共同但有区别的责任原则在国际环境法中的地位[J]. 暨南学报（哲学社会科学版），（4）.

保罗•R. 伯特尼，罗伯特•N. 史蒂文斯，2004. 环境保护的公共政策[M]. 上海：上海人民出版社.

布赖恩•比克斯，2007. 法理学——理论与语境（第四版）[M]. 北京：法律出版社.

波斯纳，韦斯巴赫，2011. 气候变化的正义[M]. 北京：社会科学文献出版社.

陈惠珍，2016. 中国碳排放权交易监管法律制度研究[M]. 北京：社会科学文献出版社 .

陈贻健，2016. 国际气候法律新秩序的困境与出路：基于“德班-巴黎”进程的分析[J]. 环球法律评论，(2)：178-192.

陈贻健，2013. 共同但有区别责任原则的演变及我国的应对——以后京都进程为视角[J]. 法商研究，(4)：76-86.

陈文颖，吴宗鑫，何建坤，2005. 全球未来碳排放权“两个趋同”的分配方法[J]. 清华大学学报（自然科学版），(6).

陈懿，2009. 论气候变化国际立法对共同但有区别责任原则的发展与挑战[J]. 山东社会科学，(4).

陈贻健，2014. 气候正义论：气候变化法律中的正义原理和制度构建[M]. 北京：中国政法大学出版社.

柴发合，支国瑞，2015. 空气污染和气候变化：同源与协调[M]. 北京：中国环境出版社.

曹明德，2016. 中国参与国际气候治理的法律立场和策略：以气候正义为视角[J]. 中国法学，(1).

柴麒敏，傅莎，祁悦，等，2018. 应对气候变化国家自主贡献的实施、更新与衔接[J]. 中国发展观察，(10).

柴麒敏，傅莎，温新元，等. 中国实施 2030 年应对气候变化国家自主贡献的资金需求研究[J]. 中国人口·资源与环境，29（4)：9.

陈艺丹，蔡闻佳，王灿，2018. 国家自主决定贡献的特征研究[J]. 气候变化研究进展，14（3)：8.

段忠桥，2014. 何为分配正义？——与姚大志教授商榷[J]. 哲学研究，(7)：7.

段宏波，杨建龙，2018. 政策协同对中国国家自主贡献目标的影响评估[J]. 环境经济研究，3（2)：17.

杜群，2000. 气候变化的国家法发展：《联合国气候变化框架公约》《京都议定书》述评[J]. 环境资源法论丛，(3).

范立波，2008. 原则、规则与法律推理[J]. 法制与社会发展，14（4)：14.

傅前明，2010. 论国际环境法“共同责任”原则[J]. 山东师范大学学报：人文社会科学版，(4)：4.

冯相昭，刘哲，田春秀，等，2015. 从国家自主贡献承诺看全球气候治理体系的变化[J]. 世界环境，(6)：5.

富勒，韩世远，2004. 合同损害赔偿中的信赖利益[M]. 北京：中国法制出版社.

韩德培，1987. 环境保护法教程[M]. 北京：法学出版社.

胡鞍钢，2008. 通向哥本哈根之路的全球减排路线图[J]. 当代亚太，(6)：17.

何志鹏，2013. 国际法哲学导论[M]. 北京：社会科学文献出版社.

黄婧，2014. 国际温室气体减排责任分担机制研究[M]. 北京：中国政法大学出版社.

何建，张阿玲，2000. 全球气候变化问题与我国能源战略[J]. 清华大学学报：哲学社会科学版，15（4）：6.

韩相熙，2008. 国际法遵守理论[J]. 北大国际法与比较法评论，6：20-74.

洪祎君，崔惠娟，王芳，等，2018. 基于发展中国家自主贡献文件的资金需求评估[J]. 气候变化研究进展，14（6）：621-631.

胡晓红，2018. 可持续发展原则：国际经济治理的基本原则——从亚投行环境与社会标准展开[J]. 兰州大学学报：社会科学版，(6)：11.

哈特，许家馨，2006. 法律的概念[M]. 北京：法律出版社.

何志鹏，2015. 国际法治的中国表达[J]. 中国社会科学，(10)：11.

古祖雪，2007. 现代国际法的多样化、碎片化与有序化[J]. 法学研究，29（1）：13.

谷德近，2008. 巴厘岛路线图：共同但有区别责任的演进[J]. 法学，(2)：6.

谷德近，2011. 共同但有区别责任的重塑——京都模式的困境与蒙特利尔模式的回归[J]. 中国地质大学学报：社会科学版，(6).

顾爱平，2010. 权利本位抑或义务本位——环境保护立法理念之重构[J]. 苏州大学学报：哲学社会科学版，(6).

龚向前，2009. 解开气候制度之结——“共同但有区别的责任”探微[J]. 江西社会科学，(11)：134-140.

龚微，贺惟君，2018. 基于国家自主贡献的中国与东盟国家气候合作[J]. 东南亚纵横，5.

郭建坡，姚天冲，2011.“共同但有区别的责任”原则在实施中的困境及解决办法[J]. 河北法学，29（9）：5.

格·伊·童金，刘慧珊，1965. 国际法理论问题[M]. 北京：世界知识出版社.

戈德史密斯，J. L.，波斯纳，等，2010. 国际法的局限性[M]. 北京：法律出版社.

金瑞林，1999. 环境与资源保护法学[M]. 北京：高等教育出版社.

季华，2017.《巴黎协定》中的国家自主贡献：履约标准与履约模式——兼评《中国国家计划自主贡献》[J]. 江汉学术，36（5）：6.

寇丽，2013. 共同但有区别责任原则：演进、属性与功能[J]. 法律科学：西北政法大学学报，（4）：101.

凯文·A. 鲍默，王曦，等，2002. 美国、发展中国家与气候变化：带头或者僵局[M]. 北京：法律出版社.

卡尔·拉伦茨，陈爱娥，2003. 法学立法论[M]. 北京：商务印书馆.

吕忠梅，2008. 环境法[M]. 北京：高等教育出版社.

梁西，1993. 国际法[M]. 武汉：武汉大学出版社.

李浩培，2006. 国际法的概念与渊源[M]. 北京：法律出版社.

兰花，2011. 多边环境条约的实施机制[M]. 北京：知识产权出版社.

刘志云，2010. 当代国际法的发展：一种从国际关系理论视角的分析[M]. 北京：法律出版社.

刘晗，李静，2012. 气候变化视角下共同但有区别责任原则研究[M]. 北京：知识产权出版社.

李威，2016. 从《京都议定书》到《巴黎协定》：气候国际法的改革与发展[J]. 上海对外经贸大学学报，23（5）：13.

李春林，2010. 气候变化与气候正义[J]. 福州大学学报：哲学社会科学版，（6）：45-50.

李艳芳，曹炜，2013. 打破僵局：对“共同但有区别的责任原则”的重释[J]. 中国人民大学学报，27（2）：11.

李慧明，2016. 《巴黎协定》与全球气候治理体系的转型[J]. 国际展望，（2）：20.

李慧明，2020. 全球气候治理的“行动转向”与中国的战略选择[J]. 国际观察，（3）：29.

刘健，彭丽娟，2016.“共同但有区别责任”内涵审视与适用研究——以国际气候变化谈判为视角[J]. 湘潭大学学报：哲学社会科学版，（3）.

刘晶，2019. 温室气体减排的法律路径：温室气体和大气污染物协同控制——评《大气污染防治法》第 2 条第 2 款[J]. 新疆大学学报：哲学、人文社会科学版，47（6）：9.

吕江，2019. 卡托维兹一揽子计划：美国之后的气候安排、法律挑战与中国应对[J]. 东北亚论坛，(5).

吕江，2014. 破解联合国气候变化谈判的困局——基于不完全契约理论的视角[J]. 上海财经大学学报：哲学社会科学版，16 (4)：10.

吕江，2011. “共同但有区别的责任”原则的制度性设计[J]. 山西大学学报：哲学社会科学版，34 (5)：5.

梁晓菲，2018. 论《巴黎协定》遵约机制：透明度框架与全球盘点[J]. 西安交通大学学报：社会科学版，38 (2)：8.

梁晓菲，2019. 新发展理念与气候变化——以国家自主贡献为视角[J]. 重庆理大学学报：社会科学，(2).

李海棠，2016. 气候变化法（笔谈）——新形势下国际气候治理体系的构建——以《巴黎协定》为视角[J]. 中国政法大学学报，(3)：14.

刘叶深，2009. 法律规则与法律原则：质的差别？[J]. 法学家，(5)：120-133.

刘莘. 康德，2008. 罗尔斯与全球正义[J]. 哲学研究，(11)：9.

刘明明，2012. 论我国气候变化立法的制度架构[J]. 江西社会科学，(9)：7.

李可，2001. 原则和规则的若干问题[J]. 法学研究，(5).

季浩宇，2010. 污染减排的协同效应评价研究——以攀枝花市为例[J]. 中国人口·资源与环境，(S2)：5.

刘中民，唐斌，2007. 国际环境法基本原则研究评析[J]. 中国海洋大学学报（社会科学版），(4)：55-60.

拉佳齐，2013. 国际对世义务之概念[M]. 北京：法律出版社.

曼瑟尔·奥尔森，陈郁，1995. 集体行动的逻[M]. 上海：上海三联书店.

潘家华，等，2014. 中国参与国际气候谈判定位与被定位——公平地认识中国的责任和贡献[M] 王伟光，郑国光主编：应对气候变化报告. 北京：社会科学文献出版社.

潘德勇，2012. 未来的国际法实施：从强制执行到遵守管理[J]. 行政与法，(4)：5.

潘家华，2020.“十四五”应对气候变化的目标指向[J]. 阅江学刊，12 (1)：14.

潘寻，2016. 基于国家自主决定贡献的发展中国家应对气候变化资金需求研究[J]. 气候变化研究进展，（5）.

波尼，2007. 国际法与环境：第 2 版[M]. 北京：高等教育出版社.

秦天宝，2016. 论《巴黎协定》中“自下而上”机制及启示[J]. 国际法研究，（3）：13.

秦天宝，2001. 国际环境法基本原则初探——兼与潘抱存先生商榷[J]. 法学，（10）：26-32.

曲格平，1999. 环境保护知识读本[M]. 北京：红旗出版社.

“人类命运共同体与国际法”课题组，2019. 人类命运共同体的国际法构建[J]. 武大国际法评论，（1）.

沈四宝，王军编，2016. 国际商法（第三版）[M]. 北京：对外经济贸易大学出版社.

苏建军，2002. 试论国际环境公正的基本原则[J]. 上海师范大学学报：哲学社会科学版，31（6）：10.

邵津，2014. 国际法：第 5 版[M]. 北京：北京大学出版社.

孙国华，朱景文，2015. 法理学：第 4 版[M]. 北京：中国人民大学出版社.

施里达斯・拉夫尔，夏堃堡，1993. 我们的家园——地球[M]. 北京：中国环境科学出版社.

斯蒂芬・D. 克莱斯勒，李小华，2001. 结构冲突：第三世界对抗全球自由主义[M]. 杭州：浙江人民出版社.

苏伟，吕学都，孙国顺，2008. 未来联合国气候变化谈判的核心内容及前景展望——“巴厘路线图”解读[J]. 气候变化研究进展，4（1）：61-64.

宋冬，2018. 论《巴黎协定》遵约机制的构建[D]. 北京：外交学院.

唐颖侠，2009. 国际气候变化条约的遵守机制研究[M]. 北京：人民出版社.

田丹宇，2019. 推动应对气候变化立法形成系统法律制度合力[N]. 中国环境报，3.

托马斯・思德纳，2005. 环境与自然资源管理的政策工具[M]. 上海：上海人民出版社.

王曦编，2005. 国际环境法（第二版）[M]. 北京：法律出版社.

王铁崖，1995. 国际法[M]. 北京：法律出版社.

王献书，1994. 国际法[M]. 北京：中国政法大学出版社.

王学东，2014. 气候变化问题的国际博弈与各国政策研究[M]. 北京：时事出版社.

王小钢，2010.“共同但有区别的责任”原则的适用及其限制——《哥本哈根协议》和中国气候变化法律与政策[J]. 社会科学，（7）：80-89.

王小钢，2010.“共同但有区别的责任”原则的解读——对哥本哈根气候变化会议的冷静观察[J].

中国人口・资源与环境，20（7）：7.
王利明，2019. 违约中的信赖利益赔偿[J]. 法律科学：西北政法大学学报，37（6）：11.
王晓丽，2008. 共同但有区别的责任原则刍论[J]. 湖北社会科学，（1）.
王晓丽，2007. 国际环境条约遵约机制研究[D]. 北京：中国政法大学.
万霞，2006.“后京都时代”与“共同而有区别的责任”原则[J]. 外交评论：外交学院学报，（2）：95-102.
吴卫星，2010. 后京都时代（2012—2020 年）碳排放权分配的战略构想——兼及“共同但有区别的责任”原则[J]. 南京工业大学学报（社会科学版），9（2）：18-22.
谢海霞，2018. 人类命运共同体的构建与国际法的发展[J]. 法学论坛，33（1）：11.
徐祥民，2003. 极限与分配——再论环境法的本位[J]. 中国人口・资源与环境，13（4）：4.
徐以祥，2008. 气候保护和环境正义——气候保护的国际法律框架和发展中国家的参与模式[J]. 现代法学，30（1）：7.
徐崇利，2018.《巴黎协定》制度变迁的性质与中国的推动作用[J]. 法制与社会发展，24（6）：12.
许健，2011. 论国际法之“人类共同利益”原则[J]. 江苏海洋大学学报：人文社会科学版，9（1）：4.
杨兴，2007. 《气候变化框架公约》研究：国际法与比较法的视角[M]. 北京：中国法制出版社.
杨桢，2000. 英美契约法论[M]. 北京：北京大学出版社.
约翰・罗尔斯，何怀宏，1988. 正义论[M]. 北京：中国社会科学出版社.
杨通进，2010. 全球正义：分配温室气体排放权的伦理原则[J]. 中国人民大学学报，（2）.
姚莹，2014.《大气污染防治法》规制温室气体排放的进路探析[J]. 环境保护，42（18）：3.
于宏源，2012. 试析全球气候变化谈判格局的新变化[J]. 现代国际关系，（6）：6.
杨兴，2003. 试论国际环境法的共同但有区别的责任原则[J]. 时代法学，（1）：6.
严存生，2005. 规律，规范，规则，原则——西方法学中几个与规则，原则“法”相关的概念辨析[J]. 法制与社会发展，（5）：117-122.
亚里士多德，2009. 尼各马可伦理学[M]. 北京：商务印书馆.
亚历山大・基斯，2000. 国际环境法（第二版）[M]. 北京：法律出版社.
张梓太，张乾红，2008. 论中国对气候变化之适应性立法[J]. 环球法律评论，（5）：7.

周鲠生，1976. 国际法（下册）[M]. 北京：商务印书馆 .

周训芳，2000. 环境法学[M]. 北京：中国林业出版社.

张文显，2007. 法理学[M]. 北京：高等教育出版社/北京大学出版社.

周旺生，2006. 法理学[M]. 西安：西安交通大学出版社.

朱景文，2015. 法理学（第三版）[M]. 北京：中国人民大学出版社.

张海滨，2010. 关于哥本哈根气候变化大会之后国际气候合作的若干思考[J]. 国际经济评论，（4）：102-113.

张文显，1989. 规则・原则・概念——论法的模式[J]. 现代法学，（3）.

张建，2019. 全球气候治理 INDC 制度发展及我国应对方略[J]. 西南民族大学学报：人文社会科学版，40（5）：8.

张梓太，2010. 中国气候变化应对法框架体系初探[J]. 南京大学学报（哲学・人文科学・社会科学版）.

张建伟，2010. 气候正义与气候变化的国际法律应对[J]. 武大国际法评论，（2）：12.

郑石明，要蓉蓉，魏萌，2019. 中国气候变化政策工具类型及其作用——基于中央层面政策文本的分析[J]. 中国行政管理，（12）：9.

张雪艳，汪航，滕飞，等，2019. 新时期中国气候变化科技部署的格局与趋势评估[J]. 中国人口・资源与环境，29（12）：7.

曾文革，冯帅，2015. 巴黎协定能力建设条款：成就、不足与展望[J]. 环境保护，43（24）：4.

曾文革，党庶枫，2017.《巴黎协定》国家自主贡献下的新市场机制探析[J]. 中国人口・资源与环境，27（9）：112-119.

郑艳，梁帆，2011. 气候公平原则与国际气候制度构建[J]. 世界经济与政治，（6）：22.

赵一洋，2010. 国家单方行为的性质和成立要件问题探讨[J]. 湖北社会科学，（8）：4.

庄贵阳，2009. 哥本哈根气候博弈与中国角色的再认识[J]. 外交评论，（6）：17-25.

张晓君，2018. 尊重国际法权威 维护国际秩序[J]. 求是，（20）.

张文显，2017. 推动全球治理变革，构建世界新秩序——习近平治国理政的全球思维[J]. 环球法律评论，（4）.

Abbott K W, Snidal D, 2000. Hard and Soft Law in International Governance[J]. International Organization, 54(3): 421.

Bodansky D, Rajamani L, 2018. The Issues that Never Die[J]. Carbon & Climate Law Review, 12(3): 184-190.

Benoit M, 2018. Obligations of conduct in the international law on climate change: A defence[J]. Review of European Comparative & International Environmental Law, 27(2): 131.

Mayer B, 2018. International Law Obligations Arising in Relation to Nationally Determined Contributions[J]. Transnational environmental law, 7(2): 251-275.

Biermann F, Gupta A, 2011. Accountability and legitimacy in earth system governance: A research framework[J]. Ecological economics, 70(11).

Bauer S, Brandi C, Pauw P, et al., 2014. Different perspectives on differentiated responsibilities: a state-of-the-art review of the notion of common but differentiated responsibilities in international negotiations[J]. Transfusion Medicine, 23(5): 370-372.

Bodansky D, Brunnée J, Rajamani L, 2017. International climate change law[M]. Oxford University Press.

Bryan A, Garner, 1983. Black's Law Dictionary[M]. West Publishing Co.

Chayes A, Chayes A H, 1998. The new sovereignty[M]. Harvard University Press.

Cullet P, 1999. Differential Treatment in International Law: Towards a New Paradigm of Inter-state Relations[J]. European Journal of International Law, 10(3): 549-582.

Cullet, Philippe, 2016. Differential Treatment in Environmental Law: Addressing Critiques and Conceptualizing the Next Steps[J]. Transnational Environmental Law, 5(2): 305-328.

Christina Voigt, Felipe Ferreira, 2016. Differentiation in the Paris Agreement[J]. Climate Law, (6): 62-65.

Crawford J, 2002. The international law commission's articles on responsibility of states for internationally wrongful acts: a retrospec[J]. AJIL, 96: 874-890.

Daniel Bodansky, 2016. The Legal Character of the Paris Agreement[J]. Review of European

Community & International Environmental Law, 25(2).

D. B. Magraw, 1990. Legal Treatment of Developing Countries: Differential, Contextual and Absolute Norms[J]. Colorado Journal of International Environmental Law & Policy, 69-100.

Deleuil, Thomas, 2012. The Common but Differentiated Responsibilities Principle: Changes in Continuity after the Durban Conference of the Parties[J]. Review of European Community & International Environmental Law, 21(3): 271-281.

Edith Brown Weiss, 2004. Rethinking Compliance with International Law, In Eyal Benvenisti and Moshe Hirsh, eds., The Impact of International Law on International Cooperation: Theoretical Perspectives[M]. London: Cambridge University Press.

Edith Brown Weiss, 1992. Environmental Change and International law: New Challenges and Dimensions[M]. Tokyo: United Nations University Press.

Falkner R, 2016. The Paris Agreement and the new logic of international climate politics[J]. International Affairs, 92(5): 1107-1125.

Gupta A, van Asselt H, 2019. Transparency in multilateral climate politics: Furthering (or distracting from) accountability?[J]. Regulation & Governance, 13(1): 18-34.

Gu Z, Voigt C, 2019. Werksman J. Facilitating Implementation and Promoting Compliance With the Paris Agreement Under Article 15: Conceptual Challenges and Pragmatic Choices[J]. Climate Law, 9(1-2): 65-100.

Halvorssen AM, 2007. Global Response to Climate Change-From Stockholm to Copenhagen[J]. Denver University Law Review, (85): 849.

Harrop SR, Pritchard DJ, 2011. A hard instrument goes soft: The implications of the Convention on Biological Diversity's current trajectory[J]. Global Environmental Change, 21(2).

Honkonen T, 2009. The common but differentiated responsibility principle in multilateral environmental agreements: regulatory and policy aspects[M]. Kluwer Law International BV Press.

Huggins, Anna, Karim, et al., 2016. Shifting traction: Differential treatment and substantive and procedural regard in the international climate change regime[J]. ransnational Environmental Law,

5(2): 427-448.

Hafner-Burton E M, 2008. Sticks and stones: Naming and shaming the human rights enforcement problem[J]. International Organization, 62(4): 689-716.

Hermwille L, Siemons A, Förster H, et al., 2019. Catalyzing mitigation ambition under the Paris Agreement: elements for an effective Global Stocktake[J]. Climate Policy, (8).

Howlett, M., Ramesh, M, 2003. Studying Public Policy: Policy Cycles and Policy Subsystems[M]. London: Oxford University Press.

Robert O. Keohane, 1984. After Hegemony: Cooperation and Discord in the World Political Economy[M]. Princeton: Princeton University Press.

Klein, Daniel, et al., 2017. The Paris Agreement on climate change: Analysis and commentary[M]. London: Oxford University Press.

Kingsbury B, Krisch N, Stewart R B, 2005. The emergence of global administrative law[J]. Law and contemporary problems, 68(3/4): 15-61.

Krisch N, Kingsbury B, 2006. Introduction: global governance and global administrative law in the international legal order[J]. European journal of international law, 17(1): 1-13.

Lavanya Rajamani, 2006. Differential treatment in international environmental law[M]. London: Oxford University Press.

Lawrence P, Wong D, 2017. Soft law in the Paris Climate Agreement: Strength or weakness? Review of European[J]. Comparative & International Environmental Law, 26(3): 276-286.

LESSIG L, 2000. The New Chicago School[J]. Journal of Legal Studies, 27(S2): 661.

Mbeva K, Pauw W P, 2016. Self-differentiation of countries' responsibilities[M]. German Development Institute/Deutsches Institut für Entwicklungspolitik (DIE) Press.

Mayer B, 2019. Transparency Under the Paris Rulebook: Is the Transparency Framework Truly Enhanced?[J]. Climate Law, 9(1-2).

Max Planck, 1992. Institute for Comparative Public Law and International Law[J]. Encyclopedia of Public International Law.

Myers N, Kent J, 1995. Environmental Exodus: an Emergent Crisis in the Global Arena[J]. Washington D. C: The Climate Institute.

Newell, Peter, 2008. Civil Society, Corporate Accountability and the Politics of Climate Change[J]. Global Environmental Politics, 8(3): 122-153.

Olsson I A, 2013. Four competing approaches to international soft law[J]. Scandinavian Studies in Law, (58): 177-196.

Philippe Sands, 1989. The Environment, Community, and International Law[J]. in Harvard International law Journal, 393.

Pisillo-Mazzeschi R, 1992. The due diligence rule and the nature of the international responsibility of states[J]. German YB Int'l L.

Pauw P, Mbeva K, Asselt H V, 2019. Subtle differentiation of countries' responsibilities under the Paris Agreement[J]. Palgrave Communications, 5(1):1-7.

Peters G P, Marland G, Le Quéré C, et al., 2012. Rapid growth in $CO_2$ emissions after the 2008–2009 global financial crisis[J]. Nature Climate Change, 2(1).

Pauw P, Brandi C, Richerzhagen C, et al., 2014. Different perspectives on differentiated responsibilities: a state-of-the-art review of the notion of common but differentiated responsibilities in international negotiations[M]. Discussion Paper Press.

Rajamani L, 2016. The 2015 Paris Agreement: Interplay Between Hard, Soft and Non-Obligations[J]. Journal of Environmental Law, 28(2): 337-358.

Rajamani, Lavanya, 2016. Ambition and Differentiation in the 2015 Paris Agreement: Interpretative Possibilities and Underlying Politics[J]. International and Comparative Law Quarterly, 65(2): 493-514.

Rajamani, Lavanya, 2013. Differentiation in the Emerging Climate Regime[J]. Theoretical Inquiries in Law, 14(1).

Shue H, 1999. Global Environment and International Inequality[J]. International Affairs (Royal Institute of International Affairs, 75(3): 531-545.

Stewart R B, 2014. Remedying Disregard in Global Regulatory Governance: Accountability, Participation, and Responsiveness[J]. American Journal of International Law, 108 (2): 211-270.

Sharma A, Schwarte C, Bird P, et al., 2018. COP24: key outcomes, 1-19.

Sands P, Peel J, 2012. Principles of international environmental law[M]. London: Cambridge University Press.

Maljean-Dubois, 2016. The Paris Agreement: A New Step in the Gradual Evolution of Differential Treatment in the Climate Regime?[J]. Review of European Comparative & International Environmental Law, 25 (2).

Sebastian Oberthü, Ott H E, 2001. The Kyoto Protocol: International Climate Policy for the 21st Century[J]. Climate Policy, 1(1): 145-146.

Tian W, Xiang GAO, 2018. Reflection and operationalization of the common but differentiated responsibilities and respective capabilities principle in the transparency framework under the international climate change regime-Science Direct[J]. Advances in Climate Change Research, 9(4): 253-263.

Van Asselt H, Hale T, 2016. Reviewing implementation and compliance under the Paris agreement, Workshop Background Note[J]. Arizona State University, 7-8.

Voigt C, 2014. Equity in the 2015 Climate Agreement: Lessons from Differential Treatment in Multilateral Environmental Agreements[J]. Climate Law, 4 (1-2): 50-69.

Voigt C, 2008. State Responsibility for Climate Change Damages[J]. Nordic Journal of International Law, 77(1): 201-206.

Voigt C, Ferreira F, 2016. “Dynamic Differentiation”: The Principles of CBDR-RC, Progression and Highest Possible Ambition in the Paris Agreement[J]. Transnational Environmental Law, 5(2): 285-303.

Werksman J, 2010. Legal symmetry and legal differentiation under a future deal on climate[J]. Climate Policy, 10(6): 672-677.

Winkler H, 2019. Putting equity into practice in the global stocktake under the Paris Agreement[J].

Climate Policy, 1-9.

World Bank, World Development Indicators (Table 4. 2 - Structure of output) (2015).

Young O R, 1986. International Regimes: Toward a New Theory of Institutions[J]. World Politics, 39(1): 104-122.

Yamin F, Depledge J, 2004. The international climate change regime: a guide to rules, institutions and procedures[M]. Cambridge University Press.

Zahar A, 2014. International climate change law and state compliance[M]. london: Routledge Press.